Industrielle Revolution und Moderne um 1900

Der Prozess der Industrialisierung und die Herausforderungen der Gesellschaft

Erarbeitet von Martin Grohmann und Dr. Wolfgang Jäger
unter Mitarbeit der Verlagsredaktion

Cornelsen

KURSHEFTE GESCHICHTE

Industrielle Revolution und Moderne um 1900
Der Prozess der Industrialisierung
und die Herausforderungen der Gesellschaft

Das Lehrwerk wurde erarbeitet von:

Martin Grohmann und Dr. Wolfgang Jäger
unter Mitarbeit der Verlagsredaktion

Redaktion: Volker Junker, Dr. Christine Keitz

Karten/Grafik: Dr. Volkhard Binder, Berlin
Umschlaggestaltung: Knut Waisznor (Umschlagbild: Ausschnitt aus dem Gemälde
„Maschinenbau-Anstalt und Eisengießerei Borsig" von Karl Biermann, 1847)
Gestaltung: Uwe Rogal, Berlin

www.cornelsen.de

Die Webseiten Dritter, deren Internetadressen in diesem Lehrwerk angegeben sind,
wurden vor Drucklegung sorgfältig geprüft. Der Verlag übernimmt keine Gewähr für
die Aktualität und den Inhalt dieser Seiten oder solcher, die mit ihnen verlinkt sind.

1. Auflage, 6. Druck 2017

Alle Drucke dieser Auflage sind inhaltlich unverändert und
können im Unterricht nebeneinander verwendet werden.

Druck: M.P. Media Print Informationstechnologie GmbH, Paderborn

ISBN 978-3-464-64817-9

PEFC zertifiziert
Dieses Produkt stammt aus nachhaltig
bewirtschafteten Wäldern und kontrollierten
Quellen.

PEFC
PEFC/04-31-0810

www.pefc.de

Inhalt

Überblick über den Aufbau der Kapitel

Das Kursheft ist eine thematisch orientierte Materialsammlung für den Geschichtsunterricht in der Oberstufe. Im Zentrum eines jeden Kapitels steht eine umfangreiche Quellensammlung, die ergänzt wird durch einführende Darstellungen, „Methoden- und Themensonderseiten" (gelb umrandet) sowie „Weiterführende Arbeitsanregungen".

Einleitende
Darstellungen

Probleme,
Leitfragen,
Überblick
über die
Quellen-
auswahl

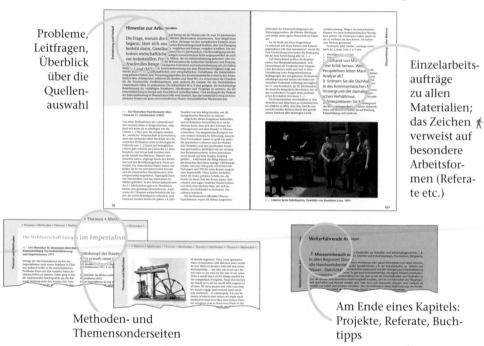

Einzelarbeits-
aufträge
zu allen
Materialien;
das Zeichen 🏃
verweist auf
besondere
Arbeitsfor-
men (Refera-
te etc.)

Methoden- und
Themensonderseiten

Am Ende eines Kapitels:
Projekte, Referate, Buch-
tipps

Der Anhang: Wiederholungsaufgaben – Facharbeiten – Serviceseiten

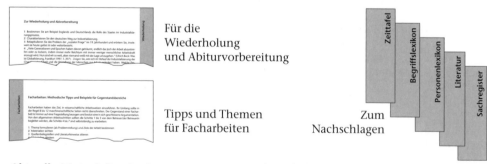

Für die
Wiederholung
und Abiturvorbereitung

Tipps und Themen
für Facharbeiten

Zum
Nachschlagen

Zeittafel

Begriffslexikon

Personenlexikon

Literatur

Sachregister

Aktuelle Materialien im Internet: *www.cornelsen.de/geschichte*
Linktipps: *www.cornelsen.de/linktipps*

1 Einführung: Die Industrialisierung – Segen oder Fluch?

Die Debatte im 19. Jahrhundert

Der Durchbruch der Industrialisierung auf kapitalistischer, marktwirtschaftlicher Grundlage im 19. Jahrhundert löste schon bei den Zeitgenossen heftige Kontroversen aus. Die Optimisten hoben die Erfolge des industriellen Wandels hervor: Hierzu zählten sie besonders die technischen Neuerungen, die verbesserten Kommunikationsmöglichkeiten und die vielfältigen Konsumangebote, die auf lange Sicht materiellen Reichtum für alle schaffen und damit den Menschen größere Freiheitsräume sichern würden. Die Pessimisten stellten dagegen die Schattenseiten heraus: Einige kritisierten, dass Industrialisierung und Technisierung die Menschen aus ihren ‚natürlichen Ordnungen‘ des Lebens, Familie und Verwandtschaft, Dorf und Pfarrei, herausreiße und damit entwurzele, und sehnten sich nach den Bindungen und der Geborgenheit der vorindustriellen Verhältnisse zurück. Andere – wie Karl Marx – prangerten die ungleiche Verteilung von Eigentum und Wohlstand an und erwarteten von der Umformung der kapitalistischen in eine kommunistische Gesellschaft die Befreiung der Menschen. Diese Kritik beeinflusste nicht nur die deutsche Arbeiterbewegung, sondern auch jenes historische Ereignis, das eine jahrzehntelange, spannungsgeladene Konfrontation von Kapitalismus und Sozialismus einleitete: die russische Oktoberrevolution von 1917 als Geburtsstunde der kommunistischen Sowjetunion.

Zukunftsprobleme des Industriekapitalismus heute

Mit dem Zusammenbruch des kommunistischen Systems in den Jahren 1989/90 scheiterte der Versuch, eine herrschaftsfreie, klassenlose Gesellschaft ohne privates Eigentum an Produktionsmitteln und ohne das Konkurrenzprinzip der Marktgesellschaft aufzubauen. Nicht äußerer Druck, sondern Mangel an Mobilität und Innovation, die Verkrustung sozialer Beziehungen und geringe wirtschaftliche Effizienz verursachten den Untergang des kommunistischen Experiments. Auf allen diesen Gebieten erwies sich der westliche Industriekapitalismus bisher als leistungsfähiger.

Durch den Triumph des Industriekapitalismus sahen sich dessen Anhänger eindrucksvoll bestätigt. Die marktwirtschaftlich organisierten Industriegesellschaften hätten in der Vergangenheit ihre Überlegenheit bei der Lösung schwieriger Strukturprobleme bewiesen, argumentierten sie, und es spreche viel dafür, dass dies auch in der Zukunft so bleibe. Nach wie vor gibt es aber auch skeptische Stimmen, die auf die Schattenseiten und ungelösten Aufgaben der modernen Industriegesellschaft aufmerksam machen. Dabei werden vor allem die Zerstörung ökologischer Ressourcen und die Krisenanfälligkeit kapitalistischer Wirtschaftssysteme genannt. Die Auseinandersetzung über die Stärken und Schwächen der privatwirtschaftlichen Industriegesellschaft hatte sich seit den 1970er-Jahren verschärft. Ausgelöst wurde diese Debatte durch die steigende Arbeitslosigkeit in allen westlichen Industrienationen. Die Massenarbeitslosigkeit war zum einen das Ergebnis des technologischen Fortschritts, der die menschliche Arbeitskraft immer mehr aus der Produktion von Waren und Dienstleistungen verdrängte. Das Wirtschaftswachstum reichte nicht aus, um die verloren gegangenen Arbeitsplätze zu ersetzen. Zum anderen verlagerten viele Unternehmen Arbeitsplätze aus ihren alten Zentren in den reichen Ländern mit hohen Lohnkosten in solche Länder, die billiger produzierten. Für die Lösung dieser tief greifenden Strukturkrise der industriellen Arbeitsgesellschaft gibt es kein Patentrezept. Während die einen auf die heilende Wirkung des freien Marktes vertrauen, fordern andere eine stärkere Regulierung der Wirtschaft durch den Staat.

Hinweise zur Arbeit mit den Materialien

Aus der Geschichte lassen sich weder Prognosen über die Zukunft des Industriekapitalismus noch wirtschaftspolitische Handlungsanweisungen zur Krisenbewältigung ableiten. Aber die Beschäftigung mit der Entstehung und dem Verlauf der Industrialisierung kann einseitigen und stark verallgemeinernden Werturteilen über dieses Wirtschafts- und Gesellschaftssystem entgegenwirken. Die historische Analyse öffnet vor allem den Blick für die Doppelgesichtigkeit der Industriegesellschaft, die in ihrer Entwicklung Gewinner und Verlierer, Zerstörung und Innovation, Hoffnungen und Ängste hervorbrachte und immer noch hervorbringt. Diese unterschiedlichen Aspekte der Industrialisierung werden in M1 dokumentiert. Der Eindruck von der Widersprüchlichkeit moderner Industriegeschichte verstärkt sich, wenn man unterschiedliche Phasen der Industrialisierung miteinander vergleicht. Dafür bieten die folgenden Quellen einige Anregungen. Die Materialien in M2, die die englische Stadt Manchester, das Symbol für den modernen Industriekapitalismus, in den Jahren 1835 und 1998 gegenüberstellt, machen deutlich, wie stark die Industrialisierung den Lebensraum der Menschen verändert hat und bis heute verändert. Am Beispiel des Wandels der menschlichen Arbeit von der vorindustriellen bis zur modernen Industriegesellschaft, die in M4 aufgezeigt wird, lässt sich veranschaulichen, wie die Industrialisierung die Lebensgestaltung des Einzelnen geprägt hat. Die Umfrage aus dem Jahre 1997 (M5), die die Hauptprobleme von Jugendlichen untersucht, bietet die Möglichkeit für eine Diskussion über Zukunftsperspektiven in der modernen Welt.

M 1 Allegorien des Fortschritts, 1888 und 1978

1 a) Louis Schmid, Allgemeine Elektricitäts-Gesellschaft, 1888, Plakat

1 b) Hermann Degkwitz, Der Fortschritt, 1978, Lithografie

1 Beschreiben Sie die beiden Abbildungen (M1a, b) und benennen Sie die Kernaussagen.
2 Untersuchen Sie, welche unterschiedlichen Erfahrungen mit der Industriegesellschaft zu den jeweiligen Grundpositionen der beiden Bilder führen.
3 Setzen Sie sich kritisch mit dem Begriff „Fortschritt" auseinander und versuchen Sie Ihre eigene Position zu bestimmen und zu begründen.

M 2 Manchester – das Symbol für den Industriekapitalismus, 1835 und 1998

2 a) Der französische Staatsdenker und Politiker Alexis de Tocqueville (1805–1859) beschreibt die aufstrebende Industriestadt (1835):
Aus diesem übel riechenden Labyrinth, in-mitten dieses unermeßlichen und düsteren Ziegelhaufens ragen hin und wieder herrli-che Steinpaläste auf, deren kannelierte Säu-
5 len das Auge des Fremden überraschen. [...]
  Hier ist der Sklave, dort der Herr; dort fin-det sich Reichtum einiger Weniger, hier das Elend der großen Zahl; dort bringen die organisierten Kräfte der Menge zum Nutzen
10 eines Einzelnen hervor, was die Gesellschaft zu leisten nicht vermocht hat. Hier zeigt sich die Schwäche des Individuums gebrechlicher und hilfloser als mitten in der Wüste. [...]
  Ein dichter, schwarzer Qualm liegt über
15 der Stadt. Durch ihn hindurch erscheint die Sonne als Scheibe ohne Strahlen. In diesem verschleierten Licht bewegen sich unablässig dreihunderttausend menschliche Wesen. Tausend Geräusche ertönen unablässig in
20 diesem feuchten und finsteren Labyrinth. Aber es sind nicht die gewohnten Geräusche, die sonst aus den Mauern großer Städte auf-steigen.
  Die Schritte einer geschäftigen Menge,
25 das Knarren der Räder, ... das Zischen des Dampfes, der dem Kessel entweicht, das gleichmäßige Hämmern des Webstuhls, das schwere Rollen der sich begegnenden Wa-gen – dies sind die einzelnen Geräusche, die
30 das Ohr unentwegt treffen. [...]
  Ständig drängt sich die Menge in dieser Stadt, aber ihre Schritte sind hart, ihre Blicke zerstreut, ihr Ausdruck ist finster und roh ...
  Inmitten dieser stinkenden Kloake hat
35 der große Strom der menschlichen Industrie seine Quelle, von hier aus wird er die Welt befruchten. Aus diesem schmutzigen Pfühl fließt das reine Gold. Hier erreicht der menschliche Geist seine Vollendung und
40 hier seine Erniedrigung; hier vollbringt die Zivilisation ihre Wunder und hier wird der zivilisierte Mensch fast wieder zum Wilden.
Alexis de Tocqueville, Notizen von einer Reise nach England, in: Klassiker der Politik Bd. 4, hg. v. Otto Heinrich von der Gablentz, Köln (Westdeutscher Ver-lag) 1964, S. 228–230.

2 b) Der Journalist Manfred Fischer beschreibt den Niedergang und Wiederaufbau der Indu-striemetropole (1998):
Seit der automatische Webstuhl Anfang des 19. Jahrhunderts die Handarbeit verdrängte, wuchs der Wunsch der Fabrikanten nach einem größeren Markt. Ende der Dreißiger-
5 jahre des vorigen Jahrhunderts hatte die politische Bewegung für den Freihandel und die Abschaffung der Zölle in der Handels-kammer zu Manchester ihre Zentrale. [...] Die erfolgreiche Kampagne aus Manchester
10 ließ billige Baumwolle aus Indien und Ame-rika ins Land und verarbeitete Ware hinaus und katapultierte die Region um Manchester an die Spitze der industriellen Revolution. Manchester wurde zu Cottonopolis.
15   Die Ära der Baumwolle ist in Manchester längst vergangen. Seit den Sechzigerjahren befand sich die Industrie der Stadt im freien Fall. Heute arbeiten in der Textilindustrie gerade noch zwei Prozent der 2,6 Millionen
20 im Großraum Manchester beschäftigten Arbeitnehmer. Ein weiterer Rückgang ist vorhergesagt. Gleichzeitig sinkt die Beschäf-tigung in den mit der Automatisierung der Textilindustrie gewachsenen Wirtschafts-
25 bereichen: Maschinenbau und verarbeitende Industrie ...
  An ihre Stelle treten die Wachstumsbran-chen der postindustriellen Ära. Mit 5000 Beschäftigten ist heute der Pharmakonzern
30 Zeneca der größte Arbeitgeber in der Region. Doch auch das ist schon eine Erfolgs-geschichte von gestern. Inzwischen sind Callcenter, Datenverarbeitung und Touris-mus an die Spitze der Hoffnungsträger
35 gerückt. [...]
  Der Kampf gegen den wirtschaftlichen Verfall, der die alten Industrieregionen in aller Welt, besonders aber im Mutterland des Kapitalismus, erfasst hat, begann in Man-
40 chester Mitte der Achtzigerjahre. Damals schlossen Stadtverwaltung, Unternehmen und Gewerkschaften ein Friedensbündnis, um Manchester wieder in die Landkarte der wirtschaftlichen Zentren Englands einzutra-
45 gen. Wichtigstes Instrument für den neuen Anfang wurde die Trafford Park Develop-ment Corporation, die vor der Stadt einen Industrie- und Dienstleistungspark aufbaute. [...]

M 3 Baron Rothschild-
sches Eisenwerk Wittko-
witz, Kolorierte Litho-
grafie, um 1850

50 Alles in allem sind in den vergangenen
zwölf Jahren 50000 Arbeitsplätze im Traf-
ford-Gelände entstanden. Dennoch bleibt
das Ringen um neue Jobs ein Rudern gegen
den Strom. Insgesamt ist im Raum Manches-
55 ter die Zahl der Beschäftigten von 1981 bis
1996 um mehr als 46000 gesunken. [...] Der
Wandel von der Industrie- zur Dienstleis-
tungsgesellschaft, müssen die Wirtschafts-
förderer von Manchester lernen, dauert viele
60 Jahrzehnte.
Im Trafford-Industriepark verspricht eine
Tafel: „There is a new world on the horizon".
Doch noch ist die alte Welt nicht ganz verschwunden.
*Wirtschaftswoche, Verlagsgruppe Handelsblatt
Nr. 38/10. 9. 1998.*

4 Fassen Sie die Eindrücke Tocquevilles zusammen. Untersuchen Sie, wie er die Situation
Manchesters beurteilt (M2a). Erörtern Sie, welche der angesprochenen Probleme in den heutigen westlichen Industriegesellschaften gelöst
bzw. ungelöst sind.
5 Untersuchen Sie, welche Haltung gegenüber
dem Industrialisierungsprozess in M3 zum Ausdruck kommt.
6 Beschreiben Sie die Veränderungen, denen
Manchester in den letzten Jahrzehnten unterworfen war (M2b). Kennzeichnen Sie die
Unterschiede und Parallelen zur Situation von
1835 (M2a).
7 „There is a new world on the horizon" –
Beschreiben Sie, wie die Welt der Zukunft Ihrer
Meinung nach aussehen könnte oder sollte.

**M 4 Das Ende der industriellen Arbeits-
gesellschaft – Triumph oder Tragödie
des industriellen Fortschritts?**

*4 a) Die Sozialwissenschaftler Orio Giarini und
Patrick M. Liedtke analysieren die Widersprüche
des industriellen Fortschritts am Beispiel der
Erwerbsarbeit, 1999:*
Das Paradies wird normalerweise als ein
Ort beschrieben, an dem die Menschen
glücklich leben im Genuss einer unend-
lichen Menge frei verfügbarer Güter.
Keinerlei Mühsal, Arbeit oder Produktion 5
wäre nötig, sodass die Wirtschaftätigkeit,
wie wir sie traditionell verstehen, verschwinden würde. Die unmittelbare Folge wäre,
dass keine Löhne bezahlt und von daher
eine Arbeitslosigkeit von 100 % erreicht 10
würde.
Der technisch-industrielle Fortschritt ist
vorangetrieben worden und hat uns dem
Ziel des Paradieses ein Stück näher gebracht.
Tatsächlich bietet die gesteigerte Produk- 15
tivität durch die Produktion von Gütern
(in der Elektronikindustrie ist dies der Fall)
ein schlagendes Beispiel für fallende Pro-
duktionspreise. Die Extrapolation dieser
Trends auf die Industrieproduktion ins- 20
gesamt könnte zu einer Situation führen,
in der es einerseits großen Überfluss gibt, auf
der anderen Seite keine Beschäftigung und
kein Geld, das zur Verfügung stünde.
Hier wird deutlich, dass der Weg ins Pa- 25
radies allmählich sehr dem Weg zur Hölle
ähnlich sieht. [...]

Dies ist ein Beispiel dafür, dass das scheinbar Rationale uns in höchst irrationale Lagen
30 treibt.

Orio Giarini/ Patrick M. Liedtke, Wie wir arbeiten
werden. Der neue Bericht an den Club of Rome,
München (Heyne) 1999, S. 160 f.

4 b) Der Sozialwissenschaftler Johano Strasser
zur zukünftigen Gestaltung der Erwerbsarbeit,
(1998):

„Erwerbsarbeit für alle!" bezeichnet unter
diesen Umständen eine einleuchtende, auf
Gerechtigkeit, Emanzipation und soziale
Befriedung zielende Forderung. Aber ist sie
5 auch realistisch? Oder erleben wir heute
tatsächlich das Ende der Arbeitsgesellschaft – und mit ihm die Abschaffung der
Arbeit…? [...]
Wer nur auf die gerechtere Verteilung der
10 am Markt angebotenen Erwerbsarbeit setzt,
übersieht freilich zweierlei: Zum einen ist
Arbeit mehr als Beschäftigung im Industrie-
system. Zum anderen kann der Mensch
Identität und Selbstachtung aus verschiede-
15 nen Formen nützlicher und öffentlich an-
erkannter Tätigkeiten beziehen. [...]
Natürlich ist die Arbeit, insbesondere für
den modernen Menschen, eine fundamentale Existenzbedingung. Aber neben der Vita
20 activa gibt es die Vita contemplativa, gibt es
Muße und Spiel. Die Veränderungen, deren
Zeugen wir heute sind, eröffnen auch die
Chance, der kontemplativen, spielerischen
Seite der Existenz mehr Raum zu geben.
25 Noch ist nicht entschieden, wohin die
Entwicklung geht. Wird der vorherrschende
Typus des arbeitenden Menschen bald der
vielfältig einsetzbare „neue Selbstständige"
sein? Der „flexible Mensch" mit seinen
30 ungelösten Identitätsproblemen, den der
amerikanische Soziologe Richard Sennett in
seinem jüngsten Buch beschrieben hat?
Oder werden die Menschen sich selbst und
ihre Arbeit mehr und mehr den Verwer-
35 tungszwängen des Kapitals entziehen, um in
Eigenarbeit und freier Kooperation einen
wachsenden Teil ihrer Bedürfnisse zu befriedigen – und zugleich im Dienst am Gemeinwesen Lebenssinn zu finden?
40 Noch ist nichts ausgemacht.

Spiegel special, Spiegel Verlag 10/98: Die Zukunft der
Erde, S. 52–55.

8 Beschreiben Sie anhand von M4a, b die
gegenwärtige Situation der industriellen
Arbeitsgesellschaft.
9 Diskutieren Sie die in M4a formulierte These,
dass der Weg ins Paradies allmählich dem Weg
zur Hölle ähnlich sehe.
10 Beurteilen Sie anhand von M4b die Bedeutung der Arbeit für den Menschen. Formulieren
Sie Ihre Vermutungen über die Zukunft der
Arbeit.

M 5 **Probleme der Jugendlichen heute –
eine Umfrage**

Bei der Shell-Studie 1997 wurden die Jugend-
lichen gefragt: „Welches sind denn deiner Mei-
nung nach die Hauptprobleme der Jugendlichen
heute?"

Rang	Probleme mit ...	%
1	Arbeitslosigkeit	45,3
2	Drogen	36,4
3	Personen im Nahbereich	32,1
4	Lehrstellenmangel	27,5
5	Schule und Ausbildung	27,1
6	Zukunftsangst/Perspektiv-losigkeit	20,9
7	Gewalt/Banden/Kriminalität	19,8
8	Geld	18,9
9	Gesundheit	18,9
10	Mangelnde Freizeitgelegenheit	16,6
11	Umwelt	10,8
12	Generelle Unzufriedenheit/Lustlosigkeit	9,3
13	Fehler der Politik	8,8
14	dem Erwachsenwerden	7,3
15	Überzogenes Konsumdenken	6,9
16	Sonst. Einzelprobleme	21,1
17	Weiß nicht/keine Ang.	1,0

Jugendwerk der Deutschen Shell (Hg.), Jugend 97,
Zukunftsperspektiven, Gesellschaftliches Engagement,
Politische Orientierung, Opladen (Westdeutscher
Verlag) 1997, S. 279.

11 🏃 Organisieren Sie eine ähnliche Umfrage
wie in M5. Vergleichen Sie beide Umfragen
miteinander. Erörtern Sie die Unterschiede und
Gemeinsamkeiten.
12 Nehmen Sie die Umfrage (M5) zum Anlass,
um über Ihre Chancen auf dem Arbeitsmarkt
der Zukunft zu diskutieren.

2 Die Begriffe „Industrialisierung", „Industrielle Revolution" und „Kapitalismus"

Die Industrialisierung hat das Leben, Arbeiten und Wirtschaften der Menschen seit dem 19. Jahrhundert nachhaltig verändert, ja revolutioniert. Hauptmerkmal der **modernen Industriegesellschaft** ist ein bis dahin unvorstellbares, dauerhaftes und sich selbst tragendes Wirtschaftswachstum. Dieses wurde erstens durch Fortschritte im naturwissenschaftlichen Denken ermöglicht, die in technische Innovationen umgesetzt werden konnten und eine immer größere Beherrschung der Natur durch den Menschen mit sich brachte. Neue Antriebs- und Arbeitsmaschinen ersetzten zunehmend menschliche und tierische Arbeitskraft, die Erkenntnis chemischer Prozesse erleichterte die massenweise Ausbeutung bislang wenig verwendeter natürlicher Rohstoffe (Kohle, Eisen). Die ständige Ausdehnung der Produktion wäre zweitens ohne die Durchsetzung des Fabriksystems nicht denkbar gewesen, das besser als alle anderen Produktionsformen die Chance zur maschinellen und arbeitsteiligen Herstellung von Gütern und Waren bot. Zur Steigerung der Produktion trugen aber auch spezialisierte und disziplinierte Lohnarbeit sowie rationaler Kapitaleinsatz durch marktwirtschaftlich kalkulierende Unternehmer bei. Drittens beschleunigten neuartige Kommunikationsmöglichkeiten sowie die Modernisierung der Verkehrswege und -mittel, allen voran die Eisenbahn und später das Automobil, die Entstehung nationaler und übernationaler Märkte, die immer stärker das wirtschaftliche Denken und Handeln bestimmten. Mit der Industrialisierung, die von den Menschen Flexibilität und Innovationsbereitschaft in höchstem Maße einforderte, verloren viertens althergebrachte Bindungen und Lebensweisen der traditionellen Agrargesellschaft an Bedeutung.

Nicht-marxistische Historiker haben lange Zeit die Begriffe **„Industrialisierung"** und **„Industrielle Revolution"** bevorzugt, um die Modernisierungsprozesse in Wirtschaft und Gesellschaft der letzten zwei Jahrhunderte zu charakterisieren. Das Wort „Industrialisierung" wurde dabei zur Kennzeichnung des wirtschaftlichen Wachstums herangezogen, das die Industriegesellschaften prägte. Einigen Historikern erschien dieser Begriff jedoch zu schwach: Sie hoben hervor, dass die Industrialisierung revolutionären Charakter besessen und das menschliche Leben von Grund auf verändert habe – vergleichbar dem Übergang zu Ackerbau und Sesshaftigkeit während des Neolithikums.

Eine andere Betrachtungsweise nahm Karl Marx ein, der in seinen theoretischen Arbeiten, der „Kritik der Ökonomie" (1859) und dem „Kapital" (1867), den technischen und sozioökonomischen Wandel unter dem Begriff des **Kapitalismus** analysierte. Lange Zeit galt das Wort „Kapitalismus" als politischer Kampfbegriff, weil es von den marxistischen Historikern der Sowjetunion oder der DDR benutzt wurde, um die westlichen Industriegesellschaften zu kritisieren. „Kapitalismus" bezeichnete ein sozialökonomisches Herrschaftssystem, in dem die Lebenschancen der Menschen davon abhingen, ob sie auf der Seite des Kapitals oder der Arbeit standen. Der Kapitalist verfügte über mobiles oder immobiles Kapital (Geld, Maschinen, Fabrikgebäude); zur Klasse der Lohnarbeiter gehörten all jene, die zur Sicherung ihrer Existenz dem Kapitalisten ihre Arbeitskraft gegen Entgelt verkaufen mussten, das sehr viel geringer war als der damit erzielte Gewinn. Diese Ungleichheit wurde als menschenunwürdig angeprangert.

Die neuere **Geschichtsforschung** hat den Kapitalismusbegriff von dieser politischen Instrumentalisierung befreit und für seine kritische Verwendung plädiert, um eine allzu enge ökonomische Betrachtung der Industrialisierungsgeschichte zu vermieden. Denn Industrialisierung erschöpfe sich nicht in Warenströmen oder Markterweiterungen, sondern schließe auch Herrschaftsbeziehungen und soziale Konflikte mit ein. Deswegen erleichtere es der Kapitalismusbegriff, Widersprüchlichkeiten wahrzunehmen und kritische Fragen zu stellen, die alternative Perspektiven eröffneten.

Hinweise zur Arbeit mit den Materialien

Die Begriffe „Industrialisierung", „Industrielle Revolution" und „Kapitalismus" werden in der Wissenschaft wie in der alltäglichen politischen Sprache oft gebraucht. Sie gehören jedoch zu den umstrittensten Wörtern. Seit der Entstehung der modernen Industriegesellschaft haben Politiker und Forscher die unterschiedlichsten Definitionen vorgeschlagen. Einige dieser Definitionen aus der neuesten geschichtswissenschaftlichen Forschung werden hier genannt. Die Materialien M1a und b sollen eine Diskussion anregen, inwieweit die Industrialisierung auf rein naturwissenschaftlich-technische Innovationen eingeengt werden darf. Die Quellentexte M2a, b setzen sich dagegen mit der Frage auseinander, ob eine scharfe begriffliche Trennung zwischen „Industrialisierung" und „industrieller Revolution" sinnvoll oder notwendig ist. Zur Ergänzung dieser Problematik dient M3. Hier wird die Frage nach dem Verhältnis von Kapitalismus und Industrialisierung angesprochen. Die Beschäftigung mit diesen Materialien, die unterschiedliche Gesichtspunkte repräsentieren, verdeutlicht, dass historisch-politische Begriffe immer genau analysiert und überprüft werden müssen.

M 1 Die Bedeutung technischer Innovationen für die Industrialisierung

1a) Der englische Historiker David S. Landes bewertet die Rolle der Naturwissenschaft und Technik für die Industrialisierung (1983):
Wenn ein Autor es mit mehrdeutigen Begriffen zu tun hat, muss er zunächst eine Begriffsbestimmung vornehmen. Der Ausdruck „Industrielle Revolution" bezeichnet
5 normalerweise den Komplex technologischer Neuerungen, die dadurch, dass sie die menschliche Geschicklichkeit durch Maschinen und die menschliche und tierische durch die mechanische Kraft ersetzen, den
10 Übergang vom Handwerk zum Fabriksystem bewirken und somit die Geburtsstunde der modernen Wirtschaft einleiten. [...]
Das Kernstück der industriellen Revolution war eine miteinander verzahnte Folge
15 technologischer Umwandlungen. Die materiellen Fortschritte fanden auf drei Gebieten statt. Erstens traten mechanische Anlagen an die Stelle der menschlichen Fertigkeiten; zweitens ersetzte die unbeseelte Kraft – ins-
20 besondere der Dampf – die menschliche und tierische Kraft; und drittens wurden, speziell im Bereich der metallurgischen und chemischen Industrie, die Verfahren der Erzeugung und der Verarbeitung der Rohstoffe
25 wesentlich verbessert.

David S. Landes, Der entfesselte Prometheus. Technologischer Wandel und industrielle Entwicklung in Westeuropa von 1750 bis zur Gegenwart, München (dtv) 1983, S. 15.

1b) Der Historiker Hobsbawm schreibt dazu 1969:
Das Neue lag nicht in den Neuerungen selbst, sondern in der Entschlossenheit praktisch begabter Männer, die vorhandene und verfügbare Naturwissenschaft und Technologie anzuwenden, und in dem ausgedehnten 5 Markt, der für Waren offen war, während Preise und Kosten rapide sanken. Kurz: Das Neue war in der konkreten Situation begründet, die das Denken der Menschen dazu veranlasste, praktische Probleme zu lösen. 10
Und von dieser Situation ging der entscheidende Impuls zur ersten, bahnbrechenden Industriellen Revolution aus. Sie macht es einer unternehmenden, nicht besonders gebildeten oder feinsinnigen und nicht 15 besonders reichen Gruppe von Geschäftsleuten und Fachhandwerkern möglich, in einer prosperierenden Wirtschaft die Chancen der technischen Innovation zu nutzen. Mit anderen Worten: Diese besondere Situa- 20 tion reduzierte die Grundvoraussetzungen an fachlichem Können, an Kapital, an umfangreichen Geschäften oder Regierungsorganisationen und Planungen, ohne die eine Industrialisierung nicht auskommt, auf 25 das Minimum.
Eric J. Hobsbawm, Industrie und Empire, Frankfurt/M. (Suhrkamp) 1980, S. 60.

1 Fassen Sie die Definition der industriellen Revolution von Landes (M1a) zusammen.
2 Erläutern Sie die Kritik, die Hobsbawm in M1b an der Definition von Landes übt.

M 2 Industrialisierung oder Industrielle Revolution?

2 a) Der Historiker Pierenkemper definiert 1996 die Industrialisierung als sektoralen Wandel:
Eine Vorstellung von „Industrieller Revolution", die sich eng am überproportionalen Wachstum des industriellen Sektors orientiert, Industrialisierung also als Strukturwan-
5 del begreift, vermeidet zugleich auch Fehlinterpretationen hinsichtlich der historischen Einmaligkeit dieses Prozesses. Niemals zuvor ist Derartiges in einem solchen Umfang geschehen! [...] Natürlich spielen auch
10 technische Innovationen ... im Rahmen der Industrialisierung eine Rolle. Sie vermögen allein jedoch nicht zu einem derartig folgenreichen Strukturwandel zu führen, sondern nur im Zusammenhang mit anderen
15 wichtigen Faktoren. [...]
Das Verständnis von Industrialisierung als sektoralem Strukturwandel hat sich für die Untersuchung der europäischen Industrialisierung hingegen außerordentlich gut
20 bewährt. Damit geht die Vorstellung einher, dass wirtschaftliche Entwicklung nicht als ein homogener Prozess zu begreifen ist, sondern im Gegenteil, dass es die Ungleichgewichte und Disproportionalitäten im öko-
25 nomischen Kreislauf sind, die entscheidend zum Fortschritt der Wirtschaft beitragen. Wie das Grundprinzip ökonomischer Produktion in der Kombination produktiver Faktoren besteht, so liegt die Ursache allen
30 Fortschritts in der Durchsetzung solcher neuartiger Kombinationen, ein Prozess, den Josef Schumpeter bereits 1910 in seiner „Theorie der wirtschaftlichen Entwicklung" als Innovation bezeichnet hat. Hier spielen
35 insbesondere sektorspezifische Neuerungen eine große Rolle, die zu einem entsprechenden sektoralen Wachstum führen. Gerade für den industriellen Sektor und sein überproportionales Wachstum scheinen der-
40 artige Innovationen von besonderer Bedeutung gewesen zu sein und sie haben sich hinsichtlich wirtschaftlicher Entwicklung bis heute als außerordentlich nützlich erwiesen.

Toni Pierenkemper, Umstrittene Revolutionen. Die Industrialisierung im 19. Jahrhundert, Frankfurt/Main (Fischer Taschenbuch) 1996, S. 18 f.

2 b) Der Historiker Hubert Kiesewetter plädiert 1989 für die Gleichbehandlung der Begriffe:
Wir können ... feststellen, dass es inhaltlich zwischen den Begriffen „Industrielle Revolution" und „Industrialisierung" gar nicht solche erheblichen Unterschiede gibt, wie sie die politisch-ideologische Interpretation 5 herauszuarbeiten versucht. Aus diesem Grund werden hier beide Begriffe wechselweise verwendet und sie sollen sich vor allem auf den Vorgang des umwälzenden ökonomischen, politischen und sozialen Moder- 10 nisierungsprozesses während einer längeren Periode beziehen. Industrielle Revolution oder Industrialisierung wird nicht eingeengt auf Erfindungen, technische Innovationen oder die kapitalintensive Fabrikproduktion, 15 sondern umfasst den durch agrarischen, sozialen, politischen und wirtschaftlichen Wandel ausgelösten Umbruch ganzer Gesellschaften bzw. Staaten auf dem Weg zur modernen Industriegesellschaft, der in 20 Deutschland etwa die Zeitspanne eines Jahrhunderts umfasst.

Hubert Kiesewetter, Industrielle Revolution in Deutschland 1815–1914, Frankfurt/M. (Suhrkamp) 1989, S. 15.

3 Fassen Sie die Definition von Pierenkemper (M2a) zusammen.
4 Erläutern Sie die Position von Kiesewetter (M2b).
5 Vergleichen Sie die Begriffsdefinitionen von Kiesewetter und Pierenkemper (M2a, b) mit der von Landes (M1a). Diskutieren Sie die Vorzüge und Nachteile dieser Begriffsbestimmungen.

M 3 Der Begriff des „Kapitalismus"

Der Historiker Jürgen Kocka plädiert für eine undogmatische Verwendung des Kapitalismusbegriffs (1990):
Den Kapitalismusbegriff kann der Industrialisierungsbegriff nicht ersetzen; soweit er an dessen Stelle trat, hinterließ er ein Vakuum. Denn auf die Eigentums- und Verkehrsverhältnisse, auf Abhängigkeit und Ungleich- 5 heit lenkt er die Aufmerksamkeit nicht mit Notwendigkeit. [...] Aber umgekehrt weist „Kapitalismus" zu wenig auf jene gewichti-

gen Momente hin, die mit der Industrialisie-
10 rung neu hinzukamen: das fast permanente
Wachstum vor allem und den Durchbruch
der zentralisierten Produktion auf maschi-
neller Grundlage in der Fabrik.

Kapitalistische Verkehrsformen ermög-
15 lichten im 19. Jahrhundert die Ingangset-
zung der Industrialisierung. Grundsätzliche
Alternativen bestanden in dieser Hinsicht
wohl nicht: Es ist nicht vorstellbar, dass die
Industrialisierung damals als verwaltungs-
20 wirtschaftlich organisierter, zentral geplan-
ter und von Bürokratien gesteuerter Prozess
auf den Weg gekommen wäre. Dies zu glauben hieße, die Voraussicht und die Steue-
rungsfähigkeit, die Spielräume und die Kapa-
25 zitäten der damaligen Bürokratien extrem zu
überschätzen. Scheint die Leitung eines
höchst arbeitsteiligen gesamtwirtschaftlichen Prozesses auf industrieller Basis die
Steuerungskapazität von Verwaltungen doch
30 selbst heute noch glatt zu überfordern. Der
Markt scheint als wirtschaftliches Steue-
rungsinstrument unersetzbar, wenngleich

ergänzungs- und seinerseits korrekturbedürf-
tig. [...]

Die kapitalistische Organisation der Indu- 35
strialisierung war also wohl unumgänglich,
wenn diese überhaupt in Gang kommen
sollte. Marktmäßige Mobilität von Arbeitskräften, Qualifikationen, Produktionsmittel und Kapital mussten schon gegeben 40
und unternehmerisches Streben mit Innova-
tions- und Risikobereitschaft musste schon
vorhanden sein, damit die Industrialisierung
auf den Weg kommen konnte. Aber einmal
in Gang gesetzt, veränderte sie den Kapitalis- 45
mus zutiefst und tut dies noch heute.

Jürgen Kocka, Arbeitsverhältnisse und Arbeiterexisten-
zen. Grundlagen der Klassenbildung im 19. Jahrhun-
dert, Bonn (J. H. W. Dietz Nachf.) 1990, S. 63 f.

6 Fassen Sie die Position von Kocka (M3)
zusammen.
7 Erörtern Sie mit Hilfe von M3 die Argumente, die für oder gegen eine Verwendung des
Kapitalismusbegriffs bei der Untersuchung der
Industrialisierung sprechen.

M 4 Albert Borsigs Taufrede zur 1000. Lokomotive „Borussia" am 21. August 1858,
Lithografie 1858

Weiterführende Arbeitsanregungen zur Arbeit in Bibliotheken und mit dem Internet

1. Arbeitsschwerpunkte festlegen

Überlegen Sie, welche Aspekte des Themas „Industrialisierung" Sie besonders interessieren. Legen Sie dann in einer gemeinsamen Diskussion Arbeitsschwerpunkte fest und erstellen Sie einen Fragenkatalog (was ist für die jeweilige Fragestellung wichtig; welche Stichwörter sind zentral?).

2. Wie komme ich an die richtige Literatur?

Bibliografieren: Um mein Thema in den Griff zu bekommen, ist es erforderlich, Quellen und Darstellungen zum Thema zu erfassen.

Folgende zwei Möglichkeiten bieten sich dazu an:
a) nach dem „Schneeballsystem": in Enzyklopädien, Lexika und aktuellen Handbüchern zum Thema gibt es neben einer kurzen Einführung meist auch Literaturhinweise;
b) über Kataloge in Bibliotheken oder im Internet: Jede **Bibliothek** verfügt über einen alphabetischen und einen systematischen Katalog; ersterer hilft nur dann weiter, wenn man den Verfasser bereits kennt, im zweiten wird der Buchbestand nach Sachgruppen geordnet (z. B. „Industrialisierung in England").

Das **Internet** bietet mittlerweile die schnellste Möglichkeit, Literatur zu einem Thema zu finden. Einige Zeitschriftenarchive, viele Bibliotheken und die meisten Universitäten sind heute online. Auf ihren Seiten lassen sich über die Suchfelder „Autor", „Titel", „Sachgruppen" schnell die wichtigsten Titel erfassen.

Die folgenden „Startrampen" können Ihnen dabei helfen:
- Mit **„Biblint.de"** hat man auf einer Seite alles beisammen, was zur Literaturrecherche hilfreich ist: Tipps zum Suchen, Linklisten zu Buchbesprechungen (Rezensionen) und Zeitschriften, Kataloge des Buchhandels und der Unibibliotheken bis hin zu Antiquariaten:
  http://www.biblint.de/literaturrecherche_inh.html

- Die **„Zentale für Unterrichtsmedien"** bietet Schülern und Lehrern Material für den Unterricht; eigene Referate und Projekte können hier anderen zugänglich gemacht werden:
  http://www.zum.de

- Ein weiteres Angebot speziell für Schüler und Lehrer stellt der **„Deutsche Bildungsserver"** bereit, der mit dem „Schulweb.de" verknüpft ist:
  http://dbs.schule.de

- Die **„Virtual Library Geschichte"** stellt sozusagen die „Gelben Seiten" für das Fach Geschichte im Internet dar:
  http://www.phil.uni-erlangen.de/~p1ges/vl-dtld.html

Begriffe speziell zum Thema Industrialisierung finden Sie auch in folgenden **Online-Lexika**:
- in englischer Sprache in der „Encyclopaedia Britannica":
  http://www.britannica.com
- auf Deutsch in der „Encarta":
  http://encarta.msn.de

3 Entstehung und Verlauf der Industrialisierung

Warum begann die Industrialisierung in Europa?

Die Industrialisierung begann im 18. Jahrhundert in **England**; von dort ausgehend, breitete sie sich im 19. Jahrhundert nach Kontinentaleuropa aus und erfasste schließlich die ganze Welt. Wie kam es, dass dieser unaufhaltsame Prozess wirtschaftlicher Entwicklung und technologischer Innovation gerade von Europa ausging? War die Einzigartigkeit der europäischen Industrialisierung bloßer Zufall, ein rational nicht erklärbares Wunder, oder lassen sich dafür befriedigende wissenschaftliche Erklärungen finden? Immer wieder haben die Historiker die **Rahmenbedingungen** für den industriellen Aufstieg Europas analysiert und sie sind dabei zu unterschiedlichen Ergebnissen gekommen. Einigkeit besteht jedoch darin, dass die Entstehung des modernen Industriekapitalismus nicht auf eine einzige Ursache, sondern auf eine Vielzahl von Strukturen, Vorgängen und Handlungen zurückgeführt werden müsse.

Sicherlich haben die **natürlichen Lebensbedingungen in Europa** die Industrialisierung begünstigt. Die sehr stark durch Gebirgszüge, große Wälder und Täler zergliederte Landschaft verhinderte, dass Europa von fremden Völkern erobert wurde und mächtige Kriegsherren eine einheitliche Herrschaft errichten konnten. Die Vielgestaltigkeit der Landschaft und die damit zusammenhängende Zersplitterung der politischen Landkarte in Königreiche, Fürstentümer, Grafschaften oder Stadtzusammenschlüsse förderten die Konkurrenz und das Wachstum. Ein großes Angebot an unterschiedlichen Bodenschätzen, die Verschiedenartigkeit der Bodenbeschaffenheit und ein günstiges Klima ermöglichten die Herstellung zahlreicher Güter bzw. den Anbau einer reichhaltigen Palette an Produkten, die sich zum Austausch eigneten (Holz, Getreide, Wein, Wolle, Meeresfrüchte usw.).

Ein expandierender Handel bereicherte den Speisezettel, vermehrte den Wohlstand der Bevölkerung und führte zur Entstehung reicher Zentren wie der Hansestädte oder der italienischen Stadtstaaten. Mit dem **Ausbau der Handelsbeziehungen** innerhalb Europas und nach Übersee bildete sich allmählich ein funktionstüchtiges Kreditsystem und Bankwesen auf internationaler Ebene heraus, das für den Aufstieg des Industriekapitalismus unentbehrlich war. Doch allein auf solchen naturgegebenen Voraussetzungen beruhte die Industrialisierung nicht. Sie war weder Zufall noch ein Wunder, sondern wesentlich das Werk von Menschen: Wissenschaftler förderten **neue Erkenntnisse** zu Tage, Ingenieure und Techniker entwickelten vorher unbekannte Werkzeuge, Maschinen und Materialien, Unternehmer griffen die Innovationen auf und kalkulierten den Einsatz von Arbeitskräften und Kapital in der Wirtschaft, Arbeiter stellten dem Markt ihre Arbeitskraft zur Verfügung und produzierten Waren und Dienstleistungen, Bauern erwirtschafteten Überschüsse zur Ernährung einer ständig wachsenden Bevölkerung. Ohne die Anstrengungen und Kreativität vieler Menschen hätten die Maßnahmen des Staates zur Förderung wirtschaftlich-technischen Fortschrittes kaum Wirkung gezeigt, wäre die Geschichte der Industrialisierung nicht zu einer Erfolgsgeschichte geworden. Dass diese Erfolgsgeschichte im England des 18. Jahrhunderts begann, hängt mit außerordentlich günstigen politischen, wirtschaftlichen und gesellschaftlichen Rahmenbedingungen zusammen, die die Suche nach neuen Formen des Wirtschaftens herausforderte.

Pionierland England

Die Beantwortung der Frage, warum England eine Pionierrolle im Industrialisierungsprozess einnahm, ist eng verknüpft mit den **Ursachen der Industriellen Revolution**. Die Historiker nennen mehrere begünstigende Umstände und Vorgänge, die unabhängig voneinander das englische Wirtschaftswachstum beschleunigt haben. Zu den wichtigsten gehörten die schnellen **Fortschritte in der Landwirtschaft**, die die stark **wachsende Bevölkerung** ernähren, ja ihr einen gewissen Wohlstand garantieren konnte. Die Bevölkerungszunahme und die Tatsache, dass die Landbevölkerung nicht an die Scholle gebunden war, sondern in den Städten nach neuen Betätigungsfeldern suchte, sorgten sowohl für ein großes **Angebot an Arbeitskräften** als auch für eine **steigende Güternachfrage** auf dem englischen Binnenmarkt. England besaß außerdem große und leicht abzubauende Kohlevorkommen, kurze und kostengünstige Verkehrswege und ausreichendes Kapital zum Investieren. Hinzu kam, dass der Staat den Unternehmern durch innere **Reformen** die für ihre Betätigung notwendigen Freiräume verschaffte. Nicht vergessen werden darf die relativ **offene Gesellschaftsstruktur** des Königreiches, die flexible Reaktionen auf die unterschiedlichsten wirtschaftlichen Herausforderungen erlaubte.

Außer diesen Entwicklungen beschleunigten Aufsehen erregende Erfindungen wie die Dampfmaschine von Watt (1765/69) oder die Spinnmaschinen von Hargreaves (1764) und Arkwright (1769) das englische Wirtschaftswachstum. Mit der **Mechanisierung der Baumwollspinnerei**, die zum ersten Führungssektor in der englischen Industriegeschichte aufstieg, begann das Zeitalter der Massenproduktion im Textilgewerbe. Für die Entfesselung der Wirtschaftskräfte noch bedeutsamer wurde jedoch das Vordringen des Energieträgers Kohle und der damit einhergehende Ausbau der Eisenindustrie. Die Verbilligung und Verbesserung des Eisens sowie die Modernisierung der Produktionsverfahren schufen die Voraussetzungen für die Entstehung einer leistungsfähigen Maschinenindustrie und später für den **Eisenbahnbau**. Damit wirkte die Eisenindustrie in viele andere Wirtschaftszweige hinein und veränderte vom Verkehrswesen bis zum individuellen Reisen alle Bereiche des gesellschaftlichen Lebens.

Von England ausgehend, erfasste die Industrialisierung während des 19. Jahrhunderts den europäischen Kontinent. Französische, belgische oder deutsche Unternehmer wurden auf neue Waren aus dem britischen Königreich, der bewunderten „Werkstätte der Welt", aufmerksam und erkannten bisher unbekannte Absatzchancen. Sie holten englische Arbeiter und Unternehmer ins Land, importierten englische Technologien, Produktionsverfahren und Kapital, um die eigenen Betriebe zu modernisieren. Gleichzeitig bemühte man sich, englische Waren durch eigene Entwicklungen zu ersetzen und dadurch den englischen Entwicklungsvorsprung wettzumachen.

Die Entwicklung in Deutschland

Als in England seit den Siebzigerjahren des 18. Jahrhunderts die Industrielle Revolution einsetzte, war Deutschland noch im Stadium der **Frühindustrialisierung**. So bezeichnen die Historiker die zögerlich-verhaltene Anlauf- und Vorbereitungsphase, die der entscheidenden Beschleunigung des Wirtschaftswachstums und dem Durchbruch industrieller Produktionsweisen vorangeht. Diese neue Entwicklungsstufe der industriellen Revolution begann in Deutschland erst in den späten 1840er- und frühen 1850er-Jahren und dauerte bis 1873. Obwohl es auch danach immer wieder Wachstumsstörungen und Konjunkturkrisen gab, gelten die folgenden dreieinhalb Jahrzehnte als Periode der Hochindustrialisierung, in der Deutschland endgültig zum Industriestaat wurde. Ablesen lässt sich dieser Strukturwandel an den Beschäftigtenzahlen: Arbeitete bei der Gründung des Deutschen Reiches 1871/72 rund die Hälfte aller Beschäftigten in der Landwirtschaft, so war das vor dem Ersten Weltkrieg nur noch rund ein gutes Drittel. Dagegen stieg der Anteil der Beschäftigten im industriellen Sektor von 28 auf 38 % und im Dienstleistungssektor von 21 auf 27 %.

Die Unterschiede zwischen den industriellen Entwicklungen Englands und Deutschlands erklären sich aus verschiedenartigen **Ausgangssituationen**. Deutschland besaß im späten 18. und beginnenden 19. Jahrhundert wesentlich ungünstigere Startbedingungen. Bis zum Ende des Heiligen Römischen Reiches Deutscher Nation im Jahre 1806 war Deutschland in 300 zum Teil ausgesprochen kleine **Territorialstaaten** zersplittert. Eine Vielfalt von Zollschranken, abweichende Maß-, Münz- und Gewichtssysteme, Handelsmonopole sowie schlecht erschlossene Verkehrsverbindungen hemmten die wirtschaftliche Expansion. Trotz mancher Fortschritte bei der Agrarproduktion blieb die deutsche Landwirtschaft weit hinter den Leistungen der englischen zurück. Es überwogen ertragsschwache Kleinbetriebe (ca. 70–80% aller Höfe), deren Betreiber oft einem Nebenerwerb nachgehen mussten, um ihre Existenz zu sichern. Die Abhängigkeit der bäuerlichen Bevölkerung von ihren **Gutsherren** war häufig noch so stark, dass dadurch die zur Bildung freier Arbeitsmärkte notwendige individuelle Mobilität eingeschränkt war. Feudale Abgaben, staatliche Steuern und große Unterschiede bei der Verteilung des Wohlstandes behinderten die Entstehung von Massenkaufkraft, die der gewerblichen Wirtschaft hätte zugute kommen können. Auch war die deutsche Gesellschaftsstruktur nicht so offen wie in England. Schroffe Standesschranken und konservative Grundeinstellungen engten den Spielraum für innovatorisches Denken und Handeln ein. Und im Handwerk bildete das Festhalten an der überkommenen Zunftverfassung ein zentrales Hindernis für individuelles Erfolgsstreben und wirtschaftliche Neuerungen. Im Gegensatz zu England gängelten die absolutistischen deutschen Fürsten mit ihren merkantilistischen Konzepten die wirtschaftliche Entwicklung durch massive Eingriffe und Beschränkungen.

Erst im Verlauf des 19. Jahrhunderts wurden diese Hemmnisse für eine dynamische Industriegesellschaft und -wirtschaft allmählich beseitigt. Dabei nahm der Staat eine herausragende Rolle ein. Durch die **Liberalisierung** der Agrar- und Gewerbeverfassung, den Abbau von Zollschranken oder die Vereinheitlichung des Rechts- und Finanzwesens schuf er entscheidende Voraussetzungen für die Überwindung vormoderner Wirtschaftsverhältnisse bzw. die Entfesselung einer modernen Wirtschaftsgesellschaft (s. Kapitel 8, S. 86).

Regionale Ungleichheiten

Die Herausbildung des Industriekapitalismus vollzog sich in Europa weder flächendeckend noch zeitgleich. In England begann die Industrialisierung früher als in anderen Ländern; dafür holte Deutschland in der zweiten Hälfte des 19. Jahrhunderts seinen Entwicklungsrückstand sehr rasch auf. Aber auch innerhalb der verschiedenen Staaten gab es krasse Unterschiede und Ungleichzeitigkeiten bei der Durchsetzung industrieller Wirtschaftsformen. Bis in die Gegenwart hinein stehen in demselben Land hochindustrielle Regionen überwiegend agrarisch geprägten Gebieten gegenüber. Man denke etwa an das Ruhrrevier und Mecklenburg-Vorpommern; im 19. Jahrhundert war das Gefälle noch viel stärker. Hinzu kommen starke **regionale Ungleichheiten** innerhalb desselben Wirtschaftszweiges. Die Entwicklung der Montanindustrie an der Saar und an der Ruhr bieten dafür ein eindrucksvolles Beispiel. Die Bergwerks- und Hüttenbetriebe im Ruhrgebiet, wo es bis weit ins 19. Jahrhundert keine industrielle Tradition gab, erlebten seit den 1850er-Jahren eine Blütezeit. Während das Ruhrrevier die Führungsrolle im Bergbau und der Schwerindustrie übernahm, fiel das Saargebiet zurück, obwohl es über eine lange Erfahrung in der Kohle- und Eisengewinnung verfügte.

M 1 **Spinnerei in England, Stahlstich, ca. 1830**

Hinweise zur Arbeit mit den Materialien

Die Frage, warum die Industrialisierung in Europa an der Wende vom 18. zum 19. Jahrhundert begann, lässt sich aus ganz unterschiedlichen Blickwinkeln beantworten. Eine Möglichkeit besteht darin, Gesellschaften zu untersuchen, die lange vor den europäischen Ländern einen hohen wirtschaftlichen und technologischen Entwicklungsstand besaßen, aber den Übergang zur industriellen Produktion nicht oder, verglichen mit Europa, verspätet schafften. Ein eindrucksvolles Beispiel dafür ist China während des 15. Jahrhunderts. Die Beschäftigung mit diesem Land (M2) kann sowohl einer einseitigen eurozentrischen Sicht entgegenwirken als auch den Blick für Strukturen und Prozesse öffnen, die die Industrialisierung gehemmt oder verhindert haben. Dagegen verdeutlicht M3 besonders die kulturellen Strukturen und Prozesse, die in Europa wissenschaftlich-technischen Fortschritt und Industrialisierung seit der frühen Neuzeit begünstigt haben. Die Auseinandersetzung mit dem Pionierland England zeigt auf, welche politischen, gesellschaftlichen und wirtschaftlichen Verhältnisse die Industrialisierung gefördert haben. Sein Vorsprung gegenüber den Kontinentalmächten wird in den Schaubildern M4a–d beleuchtet, während die Quellen und Texte M1, 5 a–d zum einen die Ursachen für die Vorreiterrolle Großbritanniens, zum anderen die Gründe für das Zurückbleiben Deutschlands (M6a, b) analysieren. Die Schaubilder M7a, b sind geeignet, die wechselseitige Beeinflussung der vielfältigen Strukturen, Handlungen und Vorgänge zu erörtern, die der Industrialisierung in Europa zum Durchbruch verholfen haben. Und am Beispiel des Verlaufs der Industrialisierung in Deutschland (M8) wird deutlich, dass die Industrialisierung ein komplizierter Prozess mit ganz unterschiedlichen Phasen wirtschaftlichen Wachstums war.

M2 Der Historiker Paul Kennedy über China im 15. Jahrhundert (1989)

Von allen Zivilisationen der vormodernen Zeit erschien keine so fortgeschritten, empfand sich keine als so überlegen wie die Chinas. [...] Für Leser, die erzogen wurden,
5 die „westliche" Wissenschaft zu bewundern, muss das eindrucksvollste Merkmal der chinesischen Zivilisation seine technologische Frühreife sein. [...] Druck mit beweglichen Lettern gab es bereits im China des 11. Jahr-
10 hunderts, und schon bald erschien eine große Anzahl von Büchern. Handel und Industrie waren, angeregt durch den Kanalbau und den Bevölkerungsdruck, hoch entwickelt. Die chinesischen Städte waren viel
15 größer als die im mittelalterlichen Europa und die chinesischen Handelsrouten dementsprechend ausgedehnt. Papiergeld hatte den Handelsfluss und das Wachstum der Märkte gefördert. In den letzten Jahrzehnten
20 des 11. Jahrhunderts gab es in Nordchina bereits eine gewaltige Eisenindustrie. Auch waren die Chinesen wahrscheinlich die Ersten, die echtes Schießpulver erfanden; und Kanonen wurden bereits im späten 14. Jahr-

hundert von den Ming benutzt, um die
25 mongolischen Herrscher zu stürzen.

Angesichts dieses Zeugnisses kulturellen und technischen Fortschritts ist es nicht überraschend, dass sich die Chinesen Forschungsreisen und dem Handel in Übersee
30 zuwandten. Der magnetische Kompass war eine weitere chinesische Erfindung, manche ihrer Dschunken[1] waren so groß wie später die spanischen Galeonen und der Handel mit Ostindien und den pazifischen Inseln
35 war potenziell so profitabel wie der entlang den Karawanenrouten. Schon Jahrzehnte zuvor wurde auf dem Yangtse Seekrieg geführt... 1420 besaß die Ming-Marine zeitgenössischen Berichten zufolge 1300 Kampf-
40 schiffe, darunter 400 große schwimmende Festungen und 250 für weite Reisen ausgerüstete Segelschiffe. Diese Zahlen schließen nicht die vielen privaten Schiffe ein, die bereits zu dieser Zeit mit Korea, Japan, Süd-
45 ostasien und sogar Ostafrika Handel trieben und dem chinesischen Staat, der sich bemühte, den Seehandel zu besteuern, Einnahmen brachten.

Die berühmtesten *offiziellen* Übersee-
50 Expeditionen waren die sieben ausgedehn-

ten Seefahrten des Admirals Cheng Ho zwischen 1405 und 1433. [...] Von dem, was uns Historiker und Archäologen über die Größe,
55 die Macht und die Seetauglichkeit von Cheng Hos Flotte berichten – einige der großen Schatzschiffe scheinen ungefähr 400 Fuß lang gewesen zu sein und eine Wasserverdrängung von 1500 Tonnen gehabt zu
60 haben –, ist es durchaus möglich, dass sie Afrika hätten umsegeln und Portugal „entdecken" können – mehrere Jahrzehnte, bevor die Expeditionen Heinrichs des Seefahrers ernstlich begannen.
65 Aber die chinesische Expedition von 1433 war die letzte dieser Art und drei Jahre später verbot ein kaiserliches Edikt den Bau von hochseetüchtigen Schiffen; danach untersagte eine besondere Order sogar Schiffe mit
70 mehr als zwei Masten. [...] Trotz aller Möglichkeiten, die in Übersee winkten, hatte sich China entschlossen, der Welt den Rücken zu kehren.

Ohne Zweifel gab es einen plausiblen
75 strategischen Grund für diese Entscheidung. Die nördlichen Grenzen des Reiches waren wieder dem Druck der Mongolen ausgesetzt… Nur eine Verteidigung zu Land würde benötigt, so argumentierten die Manda-
80 rine[2], denn war den chinesischen Untertanen der Seehandel nicht sowieso verboten worden?

Neben den Kosten und anderen Hinderungsgründen war daher der reine Konserva-
85 tivismus der konfuzianischen[3] Bürokratie der Hauptgrund des chinesischen Rückzuges. In dieser Atmosphäre der „Restauration"[4] war die allein entscheidende Bürokratie bemüht, die Vergangenheit zu erhalten
90 und wieder einzufangen und nicht eine glänzende, auf Expansion und Überseehandel basierende Zukunft zu schaffen. Der konfuzianischen Lehre zufolge galt Kriegführung an sich schon als eine erbärmliche
95 Tätigkeit und eine Streitmacht wurde einzig und allein auf Grund der Angst vor barbarischen Angriffen und internen Revolten als notwendig angesehen. Die Abneigung der Mandarine gegenüber Armee (und Marine)
100 ging mit Misstrauen gegenüber Händlern einher. Die Akkumulation von Privatkapital, das Verfahren, billig einzukaufen und teuer zu verkaufen, die Protzerei der „neureichen"

Kaufleute, all dies erzürnte die elitären, ge-
105 lehrten Bürokraten fast in demselben Maße, wie es die Abneigung der arbeitenden Massen erregte. Obwohl sie nicht die gesamte Marktwirtschaft zum Erliegen bringen wollten, intervenierten die Mandarine oft gegen
110 einzelne Kaufleute, indem sie ihren Besitz beschlagnahmten und ihre Geschäfte verboten. Von chinesischen Untertanen betriebener Außenhandel musste in den Augen der Mandarine noch zweifelhafter sein, schon
115 allein, weil er sich stärker ihrer Kontrolle entzog.

Die Abneigung gegen Handel und Privatkapital steht nicht im Gegensatz zu den zuvor erwähnten gewaltigen technologi-
120 schen Errungenschaften. Der Wiederaufbau der „Großen Mauer" durch die Ming, die Entwicklung des Kanalsystems, die Eisenwerke und die kaiserliche Marine dienten Staatszwecken, denn die Bürokraten hatten den
125 Kaiser von ihrer Notwendigkeit überzeugt. Aber so wie diese Unternehmungen begonnen wurden, konnten sie auch plötzlich wieder vernachlässigt werden. Man ließ die Kanäle verkommen, die Armee wurde durch
130 Ausrüstungsmängel zeitweise geschwächt, die astronomischen Uhren (gebaut um 1090) wurden nicht gewartet und die Eisenkonstruktionen verfielen. Dies waren nicht die einzigen Hemmnisse wirtschaftlichen
135 Wachstums. Die Druckkunst war auf wissenschaftliche Werke beschränkt und wurde nicht für die Verbreitung von praktischem Wissen und schon gar nicht für Sozialkritik genutzt. Der Gebrauch von Papiergeld wurde
140 eingestellt. Chinesischen Städten wurde nie die gleiche Autonomie wie westlichen Städten gewährt; es gab keine chinesischen Bürger, mit allem, was dieser Begriff umfasst; wenn sich der Sitz des kaiserlichen Hofes
145 änderte, musste auch die Hauptstadt umziehen. Aber ohne offizielle Unterstützung konnten weder Kaufleute noch andere Unternehmer profitabel arbeiten… In ähnlicher Weise nahmen die Verbote des Überseehan-
150 dels und der Fischerei einen weiteren möglichen Anreiz für andauernde wirtschaftliche Expansion…

Ein letztes Detail soll diese Geschichte zusammenfassen. Im Jahre 1736 – gerade als
155 Abraham Darbys Eisenwerke in Coalbrook-

dale ihren ersten Boom erlebten – wurden die Hochöfen und Koksöfen von Honan und Hopei vollkommen aufgegeben. Sie waren für China schon bedeutend, bevor Wilhelm 160 der Eroberer in Hastings gelandet war. Nun sollten sie ihre Produktion bis zum 20. Jahrhundert nicht wieder aufnehmen.

Paul Kennedy, Aufstieg und Fall der großen Mächte. Ökonomischer Wandel und militärischer Konflikt von 1500 bis 2000, Frankfurt/M. (Fischer) 1989, S. 32–37.

1 Dschunken, Galeonen: bestimmte Schiffstypen
2 Mandarine: hohe chinesische Beamte
3 konfuzianisch: Der Konfuzianismus geht zurück auf das Wirken des Konfuzius (551–479 v. Chr.). Er vertritt eine konservative Moral- und Staatsphilosophie
4 Restauration: Wiederherstellung/Rückkehr zu alten Zuständen

1 Beschreiben Sie die in M2 genannten wichtigsten zivilisatorischen Errungenschaften Chinas zwischen dem 11. und 15. Jahrhundert und ziehen Sie anhand eines historischen Nachschlagewerks (z. B. dtv-Atlas zur Weltgeschichte) einen Vergleich mit dem Entwicklungsstand Europas im entsprechenden Zeitraum.

2 Welche Ursachen führen nach Kennedy (M2) dazu, dass die Entwicklung in China in den darauf folgenden Jahrhunderten stagniert bzw. rückläufig ist?

M 3 Industrialisierung in Europa

3 a) Der Historiker David S. Landes über die kulturellen Voraussetzungen, 1998
Warum dort und damals eine Industrielle Revolution? In der einen Frage stecken eigentlich zwei. Erstens: Warum und wie konnte ein Land die Kruste der Gewohnheit und des 5 konventionellen Wissens durchbrechen und zu dieser neuen Produktionsweise vordringen? Schließlich kann die Geschichte durchaus mit Beispielen aufwarten, bei denen Mechanisierung und Einsatz unbelebter Kraft10 quellen keineswegs zu einer industriellen Revolution geführt haben. Man denke an das China der Sung-Dynastie (Hanfspinnen, Eisengewinnung), an das mittelalterliche Europa (Wasser- und Windmühlenantrieb),

an das Italien der frühen Neuzeit (Seiden- 15 zwirnen, Schiffbau) oder an das Holland des Goldenen Zeitalters. Warum nun, zu guter Letzt, im achtzehnten Jahrhundert?

Zweitens: Warum hat gerade Großbritannien diese Revolution gemacht? Beide Fra- 20 gen bilden eine Einheit. Will man die eine Antwort geben, braucht man auch die andere. So funktioniert Geschichte.

In meiner Antwort auf die erste Frage würde ich zwei Dinge ins Zentrum rücken: 25 Den Aufbau – Akkumulation von Wissen und Know-how, und den Durchbruch – Erreichen und Übersteigen von Schwellenwerten. Wie wir bereits sahen, ist in China und den islamischen Ländern der intellektu- 30 elle und technologische Fortschritt unterbrochen worden, wobei nicht nur die Weiterentwicklung gestoppt, sondern der Stillstand institutionalisiert wurde. In Europa ist es genau umgekehrt: Hier herrscht ein Konti- 35 nuum der Akkumulation. [...] Sollte ich aber die entscheidenden, spezifisch europäischen Erfolgsursachen nennen, dann wären es die drei folgenden Punkte:

1. die zunehmende Autonomie der auf dem 40 Denken beruhenden Untersuchung;

2. die Herausbildung von Einheit in der Vielheit, nämlich einer allgemeinen, per se gegen andere antretenden Methode, das heißt die Schaffung einer Beweissprache, 45 die über die Staats- und Kulturgrenzen hinweg anerkannt, verwendet und verstanden wurde; sowie

3. die Erfindung der Erfindung, das heißt der Übergang zu routinemäßiger Forschung 50 samt ihrer Verbreitung.

Autonomie: Der Kampf um die Autonomie des Denkens reicht zurück bis ins Mittelalter mit seinen Auseinandersetzungen um Geltung und Autorität der Tradition. Die herr- 55 schende europäische Weltanschauung war die der römisch-katholischen Kirche – eine Anschauung von der Natur, die festgelegt war durch die mit dem Wissen der Antike in Einklang gebrachte (aber nicht von ihm ver- 60 änderte) Heilige Schrift. Vieles davon fand Eingang in die Definitionen der Scholastik, eines philosophischen (und naturphilosophischen) Systems, aus dem sich ein Bewusstsein allseitiger Kompetenz und Auto- 65 rität gewinnen ließ.

Neue Ideen, die in diese geschlossene Welt eindrangen, traten zwangsläufig als Anmaßung und potenzieller Umsturz auf –
70 genau wie im Islam. In Europa freilich wurde ihre Übernahme erleichtert durch den praktischen Nutzwert und gefördert von Herrschern, die sich von dem Neuen einen Vorteil gegenüber Rivalen erhofften. Es war also
75 kein Zufall, dass Europa nach und nach einen Hang zum Novum und einen Sinn für Fortschritt kultivierte… In Europa wurde der Einfluss der Kirche begrenzt durch konkurrierende Ansprüche der weltlichen Obrigkeiten
80 (Cäsar gegen Gott) und durch bereits schwelende, allmählich sich vereinigende Brandherde einer religiösen Opposition von unten.

Am heftigsten wurde die alte Autorität
85 durch die Ausweitung der individuellen Erfahrungswelt erschüttert. So meinte man etwa in der Antike, niemand könne in den Tropen leben, es sei dort zu heiß. Die portugiesischen Seefahrer zeigten schon bald, wie
90 falsch diese vorgefasste Meinung war. [...]

Methode: Das Sehen allein reichte nicht. Es galt die Naturerscheinungen zu begreifen und anders zu erklären als durch Magie. Dingen, die niemand gesehen hatte, konnte
95 man keinen Glauben schenken. [...] Überdies gelangten diese neuen Forscher schon früh zu der Auffassung, dass die Mathematik sich vorzüglich dazu eigne, Beobachtungen zu spezifizieren und Resultate in Formeln zu
100 fassen. [...] Diese Verflechtung von Beobachtung und genauer Beschreibung machte ihrerseits Wissen reproduzierbar und verifizierbar. Kaum etwas anderes hat der Autorität so sehr das Wasser abgegraben. Es zählte wenig,
105 wer etwas sagte, sondern was gesagt wurde; wichtig war nicht die Wahrnehmung, sondern die Realität. Ein solcher Ansatz eröffnete die Möglichkeit des planvollen Experiments. Statt abzuwarten, bis etwas geschieht,
110 muss man es geschehen machen. Nötig war dazu ein intellektueller Sprung…

Routine: Die dritte institutionelle Säule, auf der die abendländische Wissenschaft ruht, war der Übergang zum routinemäßigen
115 Entdecken, die Erfindung des Erfindens. Es gab eine zerstreute Gruppe von Intellektuellen, die in verschiedenen Ländern arbeiteten und verschiedene Landessprachen benutz-

M 3b) **Kompass, um 1550**

ten – und trotz allem eine Gemeinschaft bildeten. Was am einen Ort geschah, wurde 120 rasch an anderen bekannt, einerseits dank der gemeinsamen Bildungssprache Latein, andererseits auf Grund der frühen Entwicklung des Kurier- und Postwesens und vor allem, weil die Menschen überallhin reisten. 125 Im 17. Jahrhundert wurden diese Verbindungen institutionalisiert. [...]

Kooperation also, gewaltig angetrieben aber von der scharfen Konkurrenz im Wettlauf um Ansehen und Ehre. [...] 130

Das alles brauchte Zeit, und dies erklärt, warum die Industrielle Revolution, langfristig gesehen, auf sich warten ließ. [...] Es fehlte die technische Grundlage; die verschiedenen Entwicklungen hatten sich noch nicht 135 zum einheitlichen Strom des Fortschritts vereinigt.

David S. Landes, Wohlstand und Armut der Nationen. Warum die einen reich und die anderen arm sind, Berlin (Siedler) 1998, S. 218–225.

3 Der amerikanische Historiker David S. Landes entwickelt in seinem Buch „Wohlstand und Armut der Nationen" eine neue Sicht auf den Prozess der Industrialisierung (M3a). Klären Sie die von ihm entwickelten Begriffe „Autonomie", „Methode" und „Routine".
4 Inwieweit lassen sich diese Begriffe auf die Persönlichkeit James Watts (s. S. 29) anwenden?
5 Diskutieren Sie, warum sich Tatkraft und Kreativität von Technikern und Unternehmern im China der Ming-Dynastie nur schwerlich durchsetzen konnten (M2).

M 4 Die wirtschaftliche Entwicklung in England und Deutschland während des 19. Jahrhunderts im Vergleich

4 a) Steinkohleförderung (in Mio. Tonnen):

Jahr	Großbritannien	Deutschland
1820	17,7	1,3
1830	22,8	1,8
1840	34,2	3,2
1850	50,2	5,1
1860	81,3	12,3
1870	112,2	26,4
1880	149,3	47,0
1890	184,5	70,2
1900	228,8	109,3
1910	268,7	152,8

Brian. R. Mitchell, European Historical Statistics 1750–1970, London (MacMillan)1975, S. 360.

4 b) Roheisenproduktion (in Mio. Tonnen):

Jahr	Großbritannien	Deutschland
1820	0,374	0,085
1830	0,688	0,110
1840	1,419	0,190
1850	2,285	0,210
1860	3,888	0,529
1870	6,059	1,261
1880	7,873	2,468
1890	8,031	4,100
1900	9,104	7,550
1910	10,173	13,111

Ebenda, S. 392.

4 c) Verbrauch an Rohbaumwolle (in 1000 Tonnen):

Jahr	Großbritannien	Deutschland
1839	173	9
1849	286	16
1859	443	48
1869	426	67
1879	522	123
1889	709	225
1899	799	295
1909	827	448

Ebenda, S. 428.

4 d) Kapazität aller Dampfmaschinen (in 1000 PS):

Jahr	Großbritannien	Deutschland
1840	620	40
1850	1290	260
1860	2450	850
1870	4040	2480
1880	7600	5120

David S. Landes, Der entfesselte Prometheus, München 1983 (dtv), S. 211.

6 Vergleichen Sie die Entwicklungsdaten Deutschlands und Englands (M4). Fertigen Sie zur besseren „Lesbarkeit" Säulendiagramme an. Welche Besonderheiten können Sie erkennen?

M 5 Die Industrielle Revolution in England

5 a) Der Historiker Hagen Schulze über die Ursachen für die englische Industrialisierung (1998):
Man mag sich fragen, weshalb sich dies alles [die Industrielle Revolution] ein halbes Jahrhundert fast ausschließlich in England abspielt, bevor die Industrialisierungswelle auf den Kontinent überschwappt und im Laufe des 19. Jahrhunderts langsam von West nach Ost rollt. [...] Im Unterschied zum europäischen Festland, wo Handel und Wandel noch ganz in das Zwangskorsett einer merkantilistischen Staatswirtschaft eingeschnürt sind, herrscht im England des 19. Jahrhunderts eine liberale Wirtschaftspolitik, die die Freizügigkeit von Kapital und Arbeit begünstigt. Das Banken- und Kreditsystem ist hoch entwickelt und innerstaatliche Zollbarrieren, die im übrigen Europa den Handel behindern, entfallen.

Der vielleicht wichtigste Vorteil Englands liegt aber nicht in der Geografie, auch nicht in der Politik. Immerhin verfügt Frankreich am Vorabend der großen Revolution über das höchste Bruttosozialprodukt Europas und die zahlreichste Bevölkerung und sein Außen- und Kolonialhandel kommt dem Englands ungefähr gleich. Worin sich aber England vom übrigen Europa unterscheidet, ist die herrschende Einstellung zu Geld und

M 5b) Erfindungen in der englischen Landwirtschaft, Kupferstich 18. Jahrhundert

Besitz. Für einen vermögenden Engländer liegt es nahe, sein Kapital in expandierenden
30 Industriezweigen anzulegen; einem vergleichsweise hohen Risiko der Unternehmer und Kapitaleigner stehen hohe Profiterwartungen gegenüber. Ganz anders auf dem Kontinent; Besitz ist hier traditionell nahezu
35 identisch mit Investitionen in ländliches Grundeigentum, städtischen Grund- und Immobilienbesitz, Ämterkauf und Renten. Die Gewinne aus dieser Anlageform sind bescheiden, sie liegen zwischen einem und
40 fünf Prozent pro Jahr, aber sie sind verhältnismäßig sicher; Kapitalrisiken bestehen kaum, das Vermögen bleibt in der Familie und mehrt sich langsam, aber stetig von Generation zu Generation.
45 Nun ist Reichtum, der auf Land- und Ämterbesitz beruht, historisch gesehen ein Merkmal der Aristokratie. Was Adlige davon abhält, in Industrie und Handel zu investieren, ist vor allem die Furcht vor Prestige-
50 verlust. Abgesehen von einigen wenigen Industriezweigen, für die Landbesitz die Voraussetzung ist, wie Bergbau, Eisenverhüttung, Papier- und Glasfabrikation, und abgesehen vom Kolonialhandel ist jede Kommer-
55 zialisierung des adligen Kapitalbesitzes mit einem erheblichen Statusrisiko verbunden: „Geschäfte macht kein Windischgrätz[1].“ Neben die soziale Minderwertigkeit des Gelderwerbs aus Handel und Industrie tritt
60 die Furcht vor Investitionsrisiken, die einen

von Generationen erworbenen Reichtum zerstören können. Und dasselbe gilt auch für die Besitzbürger Kontinentaleuropas, solange sie keinen größeren Wunsch hegen, als nach adligen Maßstäben zu leben, und des- 65 halb mit ihrem Besitz auf adlige Weise umzugehen suchen.

In England dagegen herrscht eine wesentlich größere Durchlässigkeit zwischen den Ständen. Einerseits erbt nur der älteste Sohn 70 den Titel und den damit verbundenen Besitz des Vaters; die Nachgeborenen sind häufig auf bürgerlichen Erwerb angewiesen. Und umgekehrt sind Biografien möglich wie die des Lordkanzlers John Scott Earl of Eldon, 75 Sohn eines Kohleschiffers, oder des Völkerrechtlers Lord Stowell, Sohn eines Gastwirts. In dieser vergleichsweise offenen Gesellschaft tritt bürgerliches, kaufmännisches Erwerbsverhalten in den Vordergrund und 80 damit die Neigung, Kapital in expandierenden Industriezweigen anzulegen.

Die Bereitschaft der Besitzenden auf dem europäischen Festland, sich im agrarischen Sektor zu engagieren, führt also dazu, dem 85 Handel und der Industrie das Kapital zu entziehen, das für einen industriellen und kapitalistischen Aufschwung im Stile Englands dringend notwendig wäre. Tatsächlich liegt das Verhältnis zwischen privatem Kapital, 90 das in Grundbesitz, Ämtern und Renten angelegt ist, und dem Handels- und Industriekapital in Frankreich um 1780 bei unge-

23

fähr achtzig zu zwanzig Prozent, in England
95 um dieselbe Zeit dagegen bei etwa vierzig zu
sechzig Prozent.

*Hagen Schulze, Phoenix Europa. Die Moderne. Von
1740 bis heute, Berlin (Siedler) 1998, S. 62–64.*

1 Windischgrätz: Adelsfamilie

*5 c) Der Historiker B. Moore über den Wandel in
der britischen Landwirtschaft (1969):*
Die Historiker stimmen weitgehend darin
überein, dass der Zeitraum von ungefähr
1688 bis zum Ende der Napoleonischen Kriege das goldene Zeitalter der großen Landgü-
5 ter war. [...] Noch niemand hat die grundsätzliche Bedeutung der Einhegungen[1]
bestritten oder dass unzählige Bauern ihre
Rechte auf das Gemeinland der Dörfer verloren, als die großen Gutsherren diese Lände-
10 reien vereinnahmten. Es war ein Zeitalter, in
dem die landwirtschaftliche Technik verbessert wurde, z. B. durch stärkeren Einsatz von
Düngemitteln, durch Einführung neuer
Getreidearten und durch Fruchtwechsel. Die
15 neuen Anbaumethoden konnten auf den
Feldern, die der gemeinsamen Bewirtschaftung unterlagen, nicht zur Anwendung
gelangen; sie waren für den Landwirt, der
über ein geringes... Kapital verfügte, nur
20 schwer zu verwirklichen. Zweifellos ist es
zum großen Teil auf die höheren Gewinne
und geringeren Kosten der größeren Besitze
zurückzuführen, dass die Durchschnitts-
größe der landwirtschaftlichen Betriebe
25 zunahm. [...]
Der „Landkapitalist" rechtfertigte das
von ihm verursachte Elend mit der Berufung
auf den Gewinn, den er, zugleich mit dem
Erwerb immensen persönlichen Profits, der
30 Gesellschaft einbrachte. Ohne diese Vorstellungen... wäre es unmöglich, die Rücksichtslosigkeit der Einhegungsbewegung zu verstehen. [...] Steigende Lebensmittelpreise
(durch wachsende Nachfrage) und ... auch
35 die Schwierigkeit, Arbeitskräfte zu finden,
waren offenbar die Hauptfaktoren, die die
Grundherren anreizten und zugleich zwan-
gen, ihren Grundbesitz zu vergrößern und
seine Bewirtschaftung zu rationalisieren. [...]
40 Diese nach kommerziellen Grundsätzen
geführten großen Güter zerstörten in weiten
Teilen Englands das mittelalterliche bäuerliche Gemeinwesen. [...] Der Bodensatz der
kleinen Leute auf dem Lande wurde auf diese
Weise weggefegt; sie vergrößerten entweder 45
das neue Heer von Tagelöhnern, das noch
eine Zeit lang benötigt wurde, um Hecken,
Gräben und Wege anzulegen oder neue
Bewirtschaftungsmaßnahmen durchzu-
führen, die noch nicht maschinell bewältigt 50
werden konnten, oder sie stießen zu den
armseligen Arbeitern in den... entstehenden
Industriestädten.

*Barrington Moore, Soziale Ursprünge von Diktatur
und Demokratie. Die Rolle der Grundbesitzer und
Bauern bei der Entstehung der modernen Welt, Frank-
furt/M. (Suhrkamp) 1969, S. 43–45, S. 47–48.*

1 Einhegungen: s. Begriffslexikon im Anhang

*5 d) Das Wachstum der englischen Eisenindust-
rie. Ein Lied von Humphrey Hardfeatures,
ca. 1820:*

Since cast iron has got all the rage,
And scarce anything's now made
[without it;
And I live in this cast iron age,
I mean to say something about it. 5
There's cast-iron coffins and carts,
There's cast-iron bridges and boats,
Corn factors with cast-iron hearts,
That I'd hang up in cast-iron coats.
We have cast-iron gates and lamp posts, 10
We have cast-iron mortars and mills too;
And our enemies know to their cost
We have plenty of cast-iron pills too.
We have cast-iron fenders and grates,
We have cast-iron pokers and tongs, sir; 15
And we shall have cast-iron plates,
And cast-iron small clothes, ere long sir.

*Ulrich Wengenroth, Die Industrielle Revolution.
Chancen und Risiken des technischen Wandels,
Tübingen 1994 (Deutsches Institut für Fernstudien
an der Universität Tübingen), S. 56.*

*Worterklärungen:
has got all the rage – ist modisch („in") geworden;
cast iron – Gusseisen; coffin – Sarg; corn factor –
Getreidehändler; mortar – Mörser (hier Bez. für ein
kurzrohriges Steilfeuergeschütz); pill – Kugel (milit.),
„blaue Bohne"; fender – Schutzgitter; grate – (Ka-
min-)Rost; poker – Schürhaken; tongs – (Kohlen-)Zan-
ge; small clothes – Unterwäsche; ere long (= before
long) – bald.*

7 „Warum England?" Stellen Sie die Gründe für die industrielle Pionierrolle Englands in einer Übersicht zusammen (M5a).

8 Beschreiben Sie mit Hilfe von M5b, c den Wandel in der englischen Landwirtschaft. Welche gesellschaftlichen und wirtschaftlichen Auswirkungen hatte dieser Wandel?

9 Übersetzen Sie das Lied (M5d) sinngemäß und formulieren Sie seine Hauptaussage (zum Umgang mit fremdsprachlichen Texten s. S. 29). Ziehen Sie daraus Rückschlüsse auf den Gebrauch des Eisens im Alltag der damaligen Gesellschaft. Erläutern Sie die Einstellung des Dichters/Sängers zur dargestellten Entwicklung.

M 6 Die Entwicklung der deutschen Wirtschaft im 19. Jahrhundert

6 a) Der Wirtschaftswissenschaftler Friedrich List (1789–1846) forderte 1819 vom Deutschen Bund eine wirtschaftsfördernde Zollpolitik:
Vernünftige Freiheit ist die Bedingung aller physischen und geistigen Entwicklung des Menschen. Wie der menschliche Geist nie-
5 dergehalten wird durch Bande des Gedankenverkehrs, so wird der Wohlstand der Völker gebeugt durch Fesseln, welche der Produktion und dem Verkehr materieller Güter angelegt werden. Nur alsdann werden die Völker der Erde den höchsten Grad physischen Wohlstandes erreichen, wenn sie all-
10 gemeinen, freien, unbeschränkten Handelsverkehr unter sich festsetzen. Wollen sie sich aber gegenseitig recht schwächen, so müssen sie nicht nur die Ein- und Ausfuhr und den Durchgang fremder Güter durch Verbote,
15 Auflagen, Sperrung der Schifffahrt usw. erschweren, sondern die gegenseitige Kommunikation ganz aufheben. Achtunddreißig Zoll- und Mautlinien[1] in Deutschland lähmen den Verkehr im Innern und bringen
20 ungefähr dieselbe Wirkung hervor, wie wenn jedes Glied des menschlichen Körpers unterbunden wird, damit das Blut ja nicht in ein anderes überfließe. Trostlos ist dieser Zustand für Männer, welche wirken und han-
25 deln möchten: mit neidischen Blicken sehen sie hinüber über den Rhein, wo ein großes Volk vom Kanal bis an das mittelländische Meer, vom Rhein bis an die Pyrenäen, von der Grenze Hollands bis Italien auf freien
30 Flüssen und offenen Landstraßen Handel treibt, ohne einem Mautner zu begegnen.

Friedrich List, Gesammelte Schriften, 2. Teil, S. 15 ff., Stuttgart 1850.

1 *Maut: Gebühr für Brücken- und Straßenbenutzung*

„Sie sehen, Herr Gränzwächter, daß ich nix zu verzolle hab', denn was hinte auf'm Wagen ist, hat die Lippi'sche Gränz noch nit überschritten, in der Mitt' ist nix, und was vorn drauf is, ist schon wieder über der Lippischen Gränze drüben."

M 6b) Karikatur aus den Fliegenden Blättern, 1848

10 Formulieren Sie das von dem Volkswirtschaftler und Politiker Friedrich List (M6a) beschriebene Problem der Zollschranken in Deutschland.
Warum war es ein wesentliches Hindernis für die Entwicklung der deutschen Industrie? Ziehen Sie dafür auch die Karikatur (M6b) heran.

M 7 Voraussetzungen und Bedingungen der Industrialisierung

7 a) Zufällige und notwendige Faktoren der Industrialisierung

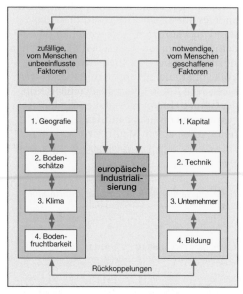

Hubert Kiesewetter, *Das einzigartige Europa. Zufällige und notwendige Faktoren der Industrialisierung*, Göttingen (Vandenhoeck & Ruprecht) 1996, S. 36.

11 Besprechen Sie im Rahmen des Geografieunterrichts die Bedeutung der in M7a genannten „zufälligen Faktoren" (Bodenschätze, Klima, Bodenfruchtbarkeit) für die Industrialisierung Europas.
12 Erörtern Sie anhand von M7a, b (S. 27) die Bedeutung der unterschiedlichen Einflüsse auf die Entstehung und den Verlauf der Industrialisierung.
13 Diskutieren Sie, worin die Stärken und Schwächen schematischer Darstellungen komplexer Zusammenhänge liegen.

M 8 Der Historiker Werner Abelshauser über Entwicklungsstufen und regionale Schwerpunkte in der deutschen Industrialisierung (1995)

Folgt man dem Periodisierungsschema, das der amerikanische Wirtschaftshistoriker Walt Whitman Rostow vorgeschlagen hat, erlebte die Industriewirtschaft der deutschen Staaten ihre Anlaufperiode in der ersten 5
Hälfte des 19. Jahrhunderts und findet erst um die Jahrhundertmitte den Absprung in eine neue Qualität des wirtschaftlichen Wachstums, den Rostow in Anlehnung an die Fliegersprache den „Take-off" genannt 10
hat. Großbritannien, das seinen „Take-off" in die Höhen eines sich selbst tragenden Wachstums schon gegen Ende des 18. Jahrhunderts gehabt hatte, trat zu diesem Zeitpunkt bereits in die folgende Phase der 15
„industriellen Reife" ein, die Deutschland erst in den Jahren vor dem Ersten Weltkrieg erreichte.

Der Begriff des „Take-off" impliziert nach Rostow eine „Industrielle Revolution, die 20
mit radikalen Änderungen in den Produktionsmethoden und ihren entscheidenden Wirkungen in relativ kurzer Zeit verbunden ist". Ihr Hauptkriterium ist der Anstieg der produktiven Investitionen vom vorindust- 25
riellen Niveau von fünf Prozent oder weniger auf zehn Prozent des Volkseinkommens oder mehr.

Zum Verständnis der Ursachen der deutschen Industriellen Revolution muss die 30
Anlaufperiode in der ersten Hälfte des 19. Jahrhunderts einbezogen werden. [...]

Auch die erste Industrielle Revolution ist kein autochthoner Prozess gewesen, der allein und ausschließlich in England wurzel- 35
te. [...] Die britische Industrielle Revolution war aber insofern autonom, als ihre Entwicklung eigenen Gesetzen folgte. Sie muss daher der Ausgangspunkt für die Analyse jener Voraussetzungen sein, die zur Industrialisie- 40
rung führten und deren materielle Entwicklung den Kern jedes Industrialisierungsprozesses ausmachen. Diese Voraussetzungen lassen sich wie folgt zusammenfassen:
• ein starkes Bürgertum, das die Formulie- 45
rung der Wirtschafts- und Finanzpolitik entscheidend mitbestimmt und erheblichen

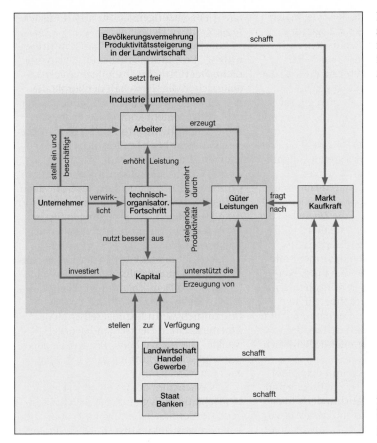

M 7b) **Voraus-
setzungen indust-
rieller Revolutionen
im Wirkungs-
zusammenhang**

*Funkkolleg Geschichte,
Studienbegleitbrief 8,
Weinheim und Basel
(Beltz) 1980, S. 111.*

Anteil an der Ausübung der politischen Macht nimmt,

50 • die ursprüngliche Akkumulation von Geldkapital, aus der der sprunghafte Anstieg der Investitionsquote zu finanzieren ist,

• das Institut der freien Lohnarbeit als Grundlage des Arbeitsmarktes,

55 • günstige naturräumliche Bedingungen, wie die Verfügbarkeit von Energiequellen und Rohstoffvorräten sowie eine verkehrsgünstige Lage, die den Transport von Rohstoffen und Fertigprodukten kostengünstig 60 gestaltet,

• und schließlich eine Entwicklung der Nachfrage, die die Kombination dieser Faktoren anregt und erst profitabel macht.

Die meisten dieser Faktoren sind zwar 65 notwendig, aber nicht hinreichend für die Auslösung des Industrialisierungsprozesses. Sie müssen eng ineinander greifen, um ihre jeweiligen Wirkungen voll entfalten zu können. [...]

Kaum eine dieser Voraussetzungen war 70 zum Zeitpunkt des britischen „Take-off" in Deutschland gegeben. Ihre Schaffung wurde in einigen der größeren deutschen Staaten, wie in Preußen, unter dem Eindruck der Französischen Revolution freilich schon 75 früh zu einem Desiderat staatlicher Politik. Das oft zitierte Wort des preußischen Ministers Karl Gustav von Struensee gegenüber dem französischen Gesandten in Berlin lässt diese Absicht deutlich erkennen. Er sagte: 80 „Die heilsame Revolution, die ihr von unten nach oben gemacht habt, wird sich in Preußen langsam von oben nach unten vollziehen." In diesem Sinne leitete das Allgemeine Landrecht von 1794 die Entlassung der 85 Bauern aus der Erbuntertänigkeit ein – wenn auch zunächst nur auf den könig-

lichen Domänen. Es zeigte den Weg in den Rechtsstaat und verlieh dem Bürgertum
90 zusammen mit größerer Rechtssicherheit auch „Property Rights", also jene Verfügungsgewalt über das Eigentum, die sich die bürgerliche Klasse Englands gegen den Widerstand der Krone erkämpfen musste
95 und die eine Grundvoraussetzung für private Investitionen ist.

Doch ungeachtet dieser und weiterer Fortschritte ging der Reformprozess zu langsam voran, wie sich bald in der Auseinander-
100 setzung mit dem revolutionären Frankreich zeigen sollte. Die katastrophale Niederlage gegen Napoleon verstärkte die Zweifel an der Überlebensfähigkeit einer feudalen Gesellschaft mit absolutistischem Herrschafts-
105 system. Sie schuf aber auch das innenpolitische Klima, in dem in Preußen unter den Staatskanzlern Karl Freiherr vom Stein und Karl August Fürst von Hardenberg in den Jahren 1807 bis 1820 – immer hart am Rande
110 des bürokratischen Staatsstreiches – die Voraussetzungen für durchgreifende Reformen geschaffen werden konnten.
• Die Bauernbefreiung, die mit dem Steinschen Oktoberedikt von 1807 einsetzte und
115 sich bis in die Mitte des Jahrhunderts hinzog, beseitigte Hindernisse auf dem Weg zu höherer Produktivität in der Landwirtschaft, erschloss damit eine Quelle der ursprünglichen Akkumulation und trug zur Mobilisie-
120 rung neuer und freier Arbeitskräfte für den industriellen Arbeitsmarkt der Zukunft bei.
• Die Gewerbereform, die u. a. die Gewerbefreiheit brachte, stärkte das Bürgertum und förderte die innovativen Kräfte in der Wirt-
125 schaft. Sie schuf den Rahmen für großbetriebliche Gewerbeformen, garantierte die freie Standortwahl der Unternehmen und ermöglichte die Mechanisierung der Produktion – zu diesem Zeitpunkt freilich alles noch
130 weitgehend Zukunftsmusik.
• Die Steuer- und Finanzreform stärkte die unternehmerische Investitionsbereitschaft durch steuerliche Begünstigungen, erhöhte aber vor allem den finanziellen Interven-
135 tionsspielraum des Staates, den dieser auch zur Gewerbeförderung nutzte.
• Die Gründung des Deutschen Zollvereins im Jahre 1834 schuf endlich den großen Binnenmarkt und damit eine der wichtigs-

ten Voraussetzungen für die Entfaltung der Marktkräfte in Deutschland. 140

Eine bürgerliche Gesellschaft konstituierte diese „Revolution von oben" gleichwohl nicht. Der fürstliche Absolutismus verwandelte sich in die Herrschaft der Bürokratie, 145 deren Interventionsmacht fehlendes bürgerliches Engagement kompensieren musste. Der wirtschaftliche Erfolg dieser Modernisierungsstrategie blieb freilich nicht hinter anderen europäischen Ländern zurück. Als 150 um die Jahrhundertmitte die Konjunktur in ganz Europa anzog und den „Take-off" auch in Deutschland möglich machte, waren dort die notwendigen Voraussetzungen für den Erfolg der deutschen industriellen Revolu- 155 tion geschaffen.

Auch in ihren sozialen Folgen unterschieden sich die Industrialisierungsverläufe in England und Deutschland signifikant. [...] Alles in allem gesehen fällt auf, dass der 160 Durchbruch zur Industriegesellschaft der Arbeiterschaft in Deutschland deutlich weniger Opfer abverlangt hat, als dies nach den englischen Erfahrungen zu erwarten gewesen wäre. [...] 165

Das Wachstum der Produktivität war in Deutschland groß genug, um neben einem den Erfordernissen des „Take-off" angemessenen, relativ hohen Investitionsvolumen auch – zuerst mäßige, dann beträchtliche – 170 Reallohnzuwächse zu ermöglichen. Auf den allgemeinsten Nenner gebracht, ist dies die Formel für die bemerkenswerte Stabilität der kapitalistischen Entwicklung während der deutschen Industriellen Revolution. Der 175 aufzuteilende Kuchen war groß genug und wurde von Jahr zu Jahr größer, um Kapitalisten und Arbeiter, die einen mehr, die anderen weniger, vom Industrialisierungsprozess profitieren zu lassen. 180

Werner Abelshauser, Die deutsche Industrielle Revolution, in: Scheidewege der deutschen Geschichte, hg. von Ulrich Wehler, München (C. H. Beck) 1995, S. 103 bis 115.

14 Markieren Sie die in M8 dargestellten Stationen des deutschen Weges zur Industrialisierung. Unterscheiden Sie dabei die Entwicklung vor und nach dem „Take-off".

15 Erörtern Sie, in welchen Bereichen Deutschland sich gegenüber England im Rückstand befand.

Fremdsprachige Texte im Geschichtsunterricht: James Watt – Inventor or entrepreneur?

Zum „täglichen Brot" des Historikers gehört der Umgang mit fremdsprachigen Texten. Geschichte ist eine internationale Wissenschaft. Besonders bei einem länderübergreifenden Themenkomplex wie der „Industrialisierung" gibt es eine Vielzahl fremdsprachiger Quellen, Monografien und Aufsätze. Das liegt nicht zuletzt daran, dass Großbritannien das Pionierland der Industrialisierung war. Nicht immer liegt eine deutsche Übersetzung vor.

Nicht jeder Text erfordert eine exakte und detaillierte Übersetzung. Dies ist oft nur bei Quellentexten von zentraler Bedeutung erforderlich. Oft, vor allem bei Sekundärliteratur, reicht es, den Sinn, die Kernaussage oder die Hauptgedanken zu erfassen. In einem solchen Fall muss nicht jedes unbekannte Wort nachgeschlagen, nicht jeder unverstandene Halbsatz aufgelöst werden. Vor dem Lesen sollte man sich also darüber klar werden, wie genau man den Text verstehen und durcharbeiten muss, um das herauszubekommen, was man wissen will.

Texterfassung

- Text (mehrfach) lesen; sich dabei zunächst auf die Frage konzentrieren: Was habe ich verstanden?
- Von den verstandenen Textpassagen ausgehend die unverstandenen Teile erschließen; so lässt sich verhindern, dass ich den „Wald vor lauter Bäumen" nicht sehe.
- Auf dieser Grundlage, falls nötig, die Kerngedanken, die Gliederung, einzelne Argumentationsschritte herausarbeiten.

Einige Hinweise für die Übersetzung

- Klärung der Satzkonstruktion: Hauptsatz – Nebensatz; Satzglieder; Präpositionen und ihre Bezugswörter; Partizipialkonstruktionen in Nebensätze auflösen.
- Bezug von Pronomina klären: it/its; they/them.
- Zeiten und Zeitenfolge beachten, z. B. progressive Form im Deutschen
- Modalverben beachten: sie können den Sinn eines Satzes entscheidend verändern (z. B. must/have to; should/ought to; can/be able to)
- Übersetzung von Idioms/feststehenden Redewendungen: sinnentsprechende Wendung im Deutschen suchen („false friends", z. B. eventually, actual, sensible)

M 9 **James Watt, Lithografie nach W. Beedey, o. J.**

M 10 James Watt: Inventor or entrepreneur?

James Watt was an outstanding inventor but his genius alone is insufficient to explain the success of the steam engine. During the development of the engine Watt had to survive by earning a living as a surveyor and chartered engineer. 5

James Watt's career decision
"I had now a choice whether to go on with the experiments on the engine, the event of which was uncertain, or to embrace an 10

29

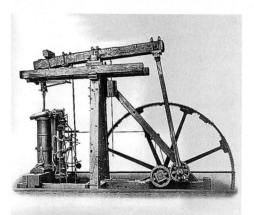

M 11 Dampfmaschine von James Watt, Modell, Foto 20. Jh.

honorable and perhaps profitable job with less risk of lack of success – (the building of a canal.)"

The canal company went bankrupt. Al-
15 though Watt was now free to concentrate on developing the steam engine he had little business acumen.

James Watt as businessman
20 "I can on no account have anything to do with workmen, cash or workmen's accounts … I am not a man of regularity in business and have bad health. I would rather face a loaded cannon than settle an account or
25 make a bargain."

For several years John Roebuck, owner of the Carron Iron Works, financed Watt's work but was unable to supply the skilled techni-
cians needed. In 1774 Roebuck in the face of
30 financial difficulties, sold his share in Watt's invention to Mathew Boulton of Birming-
ham.

The Watt-Boulton partnership
35 "I was excited by two motives to offer you my help, which were love of you and love of a money getting ingenious project. I pre-
sumed that your Engine would require mo-
ney, very accurate workmanship and exten-
40 sive letter writing to make it turn out to the best advantage. The best means to do the invention justice would be to keep the engine making out of the hands of the rule

of thumb engineers. They, from ignorance, want of experience and distance away would 45 be very likely to produce bad and inaccurate workmanship … my idea was to set up a fac-
tory near to my own by the side of our canal. There I would erect all the things needed for the completion of engines. From this factory 50 we would serve all the world with engines of all sizes. By these means and with your help we would engage and instruct some excel-
lent workmen… If a monopoly, it is one by means of which their mines are made more 55 productive than ever they were before. Have we not given over to them two-thirds of the advantages gained from its use in the saving of fuel …? They say it is inconvenient for the mining interests to be burdened with the 60 payment of engine dues. Just as it is inconvenient for the person who wishes to get at my purse that I should keep my breeches pocket buttoned."

The partnership was fortuitous. Watt and 65 Boulton were granted a patent for the sun and planetary motion which made them sole producers of the steam engine. The patent was not granted, however, without opposition. By 1800 Watt and Boulton's 70 patent expired and other manufacturers were free to manufacture their own. In that same year there were 200 engines in Shrop-
shire alone; employed in a variety of indus-
tries; brickworks, ironworks, china factories, 75 flourmills and, of particular importance, cotton mills. By 1840, four out of five cotton mills used steam.

*Texte und Bilder aus: Neil Tonge, Industrialisation and Society 1700–1914, Walton-on-Thames (Tho-
mas Nelson and Sons) 1993, S. 90 f.*

16 Interpretieren Sie das Porträt James Watts (M9). Was verrät es über seine Person? Achten Sie auf Haltung und Gesichtsausdruck.
17 Beschreiben Sie den im Text skizzierten Weg der Dampfmaschine vom Experiment zum marktgängigen Endprodukt (M10). Welche Eigenschaften und Verhaltensweisen erforderte das Projekt von den beteiligten Personen?

Weiterführende Arbeitsanregungen zu Voraussetzungen der Industrialisierung

Industrialisierung in der Dritten Welt

1 Untersuchen Sie – ausgehend von den Arbeitsergebnissen dieses Kapitels und Ihren Kenntnissen aus dem Geografie- und Politikunterricht –, inwieweit die Voraussetzungen für eine Industrialisierung in den armen Ländern der heutigen Welt gegeben sind. Konzentrieren Sie sich dabei auf die Entwicklung eines Landes, z. B. China (vgl. M2), oder vergleichen Sie arbeitsteilig mehrere Länder miteinander.

2 Überlegen Sie, inwieweit sich diese nachholende Industrialisierung von der Industrialisierung des 19. Jahrhunderts unterscheidet.

Literaturhinweise

David S. Landes, Wohlstand und Armut der Nationen. Warum die einen reich und die anderen arm sind, Berlin (Siedler) 1999.

Dieter Nohlen/Franz Nuscheler (Hg.), Handbuch der Dritten Welt, 8 Bände, Bonn (J. H. W. Dietz Nachf.) 1997.

Zu China

Jonathan D. Spence, Chinas Weg in die Moderne, München (C. Hanser) 1995.

Francis Fukuyama, Konfuzius und Marktwirtschaft. Der Konflikt der Kulturen, München (Kindler) 1995.

M12 Berufsausbildung in einem afrikanischen Entwicklungsland, Foto 1990

4 Die Entwicklung der Industriewirtschaft: Herausforderungen und Strukturen um 1800

Eine der größten Herausforderungen für die deutsche Wirtschaft um 1800 war das **Bevölkerungswachstum**. Seit Mitte des 18. Jahrhunderts erlebten die Staaten und Regionen in Deutschland einen deutlichen und raschen Anstieg ihrer Bevölkerung. Diese Zunahme der Bevölkerung war langfristig einer der wichtigsten Faktoren für die Durchsetzung der Industriegesellschaft. Die Vergrößerung sowohl des **Arbeitskräftepotenzials** als auch der Nachfrage machten eine Ausweitung der Wirtschaftstätigkeit notwendig und erzwangen neue Produktionstechniken und Wirtschaftsweisen.

Deutschland war um 1800 noch weit gehend ein **Agrarland**. In der Landwirtschaft fanden mehr als 60 % der Menschen ihr Auskommen, während im gewerblichen Bereich nur etwa 20 % der Bevölkerung arbeiteten. Alle anderen waren im Dienstleistungssektor tätig. Obwohl im Gewerbe die traditionellen handwerklichen Produktionsformen vorherrschten, gab es durchaus bereits moderne Formen der Massenproduktion. An erster Stelle ist dabei das Verlagssystem zu nennen, das etwa einer Million Menschen (45 % der im Gewerbe Beschäftigten) Arbeit und Brot sicherte. Seit 1770 nahm aber auch die Zahl der Manufakturen zu, in denen mehr als 100 000 Arbeiter Güter herstellten. Allerdings gehörten diese nicht zu den direkten Vorläufern des Fabriksystems. Die moderne Fabrik, die sich zur typischen Produktionsform des Industriezeitalters entwickelte, gewann erst im Verlauf des 19. Jahrhunderts an Bedeutung.

Im **Verlagssystem** stellten rechtlich selbstständige Kleinproduzenten in ihrem eigenen Haus bzw. ihrer Wohnung oder in kleinen Betriebsstätten mit vorindustriellen, also handwerklichen Techniken überwiegend Textil-, aber auch Metallwaren her. Produktion und Vertrieb wurden von Verlegerkaufleuten gesteuert, die sich an überregionalen oder internationalen Märkten orientierten. Im Verlagssystem gab es die unterschiedlichsten Abhängigkeitsverhältnisse. Die Heimarbeiter besaßen teilweise eigene Werkzeuge oder besorgten sich die Rohmaterialien selbst, teilweise stellten jedoch die Verlegerkaufleute das Arbeitsgerät und die zur Produktion notwendigen Materialien.

Unter einer **Manufaktur** versteht man einen Großbetrieb, in dem mit handwerklichen Methoden, aber bereits mit einem gewissen Grad an Arbeitsteilung, zumeist Luxusartikel, selten auch Waren für den täglichen Bedarf hergestellt wurden. Diese Betriebsform ermöglichte nicht nur eine Steigerung der Produktivität, sondern erlaubte auch eine bessere Kontrolle der Arbeitskräfte. In der Manufaktur konnten Arbeitszeit und -intensität durch die direkte Aufsicht, die Zerlegung der Arbeit in einzelne Schritte und durch die Vergütung mit Geldlöhnen besser überwacht und gesteigert werden. Die Manufaktur ist charakteristisch für Staaten mit einer merkantilistischen Wirtschaftspolitik. Die Regierungen greifen dabei sehr stark in das Wirtschaftsleben ein und verleihen investitionsbereiten Unternehmern staatliche Privilegien, um so die gewerbliche Produktion zu fördern und einer möglichst großen Zahl von Menschen eine Beschäftigung zu verschaffen.

Um in der Industriewirtschaft konkurrenzfähig zu bleiben, mussten viele Betriebe zu größeren, kapitalintensiveren und technisch leistungsfähigeren Betriebsformen übergehen. An die Stelle kleiner und kleinster Betriebseinheiten trat im Verlauf dieses Modernisierungsvorganges zunächst die Manufaktur und dann die **Fabrik**. Ähnlich wie die Manufaktur zeichnet sich die Fabrik dadurch aus, dass ein Unternehmer oder später auch Manager die gesamte Produktion zentral steuert. Die Herstellung der Güter und Waren wird arbeitsteilig organisiert. Mit zunehmender industrieller Konkurrenz wuchs vor allem aber der Zwang zur Rationalisierung und damit zum Einsatz von Maschinen sowie zur Übernahme wissenschaftlich-technischer Innovationen, die den Produktionsprozess veränderten. Der verstärkte Einsatz von maschinellen Produktionsweisen machte die Überlegenheit der Fabrik aus.

Hinweise zur Arbeit mit den Materialien

Menschliche Arbeit war und ist sowohl einer der wichtigsten Produktionsfaktoren im Wirtschaftsleben als auch eine zentrale Erwerbsquelle für die meisten Menschen, die damit ihren Lebensunterhalt bestreiten. Welche Arbeit Menschen verrichten, wie produktiv ihre Arbeit in verschiedenen betrieblichen Organisationsformen ist – das hängt entscheidend von den ökonomischen und gesellschaftlichen Rahmenbedingungen ab. Diese wechselseitigen Einflüsse zwischen Arbeit und wirtschaftlich-sozialem System werden in den folgenden Materialien behandelt. M1 beschreibt den Wandel der Arbeit von den Anfängen der menschlichen Evolution über die Agrargesellschaft bis ins industrielle Zeitalter. Anhand der Bilder M3, 4, 6 und der Texte M2, 5, 7 lassen sich unterschiedliche Produktionsformen und deren Auswirkungen auf die Art und Organisation der Arbeit in der industriellen Welt untersuchen. Alle Quellen vermitteln somit einen genauen Einblick in die Strukturen von Gewerbe und Erwerbsarbeit vor und während der Industrialisierung sowie in die Auswirkungen der Industrialisierung auf den Menschen (M9a, b)

Die Methodenseite (S. 39) über Geschichtskarten bzw. die räumlichen Schwerpunkte der Industrialisierung gibt Anregungen für die Verknüpfung von geschichtlichen und geografischen Gesichtspunkten.

M 1 Die Sozialwissenschaftler Orio Giarini und Patrick M. Liedtke über Arbeit im Wandel der Zeiten, 1999

Am Beginn der menschlichen Evolution bestand Arbeit hauptsächlich aus Jagen und Sammeln und verwandten Tätigkeiten wie dem Schlachten von Tieren, dem Gerben
5 von Fellen, der Herstellung von Werkzeugen usw. Arbeit war der ständige Kampf ums Überleben in einer feindlichen Umwelt, auf die der Mensch keinen oder nur sehr geringen Einfluss hatte. [...] Die Produktivität der
10 Arbeit war im Wesentlichen eine Frage der Erfahrung. [...] Das Agrarzeitalter bildet eine der drei Manifestationen gesellschaftlicher Organisation – die anderen beiden sind die Industrielle Revolution und die Dienst-
15 leistungsgesellschaft. Die zweite große Zäsur ereignete sich mit dem Entstehen der Industriellen Revolution.

Nun bestimmte die industrielle Produktion von Gütern den Reichtum der Natio-
20 nen: Je mehr Güter eine Gesellschaft produzieren konnte, desto reicher wurde sie. Die Effizienz der Produktion von Gegenständen oder Produkten wurde daher von der Menge von Einheiten bestimmt, die in einem defi-
25 nierten Zeitraum produziert wurden. Qualität war im Wesentlichen eine Frage des Produktionssystems und der Fähigkeit, Produkte zu standardisieren, um sie wechselseitig austauschbar zu machen. Da der Produktionsprozess in sehr kleine Teile aufgegliedert wurde, hing die Wahrscheinlichkeit
30 eines erfolgreichen Zusammenbaus aller Einzelteile zum Endprodukt von der Fähigkeit ab, dieselben Gegenstände mit möglichst geringen Unterschieden in Serie herzustellen. [...]
35

Im Agrarzeitalter wurden Umfang und Intensität der Arbeit von natürlichen Bedingungen bestimmt. Die Entkoppelung von Arbeit und Natur durch die Einführung von
40 Produktionsprozessen, die nicht mehr von natürlichen Bedingungen abhängig waren, veränderte die Arbeitsweise. Künstliches Gaslicht ersetzte das Sonnenlicht und überdachte Produktionsstätten, d.h. Fabriken,
45 traten als Arbeitsplatz an die Stelle des Feldes.

Dies erlaubte eine extreme Steigerung der Arbeitszeit. Die täglichen Arbeitszeiten von Industriearbeitern in Deutschland etwa stie-
50 gen von 10 bis 12 Stunden um 1800 auf 11 bis 14 Stunden um 1820 bis auf eine Höchstzeit von 14 bis 16 Stunden in den Jahren zwischen 1830 und 1860. Die Verlängerung der Arbeitszeit hatte direkten Einfluss auf
55 die Arbeit in anderen Bereichen. Da sich die Handwerker scharfer Konkurrenz seitens der neuen industriellen Produzenten ausgesetzt sahen, mussten auch sie ihre Arbeitszeiten verlängern.
60

33

Zugleich wuchs auch die Arbeitsinten-
sität. Während die meisten Bauern und
Handwerker bislang ihrem eigenen Rhythmus hatten folgen können, mussten sich die
65 Industriearbeiter dem Takt der Maschine
unterwerfen. Je verlässlicher die Maschinen
wurden, welche die Produktionskette bildeten, desto seltener und kürzer wurden die
Pausen der Arbeiter im Verlauf des Tages. Da
70 der Wohlstand einer Gesellschaft von ihrer
Fähigkeit abhing, eine große Menge Güter zu
produzieren, musste sich die Wirtschaftspolitik, um den Wohlstand zu mehren, das Ziel
setzen, Investitionen in der Industrie, d.h. in
75 der Güterproduktion, zu stimulieren oder zu
begünstigen. Ziel dieser Politik war der volle
Einsatz aller Ressourcen bei gleichzeitiger
Vermeidung von Inflation. [...]
Die Industrielle Revolution hatte enorme
80 Auswirkungen auf die Gesellschaft und veränderte die Lebensweise und die Wahrnehmung der Arbeit von Grund auf. Heute stehen wir vor einem neuen, grundlegenden
Wandel unserer Wirtschaft: dem Übergang
85 von der industriellen zur Dienstleistungs-
wirtschaft.

Orio Giarini, Patrick M. Liedtke, Wie wir arbeiten
werden. Der neue Bericht an den Club of Rome, Mün-
chen (Heyne) 1999, S. 34–37.

M3 Arbeit im Handwerk, Holzschnitt 1568

1 Beschreiben Sie die unterschiedlichen Merkmale der Arbeit im Agrar- und im Industriezeitalter (M1).
2 Untersuchen Sie die Auswirkungen dieses
Wandels auf die Gesellschaft (M1).

M2 **Der englische Philosoph und Öko-**
nom Adam Smith (1723–1790) über die
Bedeutung der Arbeitsteilung, 1776

Wir wollen daher als Beispiel die Herstellung
von Stecknadeln wählen, ein recht un-
scheinbares Gewerbe, das aber schon häufig
zur Erklärung der Arbeitsteilung diente. Ein
5 Arbeiter, der noch niemals Stecknadeln
gemacht hat und auch nicht dazu angelernt
ist, sodass er auch mit den dazu eingesetzten
Maschinen nicht vertraut ist (auch zu deren
Erfindung hat die Arbeitsteilung vermutlich
10 Anlass gegeben), könnte, selbst wenn er sehr
fleißig ist, täglich höchstens eine, sicherlich

aber keine zwanzig Nadeln herstellen. Aber
so, wie die Herstellung von Stecknadeln heute betrieben wird, ist sie nicht nur als Ganzes
ein selbstständiges Gewerbe. Sie zerfällt viel- 15
mehr in eine Reihe getrennter Arbeitsgänge,
die zumeist zur fachlichen Spezialisierung
geführt haben. Der eine Arbeiter zieht den
Draht, der andere streckt ihn, ein dritter
schneidet ihn, ein vierter spitzt ihn zu, ein 20
fünfter schleift das obere Ende, damit der
Kopf aufgesetzt werden kann. Auch die Herstellung des Kopfes erfordert zwei oder drei
getrennte Arbeitsgänge. Das Ansetzen des
Kopfes ist eine eigene Tätigkeit, ebenso das 25
Weißglühen der Nadel, ja selbst das Ver-
packen der Nadeln ist eine Arbeit für sich.
Um eine Stecknadel anzufertigen, sind somit
etwa 18 verschiedene Arbeitsgänge notwendig, die in einigen Fabriken jeweils verschie- 30
dene Arbeiter besorgen, während in anderen
ein Einzelner zwei oder drei davon ausübt.
Ich selbst habe eine kleine Manufaktur dieser
Art gesehen, in der nur zehn Leute beschäf-

tigt waren, sodass einige von ihnen zwei
oder drei solcher Arbeiten übernehmen
mussten. Obwohl sie nur sehr arm und nur
recht und schlecht mit dem nötigen Werkzeug ausgerüstet waren, konnten sie zusammen am Tage doch etwa 12 Pfund Stecknadeln
anfertigen, wenn sie sich einigermaßen
anstrengten. Rechnet man für ein Pfund
über 4000 Stecknadeln mittlerer Größe, so
waren die zehn Arbeiter im Stande, täglich
etwa 48 000 Nadeln herzustellen, jeder also
ungefähr 4 800 Stück. Hätten sie indes alle
einzeln und unabhängig voneinander gearbeitet, noch dazu ohne besondere Ausbildung, so hätte der Einzelne gewiss nicht einmal 20, vielleicht sogar keine einzige Nadel
am Tag zu Stande gebracht. Mit anderen
Worten, sie hätten mit Sicherheit nicht den
zweihundertvierzigsten, vielleicht nicht einmal den vierhundertachtzigsten Teil von
dem produziert, was sie nunmehr infolge
einer sinnvollen Teilung und Verknüpfung
der einzelnen Arbeitsgänge zu erzeugen im
Stande waren.

In jedem anderen Gewerk und Gewerbe
wirkt sich die Arbeitsteilung oder Spezialisierung ähnlich wie in diesem doch recht unbe-
deutenden Erwerbszweig aus, wenn auch in
vielen von ihnen der gesamte Produktions-
lauf nicht so stark zerlegt und auf einzelne
Verrichtungen zurückgeführt werden kann.
Sobald aber die Teilung der Arbeit in einem
Gewerbe möglich ist, führt sie zu einer entsprechenden Steigerung ihrer Produktivität.
In diesem Vorteil dürfte der Grund zu suchen sein, dass es überhaupt zu verschiedenen Gewerben und Berufen kam. Auch ist
die Spezialisierung gewöhnlich in Ländern
am weitesten fortgeschritten, die wirtschaftlich am höchsten entwickelt sind. Was in
einem primitiven Volk ein Einzelner an
Arbeit leistet, verrichten in einer zivilisierten
Gesellschaft zumeist mehrere. [...]

Die enorme Steigerung der Arbeit, die die
gleiche Anzahl Menschen nunmehr infolge
der Arbeitsteilung zu leisten vermag, hängt
von drei verschiedenen Faktoren ab: 1. der
größeren Geschicklichkeit jedes einzelnen
Arbeiters, 2. der Ersparnis an Zeit, die
gewöhnlich beim Wechsel von einer Tätigkeit zur anderen verloren geht, und 3. der
Erfindung einer Reihe von Maschinen,
welche die Arbeit erleichtern, die Arbeitszeit
verkürzen und den Einzelnen in den Stand
setzen, die Arbeit vieler zu leisten.

Adam Smith, Der Wohlstand der Nationen. Eine
Untersuchung seiner Natur und seiner Ursachen
(1776), München (dtv) 1978, S. 9–12.

M 5 Eine zeitgenössische Beschreibung der Kinderarbeit in den Nadelfabriken, 1842

Bei allen Gattungen von Arbeiten, welche in
diesen Fabriken vorkommen, sind die Kinder
(und fast der dritte Teil sämtlicher Arbeiter,

M 4 **Arbeit in der Manufaktur, Kupferstich, 1762**

M 6 Der Übergang zur Fabrik, zeitgenössische Radierung, 18. Jh.

deren in Aachen und Burtscheid eine ungeheure Anzahl ihren Broterwerb dadurch
findet, besteht aus Kindern) der Einwirkung
der feinsten Staubteilchen von Stahl und
Eisen[1] ausgesetzt, besonders diejenigen,
welche sich mit dem Schärfen der Nadeln
beschäftigen. Diese feinen Stahlteilchen
werden vorzüglich den Augen und Respira-
tionsorganen[2] gefährlich. Die Augen fangen
zuerst an zu tränen und zu jucken, nach und
nach entzünden sie sich, wobei die Kranken
das Gefühl haben, als befände sich Sand in
denselben, darauf entstehen in regelmäßiger
Folge Blindheit, grauer und schwarzer Star
usw. So traurig nun diese Einwirkungen
der feinen Stahlteilchen auf die Augen sein
mögen, so gefährden sie doch das Leben
nicht; dies ist aber der Fall, wenn dieselben
eingeatmet werden. Gelangen sie auf diese
Weise in den Körper, so setzen sie sich allmählich teils in der Luftröhre, teils in den
Bronchien und Lungen usw. fest und erregen
daselbst schleichende Entzündungen, deren
gewöhnlicher Ausgang die Schwindsucht ist.
Außerdem kommen auch das Zittern der
Glieder und Konvulsionen[3] bei den Nadel-
schleifern vor. Desgleichen sind Panaritien[4],
Schwielen und Verhärtungen an den Händen gewöhnliche Erscheinungen. Leider
haben sich die zur Verhütung der genannten
Krankheiten bis jetzt vorgeschlagenen und
angewendeten Präservativmittel, wie z. B.
das Tragen von Schwämmen vor Mund und
Nase, das Tragen einer ledernen Augenbinde
mit zwei vor den Augen eingenähten Spiegel-
glasstücken, als ganz wirkungslos erwiesen.

In den Leichen von Arbeitern aus Nadelfab-
riken finden sich gewöhnlich die Schleim-
haut der Lungen, ja selbst die des Magens
aufgelockert und stellenweise vereitert.
Das Vaterland. Wochenschrift für Unterhaltung und Volksbildung, 1842, 2. Bd., S. 267 f.

1 *Beim trockenen Nadelstreifen in zentralen Schleif-
mühlen mit großer Zahl von Schleifsteinen war nicht,
wie der Verfasser des Textes annimmt, der Eisenstaub,
sondern der Steinstaub die Hauptursache für die
beschriebenen gesundheitlichen Folgen.*
2 *Atmungsorgane*
3 *Krämpfe*
4 *eitrige Entzündungen an den Fingern*

3 Beschreiben Sie am Beispiel der Herstellung
von Nadeln (M3, M4, M6) den Übergang vom
Handwerk zur Fabrik.
4 Adam Smith beschreibt in seinem Text über
die Arbeitsteilung (M2) einzelne Arbeitsschritte
der Nadelproduktion. Ordnen Sie diese dem
Bild in M4 zu.
5 Diskutieren Sie anhand von M2 und M5 die
Vor- und Nachteile der arbeitsteiligen Produktion im Zeitalter der Industrialisierung.

**M 7 Die Sozialwissenschaftler Orio Giarini
und Patrick M. Liedtke über die Bedeutung produktiver Arbeit im System der
Industriellen Revolution, 1999**

Es liegt auf der Hand, dass die gewaltigen
von der Industriellen Revolution ausgelösten
Veränderungen ihr Gegenstück in der Transformation von Arbeitsweisen finden würden. Die Einführung neuer Produktionswei-

sen, die Umstellung auf das, was wir ein Fabriksystem nennen, die Fülle der vielfältigen Innovationen bildeten den Kern dieser Revolution. David Landes subsumiert die
10 Fortschritte der so geprägten Gesellschaft nach drei Grundsätzen: „Die Ersetzung der menschlichen Fertigkeiten und Anstrengungen durch Maschinen – schnell, stetig, präzise, unermüdlich –; die Ersetzung der
15 belebten Energiequellen durch unbelebte, insbesondere durch die Einführung von Antriebsmaschinen, die Hitze in Leistung umwandeln und dabei dem Menschen eine neue, beinahe unbegrenzte Energiequelle
20 liefern; die Verwendung neuer und in weit größerer Zahl vorrätiger Rohstoffe, insbesondere die Ersetzung pflanzlicher oder tierischer Substanzen durch mineralische.“

Für die Arbeiter bedeutete dies grund-
25 legende Veränderungen, die sich nicht nur auf ihre Rolle im Arbeitsleben auswirkten, sondern auf ihre gesamte Lebensweise. Die Einführung von Maschinen in den Produktionsprozess hatte für viele erstmals eine
30 komplette Loslösung von den Produktionsmitteln zur Folge. Der Produktionsprozess spaltete sich plötzlich in menschliche Arbeit und Kapital. Der Rhythmus der Maschine diktierte das Arbeitstempo und kein Arbeiter
35 konnte mehr frei entscheiden, was er tun wollte und wann er es tat. Die Arbeit musste

unter Aufsicht ausgeführt werden und als Teil eines Kollektivs, das nach den Erfordernissen des neuen Fabriksystems anfangen,
40 pausieren und aufhören musste. Mit den fortwährenden Innovationen, die zu veränderten und stets unterschiedlichen Produktionsweisen führten, wurde ein neues Element des ständigen Wandels eingeführt. Der Wechsel von einem ländlichen Leben, das
45 von der agrarischen Produktion geprägt war, zu der neuen Fabrikarbeit war nicht einfach der Wechsel von einem Arbeitsstatus zu einem anderen, von einem Lebensstil zu einem anderen. Es war der Startschuss für
50 eine gänzlich neue Stufe der Evolution einer Gesellschaft, die sich ab nun im kontinuierlichen Fluss befinden sollte.

Orio Giarini, Patrick M. Liedtke, Wie wir arbeiten werden. Der neue Bericht an den Club of Rome, München (Heyne) 1999, S. 89–91.

6 Nennen Sie die Hauptmerkmale des Fabriksystems (M7).
7 Stellen Sie mit Hilfe von M2–4 und M5–7 jeweils die zentralen Merkmale von Arbeitern, Handwerkern und Heimgewerbetreibenden zusammen. Achten Sie auf folgende Punkte: Abhängigkeiten, Produktionsweise und -ort, Eigentumsverhältnisse (an Werkzeug und Materialien), Art und Anzahl der Beschäftigten, Abnehmer der Produktion (Marktausrichtung).

M 8 **Französische Karikatur über die Industriearbeit, um 1910**

M 9 Mensch und Fabriksystem

9 a) Bildbeschreibung durch den Maler Adolph Menzel, 1876

„In einem großen Eisenwerke neuer Kon-
struktion mit fast durchgehend verschieb-
baren Wänden, welche trübes Tageslicht all-
seitig einlassen, blickt man auf die erste Wal-
5 ze eines langen Walzstranges, welche aus
dem benachbarten Dampfhammer die Lup-
pe (das weiß glühende Eisenstück) eben aufgenommen hat.

Dieselbe ist bereits durch die erste Öff-
10 nung der Walze gegangen und wird durch
fünf Arbeiter in Empfang genommen, um
von ihnen wieder zurück geschoben und
beim erneuten Durchgang durch die Walze
unterstützt zu werden: zwei von ihnen
15 packen sie mit großen Sperrzangen an, zwei
andere hantieren mit mächtiger Eisenstange
auf sie los, ein fünfter kommt mit seinem
Instrument herzu, während die hinter der
Maschine aufgestellten Werkleute dem Eisen
20 die Richtung geben.

Der ganze Mittelgrund des Bildes ist mit
solchen und ähnlichen Maschinen bei voller
Tätigkeit der Mannschaft, mit Transmissio-
nen, gangbarem Zeug, Schwungrad und Kra-
25 nen erfüllt; links fährt ein Arbeiter einen im
Erkalten begriffenen Eisenblock auf dem
Handkarren heran, hinter ihm wird eine rot
glühende Eisenbahnschiene gereckt, und im
Hintergrunde sieht man den Dirigenten zwischen den Walzen und dem in der Tiefe links 30
von zahlreichen Leuten bedienten Hochofen
beobachtend vorübergehen.

Der Schichtwechsel steht bevor: während
links drei Arbeiter halb nackt beim Waschen
sind, verzehren rechts im Vordergrunde drei 35
andere das Mittagsbrot, das ihnen ein junges
Mädchen im Korbe gebracht hat."

Adolph Menzel an den Kunsthistoriker Max Jordan, 1876, zitiert nach: Ralph Erbar, „Der Schichtwechsel steht bevor", in: Praxis Geschichte 6/1999, Braunschweig (Westermann Schulbuchverlag), S. 54.

1 Zyklopen: einäugige Riesen der antiken Mythologie. Ihnen wurde von den Griechen der klassischen Zeit der Bau vieler monumentaler Bauten zugeschrieben.

8 Beschreiben Sie die Auswirkungen des modernen Fabriksystems auf die Menschen, wie sie im Gemälde dargestellt werden (M9b).
9 Erläutern Sie, warum der (später hinzugefügte) Untertitel „Moderne Cyklopen" bereits eine Interpretation des Gemäldes ist.
10 Diskutieren Sie unter Berücksichtigung von M9a, ob es sich bei Menzels Gemälde (M9b) um eine verherrlichende, realistische oder sozialkritische Darstellung des Arbeitsprozesses handelt.
11 Erörtern Sie mit Hilfe von M4–9, wodurch der Arbeiter in diesem System zu einem „Anhängsel der Maschine" (K. Marx) wurde.

M 9b)
**Adolph
Menzel:
Eisenwalz-
werk
(„Moderne
Cyklopen"),
Gemälde
1875 (Aus-
schnitt)**

Geschichtskarten: Die Industrialisierung Mitteleuropas im 19. Jahrhundert

In unserer Lebenswelt sind Karten ein alltägliches Medium. Redakteure von Presse und Fernsehen stellen Kartenskizzen für eine bessere räumliche Orientierung zur Verfügung. Auch Tourismus ist ohne Karten unvorstellbar.

Die Vorzüge kartografischer Darstellungen liegen auf der Hand: Karten sind anschaulich, übersichtlich, sie reduzieren Tatsachen und Erscheinungen auf das Wesentliche. „Auf einen Blick" eröffnen sie uns eine dichte Fülle von Informationen über Raumstrukturen und deren zeitliche Zustände oder Verläufe. Die Prägnanz ihres Erscheinungsbildes ist das Resultat ziel- und zweckbestimmter Arbeit von Kartenautor/-innen. Karten übermitteln Raumerfahrungen, Machtstrukturen, Weltbilder.

Historische Karten und Geschichtskarten

Historiker unterscheiden zwischen historischen Karten und Geschichtskarten. Historische Karten sind Produkte der Vergangenheit und spiegeln den Stand der Erkenntnisse und Weltsichten der jeweiligen Zeit wider. Geschichtskarten hingegen stellen die Vergangenheit aus der Sicht des gegenwärtigen Wissenschaftsstandes dar. Für diese Karten wurden besondere Klassifikations-, Darstellungs- und Erschließungsverfahren entwickelt.

Klassifikation und Darstellungselemente von Geschichtskarten

Geschichtskarten, definiert als maßstäblich verkleinerte, vereinfachte und verebnete Grundrissbilder geografischer Räume, werden auf vierfache Weise klassifiziert. Je nach Verwendungszweck werden sie als Wandkarten, Atlaskarten, Lehrbuchkarten oder Computerkarten hergestellt. Ihre Darstellungsgegenstände umfassen das ganze Spektrum der Geschichte: Politikgeschichte, Wirtschafts- und Sozialgeschichte oder Kulturgeschichte. Der modellierte Raum bezeichnet den gewählten Ausschnitt, also beispielsweise die Welt, Erdteile, Staaten oder Regionen. Das Strukturniveau schließlich zeigt an, wie viele Informationsebenen die Karte vereinigt: Analytische Karten stellen eine überschaubare Situation zu einem Zeitpunkt oder einem engen Zeitraum dar, z. B. die territoriale Gliederung Europas um 1550; komplexe Karten umfassen immer einen längeren Zeitraum (sie werden daher auch Entwicklungskarten genannt) und bieten ein vielfältiges Spektrum von Inhalten, wie z. B. eine sehr komplexe Karte zur industriellen Entwicklung Deutschlands in bestimmten Zeiträumen (s. S. 41).

Eine Geschichtskarte ist kein reales Bild, sondern eine Kunstsprache, die von Autor/-innen aus vielen Zeichen zusammengesetzt wird und die „übersetzt" werden muss (siehe Grafik).

Zur Analyse und Interpretation von Geschichtskarten

Jeder, der sich mit Geschichtskarten beschäftigt, greift auf bereits vorhandene, d. h. entweder selbst oder über Karten gewonnene Raumerfahrungen zurück. Unser Gedächtnis gleicht also durchaus einer „privaten Kartothek". Der Umgang mit neuen Karten und Raumerfahrungen schafft auch neue „Karten im Kopf".

39

Themen und Methoden

Die Arbeit mit Geschichtskarten gliedert sich in drei Phasen:

1. Orientierung:
– Erfassen des Titels: Welcher Gegenstand wird für welche Zeit und welchen Raum dargestellt?
– Studium der Zeichenerklärung: Welches Zeichen hat welche Bedeutung?

2. Befunderhebung und Analyse:
– Was ist für welchen geografischen Raum dargestellt?
– Was ist für welchen Zeitpunkt oder Zeitraum dargestellt?
– Was ist wie verteilt (quantitativ, qualitativ)?

3. Karteninterpretation:
– Welche Ursachen, welche Entwicklungen und welche Folgen lassen sich aus den Einzelbefunden ablesen?
– Welche Rolle spielen dabei Raumstrukturen und Entfernungen?
– Welche weiter gehenden Schlüsse lassen sich aus der Kartenanalyse ziehen?
– Wo liegen die Grenzen hinsichtlich der Aussagefähigkeit der Karte?
– Welche thematischen, quantitativen, chronologischen und räumlichen Aspekte fehlen?

12 Interpretieren Sie die beiden Geschichtskarten zur industriellen Entwicklung in Mitteleuropa anhand der genannten Arbeitshinweise.

13 Untersuchen Sie die beiden Geschichtskarten mit Blick auf die regionalen Schwerpunkte der Industrialisierung. Achten Sie vor allem darauf, bei welchen Einzelerscheinungen Sie Entwicklungen ablesen können und bei welchen lediglich Zustände.

Kartenelement	Signatur	Bedeutung
Punkt	• ○ ◉	Einzelerscheinungen (Siedlungen, historische Zentren u.Ä.)
Linie	—— ----- →→	Grenzen, Bewegungsrichtungen (Reisewege, Kriegszüge, Wanderungen u.Ä.)
Farbe	▣ ▤ ▨	Gebietsausdehnungen, Ordnung (Gliederung, Betonung, Entwicklung)
Fläche	▱	Mengen- und Artunterschiede
Symbol	x ♣	bildhafte Darstellung historischer Ereignisse
Schrift	KGR. SACHSEN Kfm. Sachsen Dresden	Objektbenennung; Schriftart und -größe als Ordnungsfaktor

M 10 **Darstellungselemente von Geschichtskarten**

M 11 Die Industrialisierung in Mitteleuropa bis 1910

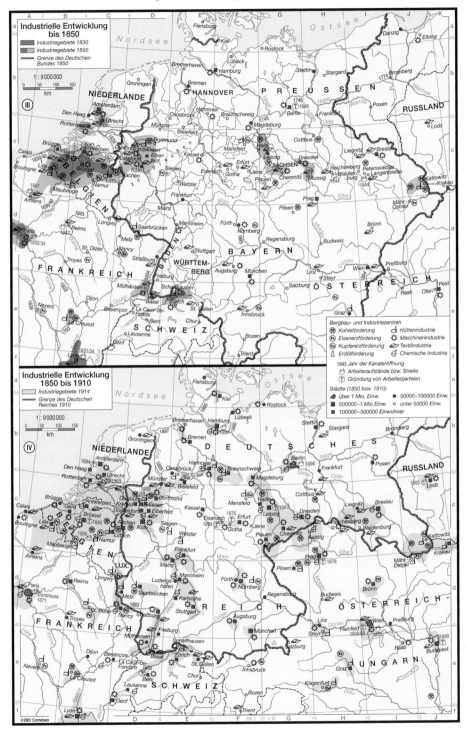

Weiterführende Arbeitsanregungen zur Entwicklung der Industriewirtschaft

Ausgestorbene Handwerksberufe

Durch die Industrielle Revolution ist im 19. und 20. Jahrhundert eine große Zahl von Handwerks-
berufen ausgestorben.

1 Dokumentieren Sie diese ausgestorbenen Berufe, nach Branchen (Textil, Metall …) geordnet, mit
Hilfe der unten angegebenen Literatur und anhand eigener Recherchen.

2 Präsentieren Sie Ihre Ergebnisse anschaulich auf großen Plakaten, die Sie im Klassenraum auf-
hängen.

In unzähligen Museen und in Ausstellungen, auf Messen und Veranstaltungen wird die Erinnerung
an das alte Handwerk und seine Traditionen aufrechterhalten. Handwerklich gefertigte Produkte
genießen beim Verbraucher nach wie vor eine hohe Wertschätzung. Auch in vielen Werbespots für
industriell gefertigte Waren und Lebensmittel wird immer wieder auf das Handwerk Bezug genommen.

3 Vergleichen Sie das dort vermittelte Bild mit der historischen Realität handwerklicher Arbeit.

4 Erörtern Sie: Was fasziniert viele Menschen an der handwerklichen Tradition? Welche Wünsche,
Bedürfnisse und Sehnsüchte verbergen sich hinter dieser Faszination?

Literaturhinweise

Rudi Palla, Verschwundene Arbeit. Ein Thesaurus der untergegangenen Berufe, Frankfurt/M. (Eich-
born) 1994.

Reinhold Reith (Hg.), Lexikon des alten Handwerks. Vom Spätmittelalter bis ins 20. Jahrhundert,
München (C. H. Beck) 1990.

Hans-Jörg Zerwas, Arbeit als Besitz. Das ehrbare Handwerk zwischen Bruderliebe und Klassen-
kampf 1848, Reinbek (Rowohlt) 1988.

M 12 Alte Handwerksberufe, Kupferstiche, ca. 16. Jh.

5 Die Eisenbahn – Lokomotive der Industrialisierung in Deutschland

Ursprünglich verstand man unter **Gewerbe** eine Tätigkeit oder Bewegung schlechthin. Im 18. Jahrhundert galten alle Gewinn bringenden und auf Dauer angelegten Tätigkeiten als Gewerbe. Doch allmählich setzte sich ein eingeschränkter Begriff durch, der auch heute von vielen Wirtschaftswissenschaftlern bevorzugt wird. Danach wird Gewerbe als der Teil der wirtschaftlichen Produktion definiert, der sich mit der veredelnden Weiterverarbeitung von Rohstoffen beschäftigt. Die Erzeugung von Rohmaterialien in der Landwirtschaft und die Güterverteilung (Handel) gehören nach dieser Definition nicht zum Gewerbe.

Der Begriff „**Industrie**" umfasst nach heutigem Verständnis nur einen bestimmten Teil der gewerblichen Produktion. Hauptmerkmal der Industrie ist die Fertigung von Gütern und Waren in Fabrikbetrieben (s. S. 35 ff.). Ausgeschlossen bleiben dabei die handwerklichen, also alle kleingewerblichen Betriebsformen.

Wirtschaftliches Wachstum und Industrialisierung

Ein zentrales Merkmal der Industrialisierung war das Wachstum der gewerblichen Produktion insgesamt; das Gewerbe gewann immer stärkere Bedeutung für die Volkswirtschaft. Gleichzeitig begann mit der Industrialisierung ein tief greifender **Strukturwandel** innerhalb der gewerblichen Wirtschaft, durch den der Fabrikbetrieb zum vorherrschenden Teil des gesamten Wirtschaftssystem aufstieg.

Historiker und Wirtschaftswissenschaftler sprechen von **Wirtschaftswachstum**, wenn in einem Land die gesamtwirtschaftliche Produktion während eines bestimmten Zeitraumes, meistens in einem Kalenderjahr, zunimmt. Zur Bestimmung der Wachstumsraten wird dabei in der Regel das Sozialprodukt herangezogen, das die Summe aller Einkommen aus unselbstständiger Arbeit, Unternehmertätigkeit und Vermögen umfasst. Will man Genaueres über die Ursachen des Wirtschaftswachstums wissen, müssen die unterschiedlichen Wirtschaftszweige in den Blick genommen werden. Über deren Bedeutung geben statistische Angaben zur Wertschöpfung Aufschluss. Darunter versteht man den Beitrag eines Unternehmens oder einer Branche im Inland zum Volkseinkommen. Aber auch die Anzahl der Beschäftigten, ihre Produktivität, der Anteil der Industrie am Gewerbe und der Kapital- und Maschineneinsatz von Unternehmen oder die Betriebsgrößen vermitteln wichtige Hinweise über den Stellenwert von Betrieben und Wirtschaftszweigen.

Führungssektoren in der Industrialisierung

Die größten Wachstumsraten wies im Deutschland des 19. Jahrhunderts der **sekundäre Sektor** (Bergbau, Industrie, Handwerk) auf, danach folgte der tertiäre Sektor (Handel, Verkehr, Banken und andere Dienstleistungen), während die Landwirtschaft, primärer Sektor, die geringsten Wertschöpfungszuwächse verbuchte. Aber auch im produzierenden Gewerbe selbst gab es zum Teil beträchtliche Unterschiede im Wachstum der einzelnen Branchen. Stieg das Produktionsvolumen der Baumwollweberei zwischen 1835 und 1970 um ca. 500%, erhöhte sich die Roheisenindustrie um fast 900%, die Braunkohleförderung um 950% und die Eisenerzförderung sogar um 1242%. Die Textilindustrie blieb also in ihrem Wachstum weit hinter Bergbau-, Metall- und Chemieindustrie zurück. Das war in England während der Industriellen Revolution ganz anders. Dort wuchs vom 18. zum 19. Jahrhundert die Baumwollindustrie viel rascher als die übrige Industrie und bestimmte das Tempo der Wirtschaft.

Die Historiker bezeichnen solche Branchen, die im Vergleich zu anderen Industriebereichen einen Entwicklungsvorsprung besaßen und das gesamtwirtschaftliche Wachstum beschleunigten, als **Führungs- bzw. Leitsektoren** wirtschaftlichen Wandels. Diese entfalten wie die Baumwollspinnereien in England auf Grund ihrer technischen und betriebsorganisatorischen Neuerungen besondere Wachstumskräfte. In Deutschland wurden dagegen die **Eisenbahnen** zum entscheidenden Motor der Industrialisierung. Der wachsende Bedarf an Schienen, Lokomotiven und Waggons entfachte in den Bereichen Eisenerz- und Steinkohleförderung sowie Eisenverarbeitung und Maschinenbau einen starken Wachstums- und Entwicklungsschub. Diese vielfältigen Begleiteffekte bewirkten, dass die Schwerindustrie zum industriellen Führungssektor aufstieg.

Wissenschaftlich-technischer Wandel und Industrielle Revolution

Wie wichtig wissenschaftliche Entdeckungen und technische Erfindungen für die Geschichte der Industrialisierung waren, lässt sich am Beispiel des vermehrten Einsatzes von Maschinen verdeutlichen. Sie erleichterten die Arbeit und verkürzten die Zeit, die zur Herstellung eines Produkts notwendig war. Auch wenn die Einsparungen nicht immer in gleicher Höhe an die Verbraucher weitergegeben wurden, verbilligte die maschinelle Produktion Güter und Waren. Die Verwendung von **Maschinen** bewirkte darüber hinaus neue Formen der industriellen Organisation. Da Maschinen oft nur in größeren Betriebseinheiten rentabel waren, kam es zur Konzentration der Fabrikation. Die Werkstätten des Handwerks reichten nicht mehr aus und mussten der Fabrik weichen.

Die Historiker unterteilen den **technologischen Wandel**, der die Industrialisierung begleitete, in drei Phasen: Charakteristisch für die „erste" Industrielle Revolution waren danach die Einführung mechanischer Webstühle, Dampfschiffe sowie Kohle- und Eisentechnologie. Dabei ersetzten mechanische Anlagen menschliche Fertigkeiten; an die Stelle tierischer und menschlicher Muskelkraft traten andere Formen der Energiegewinnung, etwa die Dampfkraft. Neue chemische Verfahren der Erzeugung und der Verarbeitung der Rohstoffe wie auch Weiterentwicklungen in der Elektrotechnik bestimmten die „zweite" Industrielle Revolution, die zum Aufschwung der Chemie- und Elektroindustrie führte. Auch die Entwicklung des Verbrennungsmotors darf in diesem Zusammenhang nicht vergessen werden. Mit der Weltraumforschung sowie der Einführung der Computertechnologie begann die „dritte" Industrielle Revolution, die die Geschichte des 20. Jahrhunderts prägte und prägt.

Die Rolle der Banken

Die technisch-ökonomische Entwicklung strebte über die kleinen Fabriken hinaus zur Großproduktion, die sich der neuen Form der **Aktiengesellschaft** und der Bankkredite zur Finanzierung bedienen musste. In den großen Kapitalgesellschaften und Banken entstanden wirtschaftliche Machtelemente, die sich auch politisch auswirkten, wie umgekehrt die politische Macht der europäischen Staaten auf ihrer Industriekapazität beruhte.

Eine immer wichtiger werdende Rolle im internationalen System der Preise und Märkte spielten die **Weltbörsen**, die sich für die zentralen Stapelgüter (Massengüter des Welthandels, z. B. Weizen, Baumwolle, Wolle, Kaffee) an den Hauptumschlagplätzen niedergelassen hatten. Als internationales Währungssystem hatte sich, von England ausgehend, die überall gültige Goldwährung durchgesetzt. Voraussetzung war jedoch die Ordnung des Notenbankwesens (Gründung der Banque de France 1800, Reorganisation der Bank of England 1844, Gründung der Deutschen Reichsbank 1875, Regelung der Banknotenausgabe in den USA 1913). Die Goldwährung konnte frei und ohne Verluste oder Schwankungen konvertiert, d. h. umgewechselt werden. Damit wurde praktisch ein Weltwährungssystem geschaffen.

Hinweise zur Arbeit mit den Materialien

Eine der wichtigsten Quellen zur Geschichte der Industrialisierung ist die Statitistik, weil sie wesentliche Informationen über die Entwicklung von Gewerbe und Industrie enthält. Aus diesem Grunde bietet sich als Einstieg in die Beschäftigung mit dem Thema „Die Eisenbahn – Lokomotive der Industrialisierung" die Methodenseite (S. 55) an. Nachdem man sich mit dem Umgang mit Statitiken vertraut gemacht hat, sollten die Tabellen in M1 ausgewertet werden, die einen allgemeinen Überblick über das Wirtschaftswachstum im Zeitalter der Industrialisierung geben. Zum genaueren Verständnis der Industrialisierung dienen dann die Materialien M2–8, die den Führungssektor Eisenbahnbau beleuchten. Dabei wird nicht nur die wirtschaftliche Bedeutung des Eisenbahnbaus in Deutschland in den Blick genommen (M2), sondern es werden auch die unterschiedlichen Haltungen der Zeitgenossen zur Eisenbahn betrachtet (M4–8), wobei es sowohl Ängste als auch Hoffnungen gab. Ebenfalls aus verschiedenartigen Perspektiven lässt sich die Elektrifizierung analysieren (M9–11), die maßgeblich die so genannte zweite Industrielle Revolution prägte. Da Eisenbahnbau und Elektrifizierung zum Teil sehr kostspielige Unternehmen waren, die finanziert werden mussten, erscheint es notwendig, die Rolle der Banken näher zu untersuchen (M12).

M 1 **Wirtschaftswachstum und seine Indikatoren**

1 a) Deutsches Nettoinlandsprodukt 1850–1879 (in Preisen von 1913)

Jahre	Landwirt-schaft (in %)	Industrie/Hand-werk (in %)	Bergbau (in %)	Verkehr (in %)	2–4 zusam-men (in %)	Insgesamt (in Mio).
1850/54	45,2	20,4	0,8	0,7	21,9	9 555
1855/59	44,3	21,5	1,2	1,0	23,7	10 575
1860/64	44,8	22,5	1,3	1,2	25,0	12 134
1865/69	42,4	25,1	1,7	1,6	28,4	13 699
1870/74	37,9	29,7	2,0	2,1	33,8	15 678
1874/79	36,7	30,7	2,1	2,4	35,2	17 745

Hans-Ulrich Wehler, Deutsche Gesellschaftsgeschichte, Bd. 3, München (C. H. Beck) 1995, S. 44.

1 b) Deutsche Wertschöpfung 1853–1875 (in Mio., in Preisen von 1913)

Jahre	Landwirt-schaft	Industrie/Handwerk	Bergbau	Verkehr	2–4 zu-sammen	Insgesamt
1850	4 397	1 891	63	53	2 007	9 449
1855	4 142	2 030	105	91	2 226	9 657
1860	5 236	2 528	131	120	2 779	11 577
1865	5 758	3 184	221	192	3 597	13 167
1870	5 738	3 742	255	280	4 277	14 169
1875	6 595	5 453	356	412	6 221	17 658

Ebenda, S. 44.

*1 c) Nettosozialprodukt und Nettoinlands-
produkt 1850–1913*

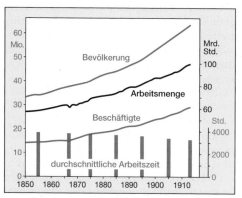

Knut Borchardt, Wirtschaftliches Wachstum und
Wechsellagen 1800–1914, in: Handbuch der deutschen Wirtschafts- und Sozialgeschichte, hg. v. Hermann Aubin u. Wolfgang Zorn, Bd. 2, Stuttgart
(Klett-Cotta) 1976, S. 205.

*1 d) Dampfkraft in der Industrie 1860–1907
(Kapazität in tausend PS)*

Jahr	D.	Fkr.	Belg.
ca. 1860[a]	100	169	102
1875	949	401	212
1895	3 357	1 163	–
1907[b]	6 500[c]	2 474[d]	1 038

*a 1861 für Zollverein; 1859 für Frankreich; 1861
für Belgien
b 1909 für Belgien
c Leistung aller Energiequellen: 8 008 000 PS
d Leistung aller Energiequellen: 3 191 500 PS*

David S. Landes, Der entfesselte Prometheus. Technologischer Wandel und industrielle Entwicklung in
Westeuropa von 1750 bis zur Gegenwart, München
(dtv) 1983, S. 274.

1 Klären Sie mit Hilfe allgemeiner oder speziel-
ler Wirtschaftslexika die Begriffe „Nettoinlandsprodukt" und „Wertschöpfung".
2 In seinem 1998 erschienenen Buch „Die Industrielle Revolution in Deutschland" definiert
der Historiker Hans-Werner Hahn die Industrielle Revolution als einen Prozess, bei dem das
Wirtschaftswachstum alle bisherigen Vorstellungen sprengte. „Als wichtigster Anstoß wird
meist jener Komplex technologischer Neuerungen genannt, mit denen Erkenntnisse naturwissenschaftlichen Denkens und Forschens in

Antriebs- und Arbeitsmaschinen … umgesetzt wurden. An die Stelle von menschlicher
und tierischer Kraft trat die Kraft der Maschinen." – Erläutern Sie diese These mit Hilfe von
M1a–d.
3 Erläutern Sie anhand von M1c die These,
dass durch die Industrialisierung die Produktivität der Wirtschaft wuchs, und zeigen Sie
dafür die wesentlichen Ursachen auf.

M2 Der industrielle Führungssektor Eisenbahn

*2 a) Der Historiker Rainer Fremdling über die
Entwicklung des Eisenbahnbaus, 1993*
Die entscheidende Verkehrsinnovation im
Industrialisierungsprozess Deutschlands war
die Eisenbahn. Vor ihrem Aufkommen boten
allerdings die Straßen, die natürlichen Was-
serwege und die Kanäle eine recht gut ausge- 5
baute Verkehrsinfrastruktur. Immerhin hatte
diese erst ein derartig hohes Niveau wirtschaftlicher Aktivitäten gestattet, das nun
die Eisenbahn nicht nur gesamtwirtschaft-
lich, sondern auch einzelwirtschaftlich von 10
Anfang an zu einem Gewinn bringenden
Unternehmen machte. Die beträchtlichen
Gewinne der ersten Gesellschaften belegen,
dass die kapitalintensiven Eisenbahninvestitionen auf Engpässe reagierten und daher 15
nachfrageinduziert waren. Mit dieser These
ist allerdings noch nicht die zeitliche und
räumliche Abfolge des Eisenbahnbaus
erklärt.
Nachdem die kleine, 6 km lange Nürn- 20
berg-Fürther Eisenbahn bereits 1835 den
geschäftlichen Erfolg demonstriert hatte,
setzte in der zweiten Hälfte der 1830er-Jahre
ein stürmischer Eisenbahnbau ein. Zunächst
errichtete man größere, noch unverbundene 25
Linien zwischen den traditionellen Handels-
städten. Die erste von ihnen war die private
Leipzig-Dresdener-Eisenbahn, die 1839 vollständig eröffnet wurde. Schon 1840 erreichten diese Bahnen eine Streckenlänge von fast 30
500 km, um 1850 war die Strecke mehr als
zehnmal so lang und bis 1860 verdoppelte
sie sich noch einmal. Auch danach blieben
die Eisenbahninvestitionen sehr hoch, die
relativ größte Bedeutung erreichten sie Ende 35
der 1870er-Jahre, als ein Viertel aller Investi-

tionen in Deutschland in die Eisenbahnen flossen und damit um 1880 zwölf Prozent aller Kapitalanlagen der Volkswirtschaft aus
40 Eisenbahnen bestanden. Das Netz, das 1880 nahezu 34000 km umfasste, war nicht planvoll aus einem einheitlichen Gesamtkonzept erwachsen, sondern aus Projekten einer Vielzahl unabhängiger Privat- und Staatsbah-
45 nen, die teils heftig gegeneinander konkurrierten, aber auch in Kartellen (Eisenbahnverbänden) miteinander kooperierten.

Trotz mannigfaltiger staatlicher Aktivitäten im Eisenbahnbau zeigt eine genaue
50 Analyse der ersten Projekte, dass die treibende Kraft aus der privatwirtschaftlichen Initiative von Handelskapitalisten und Bankiers erwuchs. [...] Dass sich der Staat ausgesprochen ambivalent verhielt, wenn er sich
55 anschickte, selbst Eisenbahnen zu bauen, zeigt eine Bestandsaufnahme im Jahr 1850. Zu diesem Zeitpunkt waren München (Bayern), Stuttgart (Württemberg) und Karlsruhe (Baden) nämlich noch immer nicht verbun-
60 den, sondern die drei süddeutschen Staaten hatten bisher lediglich Nord-Süd-Verbindungen ohne Anschlüsse zueinander entwickelt. In Norddeutschland fuhren Züge keineswegs von Hannover über Bremen und Hamburg
65 nach Lübeck, sondern von Hannover mit einem Umweg über Lehrte nach Harburg (Staat Hannover), von Kiel nach Altona (Holstein) ohne Anschluss nach Hamburg (Stadtstaat). Lübeck (Stadtstaat) war über-
70 haupt noch nicht an die Eisenbahn angeschlossen und von Hannover konnte man zwar nach Bremen (Stadtstaat) reisen, aber es fuhr kein Zug mehr weiter nach Hamburg. Diese Beispiele machen die allein
75 auf das eigene Gebiet ausgerichtete Eisenbahnpolitik der Territorialstaaten augenfällig. [...]

Dass in Deutschland letztlich doch ein engmaschiges, staatenübergreifendes Netz
80 entstand, ist der unaufhaltsamen Dynamik der Eisenbahn zu verdanken, die für die Staaten wie für die Privaten in der Regel eine lohnende Investition darstellte. Diese Dynamik hing natürlich auch mit dem wirt-
85 schaftlichen Aufstieg Deutschlands zusammen, der wiederum in dieser Zeit nicht ohne die Eisenbahn in gleicher Dynamik abgelaufen wäre. Sie gestaltete ihn vor allem auf

zweierlei Art wesentlich mit. Einmal fragte die Eisenbahn für ihren Bau Produkte nach,
90 die führende Industrien entstehen ließen, und zum anderen sorgte sie durch gesenkte Transportkosten dafür, dass Menschen und Güter in einem bisher nie gekannten Ausmaß miteinander in Kontakt gerieten. Zwi-
95 schen den 1830er- und 1870er-Jahren wuchs der Eisenbahnbereich mehr als andere Sektoren.

Zu Beginn konnten weder Lokomotiven noch gewalzte Eisenbahnschienen von deut-
100 schen Herstellern bezogen werden. Sie kamen vorwiegend aus Großbritannien, aber auch aus Belgien, und sogar amerikanische Fabriken lieferten einige Lokomotiven. Doch wurden diese Importe rasch ersetzt: Wer im
105 Stande war, Lokomotiven zu warten und zu reparieren, der konnte sie auch nachbauen. So entstanden in den verschiedenen deutschen Staaten rasch Lokomotivfabriken, die vor allem von den Staatsbahnen gegenüber
110 ausländischen Herstellern bevorzugt wurden. Seit Anfang der 1850er-Jahre deckten sie den Bedarf in Deutschland nahezu vollständig und darüber hinaus exportierten sie in der Folgezeit auch in außerdeutsche
115 Staaten.

Die Nachfrage der Eisenbahnen (wie auch der Bedarf der Textilindustrie) legte die Grundlage für die deutsche Maschinenbauindustrie, die noch heute einer der
120 führenden Industriezweige ist. Die Schienennachfrage bildete den Katalysator für eine moderne Eisenindustrie. Diese war ihrerseits Hauptkunde des Kohlenbergbaus, sodass sich all diese Sektoren gegenseitig hoch-
125 schaukelten. Jedoch schloss sich der Zirkel von Eisenbahn und Schwerindustrie erst, als über stark sinkende Transportpreise auch Massengüter wie zum Beispiel Steinkohle über Land weit befördert werden konnten.
130 [...] In Deutschland sorgte die Eisenbahn seit den späten 1850er-Jahren mit Tarifsenkungen dafür, dass auch in Regionen, die weitab von den Kohlerevieren lagen, Kohle besser verfügbar und damit neue Techniken ver-
135 stärkt anwendbar waren, zum Beispiel in Berlin.

Rainer Fremdling, Eisenbahnen, in: Technik und Kultur, Bd. VII, hrsg. von Ulrich Wengenroth, Düsseldorf (VDI-Verlag) 1993, S. 421–427.

2 b) Der Historiker Hans-Ulrich Wehler über die Auswirkungen des Eisenbahnbaus, 1995:

Die stärksten Rückkoppelungseffekte des Eisenbahnbaus wirkten sich auf die Produkte der anderen Führungssektoren aus: auf Eisen und Stahl, Kohle und Maschinen. Die gewal-
5 tige Nachfrage nach Schienen, einem robusten Waggonpark und starken Lokomotiven, nach der metallenen Ausrüstung, die wiederum für Kraft- und Arbeitsmaschinen notwendig war, nach der Armierung für zahlrei-
10 che Bauvorhaben wie Brücken und Bahnhöfe bildete für die Eisen- und Stahlindustrie seit der Jahrhundertmitte einen wahren Treibsatz. Rund zweieinhalb Jahrzehnte lang wurde der gesamte schwerindustrielle Kom-
15 plex von den wachstumszyklischen Bewegungen des Eisenbahnbaus beherrscht. Er hatte bereits während der Vierzigerjahre in einem faszinierenden Tempo aus einem kleingewerblichen, rückständigen Produkti-
20 onszweig eine mit der modernsten Technologie ausgestattete metallurgische Fabrikindustrie geschaffen. Der Zollverein hatte 1844 im richtigen Augenblick mit moderaten Einfuhrzöllen Schutz gewährt, zugleich aber
25 den Übergang zu den neuesten Fertigungsmethoden angeregt. Wenn für den Kampf ökonomischer Interessen der Begriff überhaupt angebracht ist, gewann dieses Gesetz die Funktion eines effektiven „Erziehungs-
30 zolls", wie ihn Friedrich List in seinen entwicklungspolitischen Überlegungen für jene Situation vorgeschlagen hatte, in welcher der erdrückende Vorsprung Englands durch die staatlich protegierte Modernisierung der
35 deutschen Industrie wettgemacht werden sollte. Das Ergebnis von innovationsbereiter Unternehmeraktivität und staatlicher Förderung war nach kürzester Zeit erstaunlich genug. Seit dem Beginn der 1850er-Jahre
40 sahen sich die deutschen Produktionsstätten im Stande, die weiterhin rasant ansteigende inländische Nachfrage so gut wie vollständig zu decken. Darüber hinaus konnten sie sogar lukrative Exportchancen wahrnehmen. Bis
45 1873 und noch weiter wurden freilich stets fünfzig Prozent der Eisenproduktion vom deutschen Eisenbahnbedarf in Anspruch genommen.

Hans-Ulrich Wehler, Deutsche Gesellschaftsgeschichte, Bd. 3, München (C. H. Beck) 1995, S. 74–76.

M 3 Drei Transportmittel: Postkutsche, Eisenbahn und Schiffe bei Ehrenbreitstein, Gemälde von Paul Friedrich Meyerheim, 1875

4 Arbeiten Sie aus M2a die verschiedenen Phasen des Eisenbahnbaus heraus.

5 Erläutern Sie anhand von M2a, b die Auswirkungen des Eisenbahnbaus auf Industrie und Wirtschaft.

6 Erörtern Sie am Beispiel des Eisenbahnbaus (M2a, b) den Begriff des „industriellen Führungssektors".

7 Stellen Sie sich vor, mit den jeweiligen Transportmitteln zu reisen (M3). Welche unterschiedlichen Eindrücke wären damit verbunden?

M 4 Der Historiker Rainer Fremdling über Geschwindigkeit, Eisenbahnunfälle und Sicherheitstechnik, 1993

Die Raserei der Eisenbahn verstärkte anfänglich bei vielen Skeptikern den Widerstand gegen das neue technische Wunderwerk: Neben allerlei Krankheiten, die man der Bahn anlastete, war es vor allem das Eisen- 5

M 5a)
Eingestürzte Brücke über den Fluss Tay, Lithografie in "The Engineer", 1880

bahnunglück, das die Menschen im 19. Jahrhundert in Bann hielt. In der Presse nahm es einen so prominenten Platz ein wie heute Flugzeugunglücke in den öffentlichen Me-
10 dien. Auch in viktorianischen Romanen oder in Balladen wurde es behandelt, so z. B. in Fontanes „Die Brück' am Tay". In Schottland stürzte dort im Dezember 1879 die längste Brücke Europas ein und riss einen
15 ganzen Zug mit sich in die Tiefe. Niemand überlebte. Nach dem Brockhaus von 1908 kamen dabei 200 Menschen ums Leben, während Rölls Enzyklopädie des Eisenbahnwesens 90 Opfer verzeichnet. Gewiss war
20 dieses eines der spektakulärsten Eisenbahnunglücke, denn nach der Unfallliste bis 1913 waren Katastrophen mit mehr als 100 Toten äußerst selten. In Deutschland geschah das schwerste Unglück 1883 in Steglitz (heute
25 Berlin) mit 39 Todesopfern. Aus der Perspektive unserer Zeit, in der beim Absturz eines voll besetzten Großraumflugzeuges viel mehr Menschen sterben, sieht die damalige Eisenbahn sicherer aus, als sie unseren Vor-
30 fahren erschien. Jedoch ist mit den Eisenbahnunglücken nur der kleinere Teil der Getöteten erfasst. Die penibel geführten Statistiken stellen diesen „unschuldig Getöteten" jene gegenüber, die „infolge eigener
35 Schuld oder Unvorsichtigkeit" ums Leben kamen: Während gegen Ende des 19. Jahrhunderts in der ersten Kategorie pro Jahr

zwischen 40 und 50 Personen auftauchten, waren es in der anderen zwischen 600 und 900. 40

Rainer Fremdling, Eisenbahnen, in: Technik und Kultur, Bd. VII, hg. von Ulrich Wengenroth, Düsseldorf (VDI-Verlag) 1993, S. 427–429.

5 b) Der Historiker Wolfhard Weber über die Katastrophe am Tay, 1990:
Das spektakulärste Brückenunglück des 19. Jahrhunderts, das eine ähnliche Wirkung in der Öffentlichkeit hatte wie 1912 das Unglück der „Titanic", ereignete sich am Tay in Schottland, der bei Dundee seit 1873 von der mit 3,55 km längsten Balken-Eisenbahn-
5 brücke Europas überspannt war. Da man aus Kostengründen auf ursprünglich vorgesehene Brückenpfeiler verzichtet, die Arbeiten nachlässig durchgeführt und die Nietenverbindungen nicht Stück für Stück kontrolliert hatte, konnte ein Sturm die Brücke zum 10 Schwanken bringen, sodass sie beim Befahren durch einen Personenzug zusammenstürzte und 200 Menschen tötete.

Wolfgang König, Wolfhard Weber, Netzwerke, Stahl und Strom: 1840 bis 1914, Berlin (Propyläen) 1990, 15 S. 193 f.

8 Beschreiben Sie anhand von M4 und M5, welche Merkmale der Eisenbahn in der damaligen Öffentlichkeit wahrgenommen wurden.

**M 6 Ablehnende Stimmen zum Eisen-
bahnwesen, 1833, 1838**

*6 a) Aus dem Gutachten des Bayrischen Ober-
medizinalkollegiums 1838:*
Die schnelle Bewegung muss bei den Reisen-
den unfehlbar eine Gehirnkrankheit, eine
besondere Art des Delirium furiosum, erzeugen. Wollen aber dennoch Reisende dieser
5 grässlichen Gefahr trotzen, so muss der Staat
wenigstens die Zuschauer schützen, denn
sonst verfallen diese beim Anblick des
schnell dahinfahrenden Dampfwagens
genau derselben Gehirnkrankheit. Es ist
10 daher notwendig, die Bahnstelle auf beiden
Seiten mit einem hohen Bretterzaun einzu-
fassen.

*6 b) Aus der „Magdeburgischen Zeitung"
vom 3. Juli 1833:*
Der Eisenbahnbau muss die Landwirtschaft
völlig ruinieren. Der Landwirt wird höhere
Zinsen zahlen müssen; er wird, wenn die
Pferde außer Kurs kommen, weil wir mit
5 Dampf fahren, keinen Hafer mehr anbauen
können.

*6 c) Der preußische Generalpostmeister Nagler
über das Projekt der Berlin-Potsdamer Eisen-
bahnstrecke (1838):*
Was sollen wir mit der Eisenbahn? Ich lasse
täglich verschiedene sechssitzige Posten
nach Potsdam gehen und die Wagen sind
nur selten voll. Was soll die Eisenbahn dann
5 befördern? Berlin ist doch nicht Paris!
*Zitiert nach: Wilhelm Treue/Karl-Heinz Manegold,
Quellen zur Geschichte der industriellen Revolution,
Göttingen/Frankfurt/Zürich (Musterschmidt-Verlag)
1966, S. 84/85.*

**M 7 Der Schriftsteller Heinrich Heine
über die Eisenbahn, 1843**

*Der in Paris im Exil lebende deutsche Dichter
und Schriftsteller schrieb im Rahmen einer
Artikelserie für die „Augsburger Allgemeine Zeitung" folgenden Bericht:*
Paris, 5. Mai 1843
[...] Die Zeit rollt rasch vorwärts, unaufhaltsam, auf rauchenden Dampfwagen, und die
abgenutzten Helden der Vergangenheit, die

alten Stelzfüße abgeschlossener Nationalität, 5
die Invaliden und Inkurabeln[1], werden wir
bald aus den Augen verlieren. [...]
  Welche Veränderungen müssen jetzt
eintreten in unsrer Anschauungsweise und
in unsern Vorstellungen! Sogar die Elemen- 10
tarbegriffe von Zeit und Raum sind schwan-
kend geworden. Durch die Eisenbahnen
wird der Raum getötet und es bleibt uns nur
noch die Zeit übrig. Hätten wir nur Geld
genug, um auch Letztere anständig zu töten! 15
In vierthalb Stunden reist man jetzt nach
Orleans, in ebenso viel Stunden nach Rouen.
Was wird das erst geben, wenn die Linien
nach Belgien und Deutschland ausgeführt
und mit den dortigen Bahnen verbunden 20
sein werden! Mir ist, als kämen die Berge und
Wälder aller Länder auf Paris angerückt. Ich
rieche schon den Duft der deutschen Linden; vor meiner Türe brandet die Nordsee.

1 Die Unheilbaren

9 Untersuchen Sie (M6, 7), wie die Menschen
auf die neue Technik reagierten und welche
Ängste und Hoffnungen sie damit verknüpften.
10 Beurteilen Sie, inwieweit diese Ängste und
Hoffnungen (M6, 7) berechtigt waren.

M 8 Eisenbahnlyrik

8 a) Nikolaus Lenau, An den Frühling (1838)[1]

Lieber Frühling, sage mir,
Denn du bist Prophet,
Ob man auf dem Wege hier
Einst zum Heile geht?

Mitten durch den grünen Hain, 5
Ungestümer Hast,
Frisst die Eisenbahn herein,
Dir ein schlimmer Gast.

Bäume fallen links und rechts,
Wo sie vorwärts bricht, 10
Deines blühenden Geschlechts
Schont die raue nicht.

Auch die Eiche wird gefällt,
Die den frommen Schild
Ihrem Feind entgegenhält, 15
Das Marienbild.

Küsse deinen letzten Kuss,
Frühling, süß und warm!
Eiche und Maria muss
20   Fort aus deinem Arm!

Pfeilgeschwind und schnurgerade
Nimmt der Wagen bald
Blüt' und Andacht unters Rad,
Sausend durch den Wald.

25   Lieber Lenz, ich frage dich,
Holt, wie er vertraut,
Hier der Mensch die Freiheit sich,
Die ersehnte Braut?

Lohnt ein schöner Freudenkranz
30   Deine Opfer einst,
Wenn du mit dem Sonnenglanz
Über Freie scheinst?

Oder ist dies Wort ein Wahn
Und erjagen wir
35   Nur auf unsrer Sturmesbahn
Gold und Sinnengier?

Zieht der alte Fesselschmied
Jetzt von Land zu Land,
Hämmernd, schweißend Glied an Glied
40   Unser Eisenband?

Braust dem Zug dein Segen zu,
Wenns vorüberschnaubt?
Oder, Frühling, schüttelst du
Traurig einst dein Haupt?

45   Doch du lächelst freudenvoll
Auf das Werk des Beils,
Dass ich lieber glauben soll
An die Bahn des Heils.

Amselruf und Finkenschlag
50   Jubeln drein so laut,
Dass ich lieber hoffen mag
Die ersehnte Braut.

Nikolaus Lenau, Neuere Gedichte, Stuttgart (Hallberger) 1838, S. 226 ff.

1   *Anlässlich der Eröffnung der Wiener Nordbahn*

8 b) Gottfried Keller, Zeitlandschaft (1858)

Schimmernd liegt die Bahn im tiefen Tale,
Über Tal und Schienen geht die Brücke
Hoch hinweg, ein Turm ist jeder Pfeiler,
Kunstgekrönt in die Lüfte ragend,
Zu den Wolken weite Bogen tragend.   5

Wie ein Römerwerk, doch neu und glänzend,
Bindet wald'ge Berge sie zusammen;
Auf der Brücke fahren keine Wagen,
Denn kristallnes Wasser geht dort oben,
Dessen fromme Flut die Schiffer loben!   10

Unten auf des Tales Eisensohle
Schnurrt hindurch der Wagen lange Reihe,
Hundert unruhvolle Herzen tragend,
Straff von Nord nach Süd mit Vogels Schnelle.
Drüber streicht das Fischlein durch die Welle.   15

Langsam, wie ein Schwan, mit weißem Segel,
Herrlich auf des Himmels blauem Grunde
Oben fährt ein Schiff von Ost nach Westen –
Ruhvoll lehnt der Schiffer sich am Steuer.
Ist das nicht ein schönes Abenteuer?   20

*Gottfried Keller, Sämtliche Werke und Briefe, hg.
von C. Heselhaus, München (Hanser) 1963, 3. Band,
S. 425.*

11 Analysieren Sie die beiden Gedichte in M8 (Einstellung des lyrischen Ichs, Bilder und Symbole, Wortwahl). Achten Sie besonders auf die metaphorischen Konnotationen (= Nebenbedeutungen, Wertungen und Gefühle, die sich mit einem Begriff verbinden)!
12 Markieren Sie die Unterschiede zwischen den beiden Gedichten (M8). Wie lassen sich die Veränderungen deuten? Achten Sie auf die unterschiedlichen Entstehungsdaten!

M 9 **Der Historiker Alf Lüdtke über die gesellschaftliche Bedeutung der Elektrifizierung, 1991**

Diese parallele Ex- und Intensivierung der Eisenbahnerfahrung von Zeit und Raum wurde durch eine andere Sinneserfahrung überlagert oder doch ergänzt: Im direkten wie im übertragenen Sinne „elektrisierte"   5
sich die Gesellschaft. Die technischen bzw.

51

kommerziellen Vorbilder fanden sich in London und New York: 1882 hatten private Gesellschaften die ersten Versorgungswerke
10 für einzelne Stadtbezirke eingerichtet. Wenige Jahre später leuchteten in Paris die elektrisch illuminierten Schaufenster großer Kaufhäuser. In Deutschland „zündete" es besonders in Frankfurt: In wenig mehr als
15 einem Jahr organisierte der Besitzer der „Frankfurter Zeitung", des führenden liberalen Blattes des Deutschen Reiches, Theodor Sonnemann, die „Internationale Elektrotechnische Ausstellung"; sie öffnete im Früh-
20 jahr 1891. Während der Sommermonate wurde in großen Ausstellungshallen die Erzeugung von Strom vorgeführt. Zu sehen waren vor allem riesige Generatoren und die schier unerschöpflichen Möglichkeiten der
25 Nutzung der neuen Energie: Das Publikum war fasziniert und drängte sich zu Hunderttausenden. Kurz darauf wurde die erste Überlandleitung in Deutschland von Lauffen am Neckar nach Frankfurt gebaut; die expandie-
30 rende Mainmetropole begann mit Nachdruck, ein – allerdings nur innerstädtisches – Elektrizitätsversorgungsnetz aufzubauen.
Die Resonanz auf die neue Energie und ihre Nutzungsformen war ungeheuer. Dabei
35 paarte sich die Erinnerung an Bekanntes (an das „Elektrisieren" als Heilmethode) mit dem Reiz bisher ungeahnter Möglichkeiten, „das Dunkle" aufzuhellen. Zugleich erregte aber auch der Aggregatzustand dieser Ener-
40 gie Staunen, gemischt mit (nicht selten ehrfürchtigem) Unverständnis. Im Unterschied zum zischendheißen Dampf, zur stinkend rußigen Kohle bzw. dem Feuer, dem öligen, ebenfalls stinkenden Petroleum oder dem
45 riechbaren Gas (bzw. den sichtbaren Stahlzylindern der städtischen Gasanstalten) war der elektrische Strom nicht mehr greifbar – seine Erzeugungsquelle konnte weit entfernt, jedenfalls außer Seh- und Hörweite
50 arbeiten.
Wie sehr die Formen und Verwendungen der elektrischen Kraft die Fantasie anregten, für viele auch die Grenzen ihrer Fassungs- und Vorstellungskraft überstiegen, spiegelte
55 sich in der Überfülle von allegorischen Darstellungen der neuen Energie. Beispielhaft war der Katalog der Frankfurter Ausstellung: Eine „Göttin des Lichts" verkörperte den An-

bruch des elektrischen Zeitalters – ihr Feuer übernahm die überirdische Botin unmittel- 60 bar von Prometheus.
Das Interesse des breiten Publikums richtete sich in erster Linie auf die elektrische Beleuchtung. Kundige Zeitgenossen verwiesen darauf, dass neben der Feuersicherheit 65 die Tatsache zu beachten sei, dass der Strompreis nur noch halb so teuer war wie die Energie- bzw. Lichtversorgung auf Petroleumbasis – „was vor allem auf dem Lande die Ausbreitung der elektrischen Beleuch- 70 tung außerordentlich begünstigt" [H. Th. M. Kloss, 1913].
Besonders rasch stieg die Nutzung von Elektrizität für „Kraftzwecke". Vor allem ermöglichte „der Einzelantrieb von Arbeits- 75 maschinen … den Fortfall der hässlichen Licht raubenden arbeitsverzehrenden, Lärm verursachenden und dem Arbeiter Gefahr bringenden Transmissionswellen und Riemen, sodass die Arbeiter in elektrischen 80 Betrieben unter viel günstigeren Bedingungen arbeiten" [ders.]. Freilich dürfen Berichte über Umstellungen nicht überdecken, dass vielerorts die vorhandene Maschinerie keineswegs sofort oder vollständig ausrangiert 85 wurde. Wichtig war aber, dass auch im täglichen Arbeitsablauf in den Fabriken die Chancen des industriellen Fortschritts nun auch den Arbeitenden selbst zugute kommen mochten. Nicht zuletzt konnten sie bei 90 Arbeit an elektrifizierten Werkzeugmaschinen z. B. bei gleichen Akkordsätzen erhöhte Verdienste erwarten. Die Maschinen ließen sich mit gesteigerter Geschwindigkeit betreiben; die gemessene „Leistung" der Arbei- 95 tenden vermehrte sich deshalb z. T. um zehn bis fünfzehn Prozent.
Die Ziffern aggregierter[1] Statistiken für Produktion und Verwendung von elektrischem Strom bestätigen die zeitgenössische 100 Wahrnehmung vom explosionsartigen Wachstum: Der Gesamtverbrauch im Deutschen Reich stieg in den sechs Jahren von 1898/99 bis 1904/05 von 28,2 auf 111,5 Millionen kWh. 105

Alf Lüdtke, Lebenswelten und Alltagswissen, in: Handbuch der deutschen Bildungsgeschichte Bd. IV, hg. v. Christa Berg, München (C. H. Beck) 1991, S. 57–90, hier: S. 68–70.

1 *aggregiert: zusammengefügt, kombiniert*

M 10 Auswirkungen der Elektrifizierung auf gewerbliche Arbeitsplätze, 1900, 1927

10 a) Arbeiterinnen und Arbeiter in der Mechanischen Werkstätte der Firma Schuckert & Co, Nürnberg, Fotografie um 1900

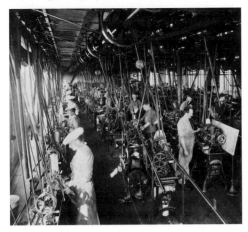

10 b) Motormontage, Firma Opel, Rüsselsheim, Fotografie 1927

Der Historiker W. Ruppert, 1983:
Die Frauen bedienten als angelernte Arbeitskräfte die halbautomatischen Drehmaschinen. Der Antrieb für die Maschinen befand sich außerhalb des Gebäudes. Die Kraftüber-
5 tragung erfolgte durch meterlange Antriebswellen mit Transmissionsriemen. Sie verursachten durch die ständige Bewegung großen Staub und beeinträchtigten den Lichteinfall erheblich. Darüber hinaus ver-
10 mischten sich das „Schlackern" der Riemen und die Arbeitsgeräusche der Maschinen zu einem konstanten Lärm. Die Treibriemen wurden an den Nahtstellen von einem Stift zusammengehalten. Wenn dieser über die
15 Rolle lief, gab dies ein knallendes Geräusch. Unterhaltungen waren in einer solchen Dreherei unmöglich. Man konnte sich nur schreiend miteinander verständigen.
　　Strenge Arbeitsvorschriften waren nötig,
20 um Unfälle zu vermeiden, so etwa das Tragen von Hauben, womit ein Hereinziehen der Haare in die Riemen verhindert werden sollte. Der Arbeitsplatz war durch den festen Standpunkt der Maschine un-
25 beweglich. Präzisionsarbeit war nur durch lange Übung zu erreichen.

Wolfgang Ruppert, Die Fabrik, München (C. H. Beck) 1983, S. 239.

Aus einer historischen Darstelung, 1988:
Der Blick auf die Motormontage zeigt ein gegen früher verändertes Bild:
　　Elektromotoren treiben jetzt die Maschinen an. Vorne rechts bedient ein Arbeiter eine Bohrmaschine, deren Stromkabel sicht- 5
bar ist. Die mechanischen Konstruktionen und die mit ihrer Wartung beschäftigten Arbeiter sind jetzt überflüssig geworden. Der Fabrikraum ist übersichtlicher. Lärmbelästigung und Unfallgefahr konnten verringert 10
werden. Maschine und Antrieb befinden sich nun – hier im Fall der Bohrmaschine – in einem Gehäuse, sodass eine veränderte Aufstellung und ein beweglicher Einsatz der Maschinen möglich sind. Genaueres Arbei- 15
ten ist wesentlich leichter.

Funkkolleg Jahrhundertwende. Die Entstehung der modernen Gesellschaft 1880–1930, hg. vom Deutschen Institut für Fernstudien an der Universität Tübingen, Weinheim u. a. (Beltz) 1989, S. 23.

13 Beschreiben Sie mit einem Strukturmodell die Auswirkungen der zunehmenden Elektrifizierung auf die verschiedenen Bereiche der Gesellschaft (M9, M10).
14 Diskutieren Sie die These, dass die Elektrifizierung die „zweite" Industrielle Revolution sei.

M 11 Kraft und Energie durch Elektrizität – eine zeitgenössische Anzeige zur Elektrizität, 1904/05

15 Überlegen Sie, ausgehend von M 11, wo auch heute noch im Alltagsdenken und in der Alltagssprache das Symbol der Elektrizität eine Rolle spielt.

16 Diskutieren Sie, inwieweit auch schon die moderne Computertechnologie unser heutiges Denken und Sprechen beeinflusst.

M 12 Der Historiker Ernst Engelberg über die Bedeutung der Aktiengesellschaften und Banken (1972)

Bei den Dimensionen, die die industriellen Unternehmungen nach 1848 anzunehmen begannen, war eine Selbstfinanzierung durch den einzelnen Kapitalisten immer
5 weniger möglich. Die Aktiengesellschaft, die gegen Ausgabe von Aktien das Geld einer größeren Zahl Geldbesitzer zu profitheckendem Kapital vereinigt, bildete seit den Vierzigerjahren in Deutschland die moderne Form
10 der Kapitalbeschaffung. Die Aktiengesellschaft diente in den Vierzigerjahren vornehmlich zur Finanzierung des Eisenbahnbaus. Die preußische Bürokratie ist aber nicht geneigt gewesen, ihr eine allgemeine
15 Verbreitung zuzugestehen. Das änderte sich

nach der Bildung des Handelsministeriums. Das Aktiengesetz von 1843 wurde zwar nicht aufgehoben, aber die Praxis bei der Erteilung von Konzessionen für Aktiengesellschaften änderte sich; die Gesuche wurden im Allge- 20 meinen rascher und williger genehmigt. Im Vergleich zu den beiden vorangegangenen Jahrzehnten wurden 1851–1870 rund dreimal so viel Aktiengesellschaften mit einem etwa siebenmal höheren Kapital gegründet. 25 1856 erreichte die Zahl der Gründungen von Aktiengesellschaften mit 31 und einem Grundkapital von nahezu 30 Millionen Talern die Rekordhöhe der Fünfzigerjahre. Sie entstanden vorwiegend in der Rheinpro- 30 vinz und in Westfalen und dienten meist dem Bau oder der Erweiterung von Bergwerks-, Hütten- oder Maschinenbaubetrieben. An ihnen beteiligten sich auch französisches, belgisches und holländisches 35 Kapital.

Mit dem Aufschwung der großen Industrie musste sich notwendig die Funktion der Banken ändern. Hatten sie sich bisher mit Staatsanleihen und bei dem Münzwirrwarr 40 in dem zerrissenen Deutschland mit dem Geldwechsel beschäftigt, so beteiligten sich jetzt größere Banken an der Finanzierung von Industriebetrieben. Die Aktienbesitzer appellierten nicht mehr ausschließlich an 45 einzelne Geldbesitzer, sondern nahmen Banken zu Hilfe. Dort sammelten und konzentrierten sich die Einzelkapitale, vor allem die Geldbeträge kleiner Kapitalisten. Das verlieh den Banken zunehmende öko- 50 nomische und soziale Macht. Darum widersetzte sich die preußische Regierung in den Fünfzigerjahren der Gründung großer Banken, vor allem, wenn sie die Form von Aktiengesellschaften annahmen. 55
Ernst Engelberg, Deutschland 1849-1871, Berlin (Dt. Verl. d. Wiss.) 1972, S. 41 f.

17 Beschreiben Sie die Funktion der Aktiengesellschaften im Industrialisierungsprozess (M 12). Inwiefern änderte sich die Rolle der Banken?

Umgang mit Statistiken: Die gewerbliche Entwicklung im Zeitalter der Industrialisierung

Warum sind Zahlen für Historiker wichtig?

In unserer alltäglichen Lebenswelt, beim Zeitunglesen oder Fernsehen, sehen wir uns zunehmend mit Zahlenreihen über die wirtschaftliche Entwicklung, über Einstellungen in der Bevölkerung oder über das Wahlverhalten konfrontiert. Dabei wollen Statistiken nicht nur informieren, sondern auch Meinungen belegen und Meinungsbildung steuern.

Für Historiker sind Zahlen nur eine Quelle unter vielen und häufig entgeht demjenigen, der ausschließlich mit Zahlenreihen arbeitet, die Erfassung und Analyse von Entwicklungen, die nicht in Zahlen gefasst worden sind. Nur weil z. B. über die Arbeit von Frauen oder frauentypische Tätigkeiten kaum Statistiken vorliegen, heißt dies lange noch nicht, dass es sie historisch nicht gegeben hat. Ähnliches gilt für die Geschichte von Ländern ohne lange statistische Tradition; insbesondere für Staaten aus der „Dritten Welt" liegen häufig erst seit den 1960er-Jahren Daten vor. Auch Statistiken, so „objektiv" sie auf den ersten Blick erscheinen, sind also immer Ausschnitte und Vereinfachungen von komplexen Zusammenhängen.

Statistiken in der Moderne

Mit der Herausbildung der Statistik als Wissenschaftsdisziplin im 18. Jahrhundert und der amtlichen Statistiken in der ersten Hälfte des 19. Jahrhunderts setzte eine engmaschige, kontinuierliche amtliche Datenerhebung für viele Bereiche der Gesellschaft ein. Solche amtlichen Statistiken gelten als relativ zuverlässig. Sie werden durch Erhebungen von halbamtlichen und privaten Einrichtungen ergänzt, seit dem Zweiten Weltkrieg vor allem durch Meinungsumfragen. Durch die steigende Zahl von Datenerhebungen haben sich aber einige statistische Probleme verstärkt, vor allem die Vergleichbarkeit der Kategorien. Wie wird im Zusammenhang mit der Frage nach der Verteilung von Armut und Reichtum z. B. die Kategorie „Existenzminimum" vom Statistischen Bundesamt definiert, wie wird sie von privaten Einrichtungen bestimmt, wie in Frankreich oder England? Häufig verbindet der Historiker in einem Schaubild mehrere Entwicklungslinien miteinander und stellt dadurch Verbindungen zwischen Phänomenen her, die in der Praxis zunächst einmal nichts miteinander zu tun haben müssen. Dabei greift er in der Regel auf ein Vorwissen zurück, das er aus der Analyse und Interpretation anderer Quellengattungen gewonnen hat.

Die Darstellung von Statistiken

Eine Statistik kann als Zahlentabelle oder als Diagramm, d. h. in grafischer Form dargestellt werden. Für die grafische Umsetzung stehen verschiedene Formen zur Verfügung:
1. das Säulen- bzw. Balkendiagramm, z. B. die besondere Form der Bevölkerungspyramide,
2. das Kreis- oder Halbkreisdiagramm, das z. B. im Fernsehen häufig bei der Anzeige der Verteilung von Parlamentssitzen zu sehen ist,
3. das Liniendiagramm,
4. das aus dem Liniendiagramm abgeleitete Flächendiagramm,
5. das Figurendiagramm, d. h. die vereinfachte figürliche Abbildung von Personen oder Gegenständen, manchmal in Kombination mit Karten.

Beim Umgang mit Grafiken ist immer zu bedenken, dass die Bestimmung der Maßeinheiten, z. B. der Jahresabstände, Aussagen akzentuiert.

Themen und Methoden

In diesem Zusammenhang ist auch auf das Problem der geografischen Bezugsgröße hinzu-weisen, das für Tabellen und Grafiken gleichermaßen gilt. Statistiken zur deutschen Geschich-te im 19. und 20. Jahrhundert stellen manchmal eine Kombination aus Daten für das größte Land Preußen (bis 1870), für das Deutsche Reich (1871 bis 1945) und für die alte Bundesrepub-lik (1949 bis 1990) dar. Unterschiede in den geografischen Bezugsgrößen können aber mit sozialen und wirtschaftlichen Verschiebungen einhergehen.

Absolute und relative Zahlenwerte

Hinsichtlich der Zahlenwerte ist zwischen absoluten (auch nominalen) Zahlenwerten und relativen Zahlenwerten zu unterscheiden. Die Arbeitslosenzahl beispielsweise gibt die tatsäch-liche Summe der Menschen wieder, die als arbeitslos registriert sind; die Arbeitslosenquote hingegen berechnet in Prozent die Summe in Bezug auf die Gesamtzahl der Erwerbstätigen. Bei einer Zunahme der Erwerbstätigen kann die Entwicklung der Arbeitslosenzahl also ein Anstei-gen nachweisen, die Quote hingegen ein Stagnieren oder Fallen.

Zu den relativen Werten gehören:
1. Prozentangaben, z.B. die eben genannte Arbeitslosenquote oder bei einer Wahl der Anteil der Stimmen einer Partei in Bezug auf die Gesamtzahl der abgegebenen Stimmen. Bei Prozentangaben muss man allerdings sichergehen, dass die Bezugsgröße auch tatsächlich konstant geblieben ist. Ein besonderes Problem ist bei Wahlstatistiken das Fehlen von Zahlen zur Entwicklung der Nicht- und Erstwähler. Was nach dem reinen Wahlergebnis zunächst als veränderte Wahlpräferenz für eine Partei aussieht, könnte Ausdruck von Verschiebungen bei den Nicht- und/oder Erstwählern sein. Einen Hinweis darauf gibt die Wahlbeteiligung.
2. Indexreihen setzen ein bestimmtes Jahr gleich 100 und beziehen rechnerisch (mit Hilfe des Dreisatzes) alle folgenden bzw. vorausgegangenen Daten auf dieses Jahr.

Wie gehe ich mit Statistiken um?

a) Analyse der inhaltlichen Merkmale:
– Unter welcher Leitfrage soll die Statistik untersucht werden?
– Zu welchem Einzelthema gibt die Statistik Auskunft? Auf welchen Zeitraum bezieht sie sich (Lücken?)? Auf welchen geografischen Raum bezieht sie sich?
– Die Zuverlässigkeit von Statistiken ist in Schulbüchern nur begrenzt zu prüfen; hier muss die Aufnahme in das Schulbuch bereits eine gewisse Sicherheit bieten; allerdings ist nachzuweisen, woher die Statistik stammt. Manchmal ist es auch wichtig nachzufragen, wer die Statistik in Auf-trag gegeben hat: Wurde eine Arbeitslosenstatistik vom Staat oder von den Gewerkschaften erstellt?

b) Analyse der formalen Merkmale:
– Welche Kategorien werden in Beziehung gesetzt?
– Ergeben sich aus der Darstellungsform besondere Aussagen?
– Welche Zahlenwerte sind aufgeführt?

c) Beschreiben, Werten und Beurteilen des Aussagegehalts:
– Welche Einzelinformationen gibt die Statistik (d.h., lassen sich Schwerpunkte, Ausschläge, regelhafte Verläufe erkennen)? Wie lässt sich die Aussage zusammenfassen?
– Reicht die Statistik als Indikator zur Beantwortung der Leitfrage aus oder kann man nur vorläufi-ge Schlüsse ziehen (müssen weitere Indikatoren herangezogen werden)?

M 13 Die Entwicklung des Gewerbes unter dem Einfluss der Industrialisierung

13 a) Die Strukturveränderungen im sekundären Sektor im 19. Jahrhundert unter dem Einfluss der Industrialisierung 1780–1913

Jahr	Verlag		Mfak., Ind., Bgb.[3]		Handwerk		Sekundärer Sektor	
	1[1]	2[2]	1	2	1	2	1	2
1780	0,86	8,5	0,08	1,0	0,97	9,5	1,9	19,0
1800	0,96	9,0	0,12	1,5	1,12	10,5	2,2	21,0
1835	1,40	10,0	0,35	2,0	1,50	11,0	3,2	23,0
1850	1,50	10,0	0,60	4,0	1,70	12,0	3,8	26,0
1873	1,10	6,0	1,80	10,0	2,50	14,0	5,4	30,0
1900	0,50	2,0	5,70	22,0	3,30	13,0	9,5	37,0
1913	0,50	2,0	7,20	23,0	4,00	13,0	11,7	38,0

1 = Beschäftigte in Mio.
2 = Beschäftigte in % aller in allen drei Sektoren der Volkswirtschaft Beschäftigten
3 = Manufaktur, Industrie, Bergbau

Friedrich-Wilhelm Henning, Die Industrialisierung in Deutschland 1800 bis 1914, 6. Aufl., Paderborn (Ferdinand Schöningh) 1984, S. 130.

13 b) Die Entwicklung des Gewerbes im Wandel der Zeiten

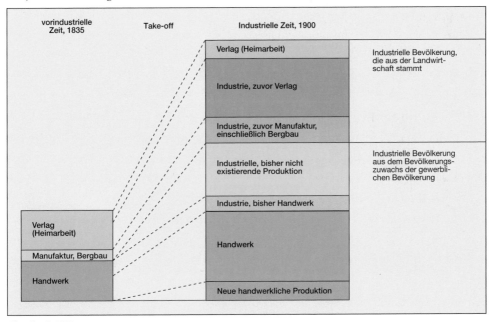

Ebenda, S. 127.

18 Analysieren Sie anhand der Statistik und des Schaubildes die Entwicklung des Gewerbes im Zeitalter der Industrialisierung.
19 Definieren Sie mit Hilfe der Statistik und des Schaubildes den Begriff der „Industrialisierung". Welche Merkmale werden dabei besonders hervorgehoben, welche bleiben unberücksichtigt?

Weiterführende Arbeitsanregungen zur Industrialisierung in der Region

Lokalgeschichte der Industrialisierung

In allen Regionen Deutschlands gibt es Untersuchungen und Veröffentlichungen zur Geschichte der örtlichen Industrialisierung. Hier bieten sich interessante Möglichkeiten, Geschichte konkret und anschaulich zu betrachten und zu konkretisieren.

1 Suchen Sie in einer öffentlichen Bibliothek nach entsprechender Literatur.
2 Schreiben Sie ein Referat über ein von Ihnen gewähltes Thema (z.B. die Geschichte eines örtlichen Betriebs, die Veränderungen in einem bestimmten Dorf, eines Stadtviertels etc.).

Probleme des Energieverbrauchs im industriellen System

Vor der Industrialisierung stammten über 90 % der verbrauchten Energie aus erneuerbaren Quellen (Holz, Wind und Wasser, menschliche und tierische Arbeitskraft), nach der Wende zum 20. Jahrhundert wurden über 90 % der Energie aus nicht erneuerbaren Reserven (Kohle, später Öl) gewonnen. Daran hat sich bis heute wenig geändert.

3 Ermitteln Sie im Rahmen des Geografieunterrichts die noch vorhandenen Reserven nicht erneuerbarer Energieträger und den weltweiten Verbrauch fossiler Brennstoffe.
4 Beschreiben Sie die Probleme, die sich daraus für die industrielle Ökonomie ergeben.
5 Erörtern Sie mögliche Perspektiven und Auswege.

M 14 **Ölwelt 1992**

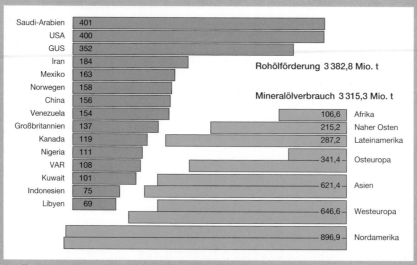

Quelle: Weltbank, Stand 1992; DIE ZEIT/GLOBUS

Literaturhinweise

Wolfgang Brune/Eberhard Brune, Energie als Indikator und Promotor wirtschaftlicher Evolution, Stuttgart/Leipzig (Teubner) 1998.
Reiner Kümmel, Energie und Kreativität, Stuttgart/Leipzig (Teubner) 1998.
Anton Zischka, Die alles treibende Kraft. Weltgeschichte der Energie, Heidelberg (Energie-Verlag) 1988.

6   Industrialisierung und Weltwirtschaft:
Die Industrienationen um 1900

Weltwirtschaftliche Verflechtungen und internationale Konkurrenz

Mit der Industrialisierung nahm die weltweite Verflechtung des Wirtschaftslebens zu. Das starke Wachstum verwies die neuen Industrien besonders in der zweiten Hälfte des 19. Jahrhunderts auf den internationalen Güteraustausch. Längst nicht alle produzierten Güter konnten auf dem Binnenmarkt abgesetzt werden, sondern fanden Abnehmer im Ausland. Auch bei der Beschaffung von Rohstoffen oder Maschinen und anderen Produkten, wie z. B. Halbfabrikaten, waren viele Unternehmen immer stärker auf ausländische Zulieferer angewiesen. Der internationale Güteraustausch wurde dabei überwiegend zwischen den industrialisierten Ländern abgewickelt, weil nur sie genügend Tauschgüter anzubieten hatten. Das Schwergewicht der **Weltwirtschaft** lag bis zum Ersten Weltkrieg in Europa. In den letzten Friedensjahren bestanden 51 % der Weltwirtschaft im Güteraustausch zwischen den Industriemächten und die damals führenden Industrienationen, England und Deutschland, waren einander die besten Kunden.

Da die Industriemächte immer stärker auf ausländische **Absatz- und Rohstoffmärkte** angewiesen waren, nahm auch die Konkurrenz unter ihnen zu. Auf Grund seines Industrialisierungsvorsprunges konnte Großbritannien lange Zeit den Welthandel unangefochten beherrschen. Doch je mehr Staaten das britische Modell nachahmten und gleichzogen, desto heftiger wurden die internationalen Verteilungskämpfe um Rohstoff- und Exportmärkte. Das zeigte sich nicht zuletzt in dem Bestreben der europäischen Mächte, Besitzungen bzw. wirtschaftliche oder politische Einflusssphären in der außereuropäischen Welt zu erwerben. Dabei besaß das britische Empire mit seinem riesigen Kolonialreich einen deutlichen Vorsprung. Frankreich und Deutschland verstärkten in der zweiten Hälfte des 19. Jahrhunderts mit dem entsprechenden „Säbelrasseln" ihre Bemühungen, sich einen Anteil an den noch nicht verteilten Stücken des „Weltkuchens" zu sichern. Insofern hingen Industrialisierung und **Imperialismus** eng miteinander zusammen.

Die Tatsache, dass das Deutsche Reich im Streit um Kolonien schlecht abschnitt, wirkte sich auf seine wirtschaftliche Entwicklung nicht nachteilig aus. Im Gegenteil: In dem Maße, wie sich die Industrie nicht auf feste, politisch garantierte Außenmärkte verlassen konnte, musste sie sich verstärkt um internationale Wettbewerbsfähigkeit und Flexibilität bemühen. Der Erneuerungsdruck sollte sich im 20. Jahrhundert, gerade im Vergleich zu Großbritannien, auszahlen.

Die Industrienationen im internationalen Vergleich

Das industrielle Pionierland Großbritannien konnte lange Zeit seine wirtschaftliche Führungsposition behaupten. Auf Grund enormer Produktionssteigerungen holte jedoch das Deutsche Reich an der Wende vom 19. zum 20. Jahrhundert gegenüber England auf. In diesem **Wettlauf** konnte Frankreich, dessen Industrieproduktion im Vergleich zu England und Deutschland stagnierte, nicht mithalten. Trotz hoher Wachstumsraten blieb auch Russland eine führende Position unter den Industrienationen versagt, weil andere Volkswirtschaften viel schneller wuchsen. Der Siegeszug der Industrialisierung führte überdies dazu, dass Europa und die USA die Weltwirtschaft zu Beginn des 20. Jahrhunderts beherrschten, während andere Kontinente ins Hintertreffen gerieten.

Hinweise zur Arbeit mit den Materialien

Seit dem ausgehenden 18. und beginnenden 19. Jahrhundert wird das Denken und Handeln der Menschen immer stärker durch die Erfahrung bestimmt, schreibt der Historiker Reinhart Koselleck in seinem 1977 erschienenen Aufsatz „‚Neue Zeit‘ und ‚Neuzeit‘ in der Geschichtstheorie und Geschichtsschreibung", „dass einzelne Völker oder Staaten, Erdteile, Wissenschaften, Stände oder Klassen den anderen voraus seien, sodass schließlich ... das Postulat der Beschleunigung oder – von Seiten der Zurückgebliebenen – des Ein- oder Überholens formuliert werden konnte." Dieser Zwang zum ständigen Vergleich prägte auch das Verhalten der Industrienationen. Diejenigen, die einen Vorsprung gegenüber anderen besaßen, wollten diesen behalten, während die Nachzügler sich bemühten, ihren Entwicklungsrückstand wettzumachen oder sogar konkurrierende Gesellschaften zu überholen. Die Tabellen und Schaubilder in M1 vermitteln ein Bild sowohl von der internationalen Konkurrenz zwischen den Industriestaaten seit dem 19. Jahrhundert als auch von den Kräfteverschiebungen zwischen den einzelnen Kontinenten. Am Beispiel des Eisenbahnbaus (M1b) lässt sich zum einen das Kräfteverhältnis zwischen den USA und Europa untersuchen; zum anderen vermittelt das Diagramm (M1b) ein anschauliches Bild vom Stand der Industrialisierung auf den fünf Kontinenten. Dagegen beleuchten M1a, c, d das Auf und Ab der führenden Industriestaaten und die Veränderungen in ihrem Wirtschaftspotenzial.

M 1 **Die internationale Stellung der Industrienationen 1870–1913**

1 a) Entwicklung des Nationaleinkommens pro Kopf in laufenden Preisen 1870–1930

	1870	1880	1890	1900	1910	1930
Großbritannien (£)	29,53	31,16	37,48	42,96	46,26	52,47
Frankreich (fr)	–	617	689	829		956
Deutsches Reich (M)	348	370	438	525	670	739
Russland (Rubel)	–	–	–	67,2		101,3
USA ($)	79	111	169	232	262	
Zum Vergleich: Währungsparitäten 1913: 1 £ = 20,43 M; 1 fr = 0,81 M; 1 R = 2,16 M; 1 $ = 4,20 M						

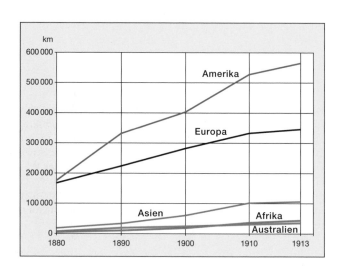

1 b) Streckenkilometer der Eisenbahnen in der Welt 1880–1913

1 c) Außenhandel der wichtigsten Industriestaaten in laufenden Preisen 1870–1913

	Großbritannien		Frankreich		Deutsches Reich		USA	
	Imp.	Exp.	Imp.	Exp.	Imp.	Exp.	Imp.	Exp.
1870	303,3	199,6	2953	3082	–	–	436,1	376,8
1880	411,2	223,0	5184	3815	2813,7	2923,0	668,1	824,1
1890	420,7	263,5	4570	4128	4162,4	3335,1	789,4	845,5
1900	523,0	291,2	4839	4526	5768,6	4611,2	850,0	1371,4
1910	678,3	430,4	7288	6857	8926,9	7474,7	1557,3	1710,4
1913	768,7	525,2	8674	7568	10750,9	10097,5	–	–

1 d) Die Auslandsinvestitionen von 1870 bis 1913

	Großbritannien in Mio. £	Frankreich in Mio. fr	Deutsches Reich in Mio. M	US In Mio. $
1870	692,3	13500	–	–
1880	1189,4	14850	7172	–
1890	1935,1	(17000)	11044	–
1900	2396,9	26650	14925	–
1913	3989,6	50400	20000	3500

1 e) Die geografische Verteilung der Auslandsinvestitionen vor 1914

A Großbritannien 1910–1913

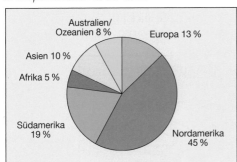

B Frankreich

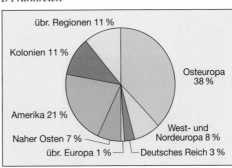

C Deutsches Reich

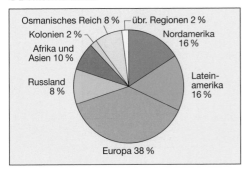

Wolfgang J. Mommsen, Das Zeitalter des Hochimperialismus, in: Funkkolleg Jahrhundertwende, Weinheim und Basel (Beltz) 1989, S. 35–42.

1 Beschreiben Sie anhand der vorliegenden Statistiken und Schaubilder (M1a–e) die Dynamik der wirtschaftlichen Entwicklung zwischen 1870 und 1930.
2 Erstellen Sie arbeitsteilig für jedes der genannten Länder ein Entwicklungsprofil und vergleichen Sie die Ergebnisse (M1a–e). Diskutieren Sie Ihre Ergebnisse im Hinblick auf Ausbruch und Verlauf des Ersten Weltkriegs.

Industrialisierung und Imperialismus

M2 Der Historiker W. Mommsen über Industrialisierung und Imperialismus, 1971

Infolge der Wachstumskrisen suchte der Imperialismus nach neuen Märkten in Übersee; dadurch hoffte er die wirtschaftlichen Probleme zu lösen und den sozialen Status
5 der Massen heben zu können. Dabei ging er mit der traditionellen Machtpolitik um die führende Stellung unter den Staaten eine Symbiose ein. Nun fand die überkommene Ausdehnungspolitik der Regierungen eine
10 breite Basis im Volk, da dieses sich z.B. durch den Erwerb von Kolonien größeren Wohlstand und wirtschaftliche Sicherheit versprach. Deshalb fügten sich die neuen Mittelschichten loyal in das vorhandene System
15 ein, und die herrschenden Eliten konnten ihre Stellung festigen. Dabei boten die Wirtschaftskapitäne ein uneinheitliches Bild: Das Finanzkapital hielt eher am Freihandel fest, die Unternehmer, besonders im Bereich der
20 Stahl- und Maschinenindustrie, z.T. auch in der Textilindustrie, hofften von den neuen Kolonien profitieren zu können. Im einzelnen Fall gab oft der Nationalismus, getragen von den breiten Volksschichten, im Rivalitätskampf der Staaten den letzten Anstoß – 25 man erwarb neue Gebiete, auch wenn sie im Augenblick wertlos waren, in der Hoffnung, dass sie später einmal der eigenen Wirtschaft nützen könnten.

W. J. Mommsen, Der moderne Imperialismus, Stuttgart (Kohlhammer) 1971, S. 16–20.

3 Erarbeiten Sie Motive und Konzeptionen des Imperialismus (M2).
4 Der Imperialismus ist eng verknüpft mit der Industrialisierung im 19. Jahrhundert. Erläutern Sie dies ausgehend von M1 am Beispiel der Faktoren Wirtschaft und Handel (vgl. Kap. 6) und Transport (vgl. Kap. 5).

M4 „Rettung vor Versumpfung"

Der Publizist Wilhelm Hübbe-Schleiden verlangt 1879 eine Ausdehnung des deutschen Wirtschaftsgebietes:
Der Engländer sagt: *the road to the head lies through the heart. – Pocket you mean* erwidert ihm darauf Sam Slick […] und dies Mal hat

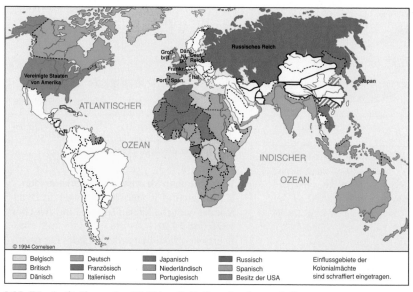

M3 **Die Aufteilung der Welt im Zeitalter des Imperialismus**

Themen und Methoden

der Yankee Recht. Die Moral, also die geistige
5 Kraft des Volkes, lebt nur und wächst mit der
Hebung seines Wohlstandes, und mit der
geistigen Kraft eines Volkes gewinnt auch
seine Religion neues Leben.

Eine Ausdehnung unseres Wirtschafts-
10 gebietes ist das Einzige, was unser Volk vor
der Versumpfung retten kann. Welchem
Umstande verdankt denn England seinen
Sinn für Religion und für Recht und Ordnung des Staatslebens – eine Moralität, die
15 dort das ganze Volk durchdringt, in Deutschland aber sich nur in wenige auserwählte
Kreise unseres Volksleben gerettet hat! Welchem andern Umstande denn als dem, dass
die Lebenssphäre Englands, das was der Eng-
20 länder *the standard of life* nennt, eine unendlich viel höhere ist, als in Deutschland! – Um
nur ein Beispiel anzuführen, das einem in
England alle Tage begegnet: Das Publikum
als solches nimmt in England stets Partei für
25 Polizei und Staatsordnung, in Deutschland
ausnahmslos für das sogenannte *Volk,* d. h.
den *Pöbel.* In dem größten Straßengewühle
Londons kann ein Polizist Tausende von
Menschen und Wagen durch sein einfaches
30 Wort oder Handbewegung regieren; in Berlin
ist man klug genug, so etwas allein gar nicht
zu versuchen. – Ganz dasselbe Verhältnis
zeigt sich in England auch auf dem Gebiete
der Religion. [...] Gerade die Engländer aber
35 sind gegenwärtig die Vorkämpfer der Wissenschaft. Und die Freiheit der Forschung
wird dort weniger bekrittelt und beschrieen
als in Deutschland. [...] Der Charakter des
englischen Volkes ist vorwiegend aristokra-
40 tisch, der des deutschen Volkes ist gegenwärtig leider sehr plebejisch. Der Grund von
dem allen aber ist eben der, dass in England
eine Klasse höheren Wohlstandes die herrschende ist, als in Deutschland. [...] Zu sol-
45 chem *Standard of life* sich aufzuschwingen
aber fehlt dem echten Deutschen durchaus
nicht das Zeug. [...] Der Deutsche hat die
Kraft und den Trieb, etwas Rechtes in der
Welt zu werden. Das deutsche Volk ist noch
50 jung; es muss ihm nur die erziehende Hand
von kompetenten Männern geboten und seine Entwicklung nach außen auch von oben
her begünstigt werden; dann wird in ratio-
neller Betätigung dieser Kraft die Unzufrie-
55 denheit der Unterbeamten im Militär und in

der Staatsverwaltung so gut wie die der arbeitenden Klassen daheim und draußen in das
rechte Geleise gelenkt werden. Zufrieden
wird der Deutsche hoffentlich nie werden,
dass wäre nur der deutlichste Beweis von 60
Altersschwäche; aber sobald er den Weg vor
sich sieht, um seiner aufwärtsstrebenden, ich
möchte sagen himmelstürmenden Unzufriedenheit freien Lauf zu lassen, so wird sich
bald auch Wohlbehagen und Wohlleben mit 65
diesem gesundheitsfrischen Gefühle der Unzufriedenheit paaren. Gerade diese jugend-
kräftige Unzufriedenheit ist auch unser bes-
ter Vorzug vor dem philiströsen französischen *Bourgeois,* – und wollte Gott, wir 70
hätten keine solcher eleganten Philister in
Deutschland! [...] Wenn aber je die urwüch-
sige germanische Unzufriedenheit im deutschen Volke über diesen tändelnd-frivolen
Geschmack Herr wird, dann wird es zeigen, 75
dass es ein tüchtigeres Volk ist als das französische. Die deutsche Arbeitskraft kann kolo-
nisieren; die französische *Bourgeoisie* kann es
nicht.

Erweitern muss sich der Horizont unsers 80
Volkes; ausdehnen muss sich das Wirt-
schaftsgebiet unsres Reiches: Nur auf solcher
Grundlage kann, richtig verstanden, unseres
Kaisers Wunsch erfüllt werden, dass dem
deutschen Volk die Religion erhalten bleibe. 85

*Wilhelm Hübbe-Schleiden, Ethiopien. Studien über
West-Afrika, Hamburg 1879, S. 386–389. Zitiert
nach: Michael Fröhlich, Imperialismus, München
(dtv) 1994, S. 141–143.*

M 5 „Export der sozialen Frage"

*Der Publizist Ernst von Weber verlangt 1879
einen „Massenexport des revolutionären Zünd-
stoffes":*
Nur dadurch kann in der gefährlichen
Gesamtstimmung unserer unteren Volksschichten eine durchgreifende Änderung
herbeigeführt werden, dass den von ihrer
Handarbeit lebenden Klassen eine reelle und 5
handgreifliche Aussicht geboten wird, um
ihre wirtschaftliche Lage dauernd zu verbessern. Wer möchte so sanguinisch sein, allein
von den neuen wirtschaftlichen Reformen
und Schutzzöllen eine solche durchgreifende 10
und dem Maßstabe der Wünsche der Betei-

ligten entsprechende Verbesserung der Lage
unserer Proletariermassen zu erwarten? Dieselben mögen in engeren Kreisen erträgli-
15 chere Verhältnisse schaffen – als Heilmittel
für unseren Pauperismus im Großen und
Ganzen können und werden sie nicht durch-
schlagen. Für die bedrängtesten unserer Pro-
letarierschichten wäre aber eine rasche und
20 durchgreifende Verbesserung ihrer Lage offenbar am leichtesten und sichersten durch
ihre Übersiedelung nach eigenen deutschen
Ackerbaukolonien zu eröffnen. Gerade die
unzufriedensten und gähnendsten Elemente
25 unseres Proletariats, welche zumeist die den-
kenden Köpfe unter den Arbeitern und ihre
Führer und Leiter umfassen, würden sich am
meisten von der ihnen gebotenen Aufbesse-
rung ihrer wirtschaftlichen Lage angezogen
30 fühlen und sich gewiss sehr gern nach den
Kolonien einschiffen lassen.
　　Also schon negativ würde ein solcher
Massenexport des revolutionären Zündstof-
fes sich für uns bezahlen, indem derselbe für
35 unsern Nationalwohlstand unschädlich
gemacht und in Gegenden abgelagert würde,
wo er sich in fruchtbaren Humus verwan-
deln und in den, dem heimatlichen Elende
entrissenen, Kindern unserer Proletarier
40 glücklichere Generationen emporwachsen
lassen wird. Der deutschen Arbeit aber werden solche deutsche Ackerbaukolonien
einen, von Jahr zu Jahr in Ausdehnung und
Kaufkraft wachsenden, neuen und festen
45 Absatzmarkt eröffnen und außerdem wird,
was mir als eine Hauptsache erscheint,
dadurch der Grund zu nationalen Tochter-
staaten jenseits der Meere gelegt.

Ernst von Weber, Die Erweiterung des deutschen
Wirtschaftsgebiets und die Grundlegung zu überseei-
schen deutschen Staaten, Leipzig 1879, S. 60 f., Zitiert
nach: Michael Fröhlich, a. a. O. S. 143 f.

M 6 „Die Ausbeutung einer fremden Bevölkerung in der höchsten Potenz"

Der SPD-Abgeordnete August Bebel opponiert im
Reichstag gegen koloniale Expansion (1889):
Im Grunde genommen ist das Wesen aller
Kolonialpolitik die Ausbeutung einer frem-
den Bevölkerung in der höchsten Potenz.
Wo immer wir die Geschichte der Kolonial-

M 7 „Spiegel"-Titelbild zur internationalen Umweltschutzkonferenz in Rio de
Janeiro, 1992

politik in den letzten drei Jahrhunderten   5
aufschlagen, überall begegnen wir Gewalt-
tätigkeiten und der Unterdrückung der
betreffenden Völkerschaften, die nicht selten schließlich mit deren vollständiger Aus-
rottung endet. Und das treibende Motiv ist   10
immer, Gold, Gold und wieder nur Gold zu
erwerben. Und um die Ausbeutung der afrikanischen Bevölkerung im vollen Umfange
und möglichst ungestört betreiben zu können, sollen aus den Taschen des Reichs, aus   15
den Taschen der Steuerzahler Millionen verwendet werden, soll die Ostafrikanische
Gesellschaft mit den Mitteln des Reichs
unterstützt werden, damit ihr das Ausbeute-
geschäft gesichert wird. Dass wir von unse-   20
rem Standpunkt aus als Gegner jeder Unterdrückung nicht die Hand dazu bieten, werden Sie begreifen. [...] Sitzen wir aber erst
einmal an den Fieberküsten Ostafrikas fest,
dann werden auch noch ganz andere Forde-   25
rungen an uns herantreten; dann wird es vor
allen Dingen heißen: nachdem wir einmal
so und so viel Gut und Blut für jene Lande
geopfert und aufgewendet haben, ist es ein
Gebot der nationalen Ehre, dieselben zu hal- 30

ten; was immer es kosten mag, wir müssen dafür eintreten. Dann wird in erster Linie notwendig, eine bedeutende Verstärkung der Flotte vorzunehmen …; es wird ferner not-
35 wendig, eine bedeutende Anzahl von Kolonialtruppen aus deutschen Reichsmitteln zu unterhalten. Es wird dann heißen: wir müssen uns derartig in unserer Marine rüsten, dass wir im Falle einer europäischen Krisis
40 nicht nur unsere heimatlichen Küsten, sondern auch unsere Kolonien in fremden Ländern ausreichend schützen … können.

So werden sie mit Ihrer Kolonialpolitik Schritt für Schritt weiter getrieben, ohne dass
45 Sie heute nur entfernt im Stande sind, zu wissen, welche Opfer Ihnen dadurch zugemutet werden. Aber dass dies geschehen wird, kann nach meiner Überzeugung gar keinem Zweifel unterliegen für jeden, der
50 irgendwie die Verhältnisse kennt und den Gang der Dinge beobachtet hat.

Stenographische Berichte, Bd. 105, S. 628 u. 630, zitiert nach Michael Fröhlich: a. a. O. S. 145 f.

5 Benennen und beurteilen Sie die in M4–6 angeführten Argumente für und gegen die Errichtung von Kolonien.

M 8 Imperialistische Ideologie

Das folgende Gedicht erschien, als die bis dahin antikolonialistischen USA nach ihrem Krieg gegen Spanien gerade Kuba, Puerto Rico und die Philippinen „geerbt" hatten und löste in den USA eine heftige Debatte zwischen „Imperialisten" und „Antiimperialisten" aus[1]. Bis heute ist „die Bürde des weißen Mannes" ein geflügeltes Wort geblieben.

Rudyard Kipling, Die Bürde des weißen Mannes (1899)

Ergreift die Bürde des Weißen Mannes – schicht die Besten aus, die ihr erzieht – bannt eure Söhne ins Exil, den Bedürfnissen eurer Gefangenen zu dienen;
5 *in schwerem Geschirre aufzuwarten verschreckten wilden Leuten – euren neugefangenen verdrossenen Völkern, halb Teufel und halb Kind. […]*

Ergreift die Bürde des Weißen Mannes – die wüsten Kriege des Friedens – 10
füllt den Mund des Hungers und gebietet der Krankheit Einhalt; und wenn euer Ziel ganz nah ist, das Ziel, das ihr für andere erstrebt habt, seht zu, wie Trägheit und heidnischer Wahn 15
all eure Hoffnung zunichte machen. […]

Ergreift die Bürde des Weißen Mannes – und erntet seinen alten Lohn: den Tadel derer, die ihr bessert, den Hass derer, die ihr hütet – 20
den Schrei der vielen, die ihr lockt (ah, so langsam!) hin zum Licht: „Warum habt ihr uns aus der Knechtschaft
[befreit, unserer geliebten ägyptischen Finsternis?" 25
[…]

Ergreift die Bürde des Weißen Mannes – macht Schluss mit den Tagen der Kindheit – dem leicht dargebotenen Lorbeer, dem mühelosen unangefochtenen Lob. 30
Nun kommt – eure Mannhaftigkeit zu suchen durch all die Jahre ohne Dank-, kalt-geschliffen von teuer erkaufter Weisheit das Urteil von Ebenbürtigen!

Rudyard Kipling, Die Ballade von Ost und West. Ausgewählte Gedichte, Zürich (Haffmans) 1992, S. 127–129.

1 Vergleiche dazu: Jim Zwick, „The White Man's Burden' and Its Critics.": http://www.boondocksnet.com/kipling/; Jim Zwick, ed., Anti-Imperialism in the United States, 1898–1935: http://www.boondocksnet.com/ail98-35.html

6 Aus welchen Gründen schaffen sich die Weißen – nach diesem Text – Kolonien?
7 Beschreiben und beurteilen Sie die Charakterisierung der Weißen und der Kolonialvölker.
8 Kiplings Gedicht ist bis heute umstritten: Ist es eine Aufforderung zu imperialistischer Ausbeutung oder zu selbstloser Entwicklungsarbeit? Urteilen Sie selbst!
9 Diskutieren Sie, inwieweit es auch heute noch die im Gedicht beschriebene Grundhaltung gibt und welche Probleme sich daraus ergeben (vgl. auch M7).

Weiterführende Arbeitsanregungen zur Industrialisierung um 1900

Museumsbesuch oder Exkursion

In allen Regionen Deutschlands gibt es Denkmäler zur Industrie- und Wirtschaftsgeschichte, z.B. alte Handwerksbetriebe, Hammerwerke, Fabriken und Industrieanlagen, Eisenbahnen, Bergwerke, Wasser-, Elektrizitäts- und Pumpwerke.

Zahlreiche örtliche Museen bewahren Werkzeuge oder ganze Werkstätten zum alten erloschenen Handwerk. Daneben gibt es große Spezialmuseen, z.B. zur Industriekultur, zu Verkehr und Post, sowie Freilichtmuseen, die die bäuerliche Lebenswelt und den Übergang zur Industrialisierung der Landwirtschaft dokumentieren. Es gibt auch Industriebetriebe, die eigene Museen unterhalten.

Bei Exkursionen und Museumsbesuchen hat man es mit der Unmittelbarkeit von Originalen zu tun, die deshalb eine besondere Anziehungskraft ausüben, weil sie von Menschen der Vergangenheit geschaffen und benutzt worden sind. Man kann sich historische Anlagen und Gebäude als Umfeld von Leben und Arbeiten vorstellen. Die Unmittelbarkeit dieser Erfahrung regt die Vorstellungskraft an und schärft den Blick und das Gespür für geschichtliche Sachverhalte.

Vorschläge zur Durchführung

Ermitteln Sie in Ihrer näheren Umgebung verschiedene Möglichkeiten für eine Exkursion/einen Museumsbesuch.

Bilden Sie arbeitsteilige Vorbereitungsgruppen, wenn Sie sich auf ein Ziel geeinigt haben. Folgende Aufgaben können von je einer Gruppe übernommen werden: Sammeln von Prospekten, Materialien, Bildern etc.; Präsentation von Kurzreferaten an markanten Stationen der Exkursion/des Museumsbesuchs; Erstellen eines Arbeits- oder Fragebogens für die Teilnehmer; Foto- oder Videodokumentation des Besuchs; Organisation der Fahrt (Bahn/Bus, Eintrittskarten, Organisation einer Führung, Kalkulation der Kosten).

Nachbereitung: Sammeln, Analysieren und Besprechen der Ergebnisse, Präsentation.

Buchtipp

Volker Rödel (Hg.), Reclams Führer zu den Denkmalen der Industrie und Technik in Deutschland,
   Band 1: Alte Länder, Stuttgart (Reclam) 1992.
   Band 2: Berlin/Neue Länder, Stuttgart (Reclam) 1998.
Harald Parigger (Hg.), Die Fundgrube für den Geschichtsunterricht. Das Nachschlagewerk für
   jeden Tag, Berlin (Cornelsen Scriptor) 1996, S. 315–325.

Internet

Auf der Internetseite www.cornelsen.de finden Sie unter „Teachweb-Sekundarstufe II" Materialien zum Fach Geschichte. Darüber hinaus gibt es Schwerpunkte zu aktuellen Themen.

M9 **Westfälisches Industriemuseum Dortmund-Böringhausen, Foto ca. 1996**

7 Mentalitäten und Kultur
in der industriellen Arbeitsgesellschaft

Die Entstehung der modernen Leistungs- und Arbeitsethik

Warum gelangen die einen Völker und Nationen zu Wohlstand und Reichtum, während andere in quälender Armut leben? Diese Frage beschäftigt bis heute zahlreiche Forscher und Politiker. Die einen nennen politische oder militärische Ursachen für den Aufstieg und Niedergang von Volkswirtschaften, andere bevorzugen Erklärungen, die die geografische Beschaffenheit eines Landes oder dessen Wirtschaftspolitik und das Verhalten der unterschiedlichen sozialen Schichten in den Vordergrund rücken. In seinem 1999 erschienenen Buch über „Wohlstand und Armut der Nationen. Warum die einen reich und die anderen arm sind" vertritt der amerikanische Wirtschaftshistoriker David S. Landes eine ganz andere Position, die der **Kultur** die herausragende Rolle in der Wirtschaftsgeschichte zuspricht. „Wenn wir aus der Geschichte der wirtschaftlichen Entwicklung etwas lernen", schreibt er, „dann dies: Kultur macht den entscheidenden Unterschied." Doch welche kulturellen Werte und Normen haben zunächst in Europa und dann in den USA den Durchbruch industriekapitalistischer Produktionsformen begünstigt? Auch auf diese Frage gibt Landes eine überraschende Antwort: „Den Kern der Sache bildet ... die **Schaffung eines neuen Menschen** – rational, ordentlich, fleißig, produktiv."

Bereits zu Beginn des 20. Jahrhunderts hat der deutsche Soziologe Max Weber eine ähnliche Position entwickelt, an die Landes anknüpfen konnte. In seinem berühmten Werk „Die protestantische Ethik und der Geist des Kapitalismus" aus dem Jahre 1905 vertrat Weber die Auffassung, dass der Kapitalismus in Europa nicht deswegen entstanden sei, weil hier günstige wirtschaftliche oder technologische Bedingungen bestanden hätten. Vielmehr habe es bestimmte geistig-religiöse Vorstellungen gegeben, die wissenschaftlich-technische und wirtschaftliche Neuerungen möglich machten. Die christliche Religion, besonders jedoch der puritanische Protestantismus, habe eine **Leistungs- und Arbeitsethik** hervorgebracht, die eine bis dahin kaum vorstellbare Entfesselung produktiver wissenschaftlicher, technischer und unternehmerischer Energien bewirkt habe. Auch die Ausrichtung des gesamten Berufslebens auf das Hier und Jetzt sowie das Bestreben zu rationalen Problemlösungen gehörten für Weber zu den entscheidenden Motiven, dass die Menschen ihre Umwelt bewusst und planmäßig durch Neuerungen und Arbeit ihren Bedürfnissen angepasst hätten.

Webers bleibendes Verdienst besteht vor allem darin, dass er die Aufmerksamkeit auf die Herausbildung der modernen Leistungs- und Arbeitsethik gelenkt hat. Nicht in allen Kulturen besitzen Arbeit und Leistungsstreben einen so hohen Stellenwert wie in den westlichen Industriegesellschaften. Arbeit ist für uns alle heute längst zur einzigen anerkannten Quelle und zum einzigen gültigen Maßstab für die Wertschätzung aller Tätigkeiten geworden. Und diese Bewertung von Arbeit lässt sich ohne eine genaue Analyse der kulturellen und besonders der religiösen Wurzeln nicht erklären.

Die Bedeutung von Bildung und Ausbildung

Ähnlich wie beim Übergang von der traditionalen Agrargesellschaft zur Industriegesellschaft erleben wir heute einen grundlegenden gesellschaftlichen Wandel: Verlor im 19. Jahrhundert die Landwirtschaft an Bedeutung, während der Industrie- und Dienstleistungssektor immer mehr Menschen Beschäftigung bot, so entwickelt sich die Gesellschaft im ausgehenden 20. und beginnenden 21. Jahrhundert immer mehr zu einer **Wissens- und Informationsgesellschaft**. Wissen, nicht Arbeit, wird zunehmend zur Quelle von sozialem Wohlstand. Gewinner dieser Entwicklung sind die so genannten wissensintensiven Arbeitsbereiche. An erster Stelle sind dabei die Daten verarbeitenden und biotechnologischen Berufe zu nennen, aber auch Tätigkeiten in den Bereichen Ausbildung, Beratung und Publizieren. Diese Veränderungen hat der amerikanische Sozialwissenschaftler Peter F. Drucker in seinem Buch „Die postkapitalistische Gesellschaft" eindringlich beschrieben: „Die grundlegende wirtschaftliche Ressource, mithin die ‚Produktionsmittel', werden nicht mehr das Kapital, werden nicht mehr die Naturschätze (der Boden, wie der Volkswirtschaftler sagt) oder ‚die Arbeit' sein. Es ist vielmehr heute und in Zukunft das Wissen. [...] Der Zuwachs entsteht heute aus der ‚Produktivität' und der ‚Innovation'. Beide bedeuten die Anwendung von Wissen auf Arbeit. Die führende gesellschaftliche Gruppe der Wissensgesellschaft werden die ‚Geistesarbeiter' stellen: Wissensführungskräfte, die in der Lage sind, sich produktiv einzusetzen, vergleichbar den Kapitalisten, die wussten, wie man Kapital produktiv einsetzt."

Aber waren nicht alle Gesellschaften in der Vergangenheit Wissens- und Informationsgesellschaften? Besonders die Industrialisierung ist ohne wissenschaftlich-technische Neuerungen, nationale Grenzen überschreitenden Informationsaustausch und gut ausgebildete Arbeiter und Angestellte nicht denkbar. Grundlage für die Erfindung der Dampfmaschine, für den Ausbau der Chemie- und Elektroindustrie oder die Entwicklung des Verbrennungsmotors und des Autos waren Bildung und Wissenschaft. Sicherlich verlangten und verlangen nicht alle Arbeiten in einem Industriebetrieb hohe handwerkliche Fertigkeiten. Doch sind diejenigen industriekapitalistischen Gesellschaften am erfolgreichsten gewesen, die eine hoch qualifizierte Arbeiterschaft hervorbrachten und ein diesen Erfordernissen entsprechendes **Schulsystem** durchsetzen konnten. Schon Max Weber wusste, dass schlecht oder gar nicht ausgebildete Fabrikarbeiter stärkeren Widerstand gegen den Industriekapitalismus entwickelten als gut ausgebildete Fachkräfte. Außerdem zeigt die Geschichte der Industrialisierung, dass gute Ausbildung und hohe Arbeitsleistung die Verdienstmöglichkeiten des Einzelnen und damit seine Leistungsbereitschaft erhöhen. Und auch das **Lernen von anderen Gesellschaften** wurde seit der Industrialisierung für alle Staaten zu einer notwendigen Bedingung im internationalen Konkurrenzkampf. Nur wer die besten Produkte zu einem erschwinglichen Preis anbot, konnte seine Waren im In- und Ausland absetzen.

Nicht vergessen werden darf dabei der Staat, der Schule und Universitäten so gestaltete, dass sie beste Leistungen im internationalen Maßstab vollbrachten. Das alles macht deutlich, dass eine gute Schul-, Berufs- und Universitätsausbildung, aber auch Wissenschaftler und Ingenieure, die neue Erkenntnisse und Patente entwickeln, wichtig für den Reichtum von Volkswirtschaften waren und sind. War die Industriegesellschaft des 19. Jahrhunderts in England oder Deutschland aber deswegen schon eine Wissensgesellschaft? Fragt man nach der Bedeutung des wissenschaftlich-technischen Fortschritts, so lassen sich diese Gesellschaften durchaus als moderne Wissensgesellschaften bezeichnen. Untersucht man jedoch die Struktur der Beschäftigten, dann sind erst die modernen Industriegesellschaften an der Wende vom 20. zum 21. Jahrhundert Wissens- und Informationsgesellschaften, in denen wissenschaftliche Fachkräfte nicht nur die Zukunft maßgeblich mitbestimmen, sondern auch einen hohen Anteil an den Beschäftigten in einer Volkswirtschaft einnehmen. So schätzt das Forschungsinstitut Prognos, dass im Jahre 2010 18 % aller Arbeitskräfte einen Hochschulabschluss haben werden. Sie dürften dann zahlenmäßig stärker sein als die Industriearbeiter, die in der Wissen beschaffenden und Wissen bewertenden Arbeitswelt der Zukunft kaum noch Arbeit finden.

Die Erfahrung der Zeit

Heute müssen wir unser Leben nach ganz anderen **Zeitvorstellungen** organisieren als die Menschen in vormodernen bzw. vorindustriellen Gesellschaften. In diesen Gesellschaften wurde menschliche Arbeit ausschließlich von den natürlichen Umweltbedingungen bestimmt. Das Leben des Einzelnen richtete sich dabei sehr stark nach den Jahreszeiten. Die

Zeit selbst war an die Bewegung von Planeten und Sternen, an Sternstunden, Erdentag, Mond-monat und Sonnenjahr gebunden. Die Erwartungen der Menschen waren in erster Linie den Traditionen verhaftet. Das Wissen und die Kunstfertigkeit wurden in den meisten Fällen ver-erbt und vom Vater an den Sohn, von der Mutter an die Tochter weitergegeben. Über viele Generationen hinweg herrschten die gleichen Produktionsprozesse vor und wurden selten in größerem Ausmaß verändert.

Das ist in modernen wissenschaftlich-technischen Zivilisationen ganz anders. Seit der Industriellen Revolution muss sich die Arbeit der Veränderung des Produktionsprozesses anpassen, wie sie von jeder Produktinnovation oder neuen wissenschaftlichen und techni-schen Entwicklungen vorgegeben wird. Aber auch das **Tempo menschlichen Lebens** hat sich radikal verändert: Zwar sind wir noch nicht so weit, dass wir den technologischen und wis-senschaftlichen Fortschritt nach Belieben steuern können, und werden es vermutlich nie sein, doch beschleunigt sich die Geschwindigkeit von Innovationen als Folge der neuen effiziente-ren Strukturen immer mehr. Jedes Innehalten bedeutet heute einen Rückschritt, jedes Zögern ein Verpassen von Möglichkeiten. Die Halbwertzeiten von Technologie und Wissen werden ständig und vielleicht unweigerlich kürzer und erfordern eine lebenslange kontinuierliche Fortbildung, um den Anforderungen der Wirtschaft von morgen gewachsen zu sein. Die alte Kalenderzeit wurde schließlich 1974 durch die Atomzeit abgelöst. Eine Sekunde wird seither nach Atomschwingungen gemessen und in eine Milliarde Nanosekunden unterteilt, die von Computern gezählt werden können.

Wie stark das Leben und Arbeiten der Menschen heute von Produktion und wissen-schaftlich-technischem Fortschritt geprägt wird, zeigte sich deutlich an dem so genannten **Jahr-2000-Problem**. Um Speicherplatz zu sparen, wurden in der Vergangenheit bei den meis-ten Computerprogrammen – aber auch bei Hardware-Bausteinen – Jahreszahlen nur mit zwei Ziffern eingeplant. Beim Übergang vom Jahr 1999 zum Jahr 2000, also von 99 auf 00, wussten die Elektronengehirne nicht mehr, ob es nun 2000 ist oder 1900. Um Komplikationen oder gar Katastrophen zu vermeiden, mussten die Computer also „umgestellt" werden. Dagegen hat-ten die Menschen, die den Durchbruch der modernen Industriezivilisation miterlebten, ganz andere Schwierigkeiten. Besonders die Fabrikarbeiter mussten sich daran gewöhnen, dass nicht mehr der Wechsel der Jahreszeiten ihr Leben und Arbeiten bestimmte, sondern Maschi-nen. Um die Arbeiter zu einer strikten Arbeitsdisziplin zu erziehen, verabschiedeten die Unter-nehmen strenge **Fabrikordnungen**, die dem Einzelnen kaum noch Spielräume zur eigenen Gestaltung ließen.

Die Rolle von Eigentum und Eigentumsrechten

Nach dem in den Jahren 1989/90 erfolgten Zusammenbruch der meisten kommunistischen Gesellschaften, die das **Recht auf Privateigentum** an Produktionsmitteln abgeschafft hatten, scheint heute deutlich, dass eine derart eingeschränkte Verfügung über Eigentum den Unter-nehmungsgeist lähmt und die wirtschaftliche wie gesellschaftliche Entwicklung hemmt. War-um sollte jemand Kapital oder Arbeit investieren, wenn er nicht sicher sein darf, dass ihm der Gewinn gehören wird?

Juristisch bedeutet Eigentum das umfassende Herrschaftsrecht an einer Sache. Eigentums-rechte verleihen dem Inhaber dieser Rechte die Möglichkeit, Güter (Land, Haus oder Maschi-nen) zu besitzen, zu nutzen oder zu verkaufen. Dieses Rechtsinstitut des Privateigentums spiel-te bei der Entstehung des Industriekapitalismus wie auch der bürgerlichen Gesellschaft eine herausragende Rolle. Bereits die Aufklärungsphilosophie hatte im Recht auf privates Eigentum eine wesentliche Bedingung menschlicher Freiheit gesehen. In der Erklärung der Menschen- und Bürgerrechte durch die französische Nationalversammlung vom 26. August 1789 wurde das Eigentum zum unverletzlichen und heiligen Recht erklärt. Das bürgerliche Gesetzbuch, der Code civil, den Napoleon 1804 einführte, definierte Eigentum als unbeschränkte und ausschließende Herrschaft einer Person über eine Sache. Dieser Begriff, der das ältere Rechtsdenken des geteilten und durch Rechte anderer eingeschränkten Eigentums ausschloss, ging in alle Zivilrechtsgesetzbücher des 19. und 20. Jahrhunderts ein. Besondere Bedeutung erlangte die private Verfügungsgewalt über Eigentum für den politischen **Liberalismus**. Keine andere politische Bewegung hat in der Vergangenheit so sehr darum gekämpft, dass die Garantie des Eigentums in den Verfassungen verankert wurde.

Auch das **Grundgesetz der Bundesrepublik Deutschland** schützt in Artikel 14 das Eigentum: „Das Eigentum und das Erbrecht werden gewährleistet." Allerdings betont Artikel 14 Absatz 2 ausdrücklich die Sozialbindung des Eigentums: „Eigentum verpflichtet. Sein Gebrauch soll zugleich dem Wohle der Allgemeinheit dienen."

Die Industriegesellschaft – eine Massengesellschaft?

Wir leben heute in einer so genannten **Massengesellschaft**. Darunter verstehen die Sozialwissenschaftler eine Gesellschaft, die die breiten unteren Volksschichten nicht nur in die politische Willensbildung einbezieht, sondern auch viele Möglichkeiten des Konsums und der Teilhabe am kulturellen Leben sowie der eigenen wirtschaftlichen und sozialen Interessenvertretung eröffnet. Diese Teilhabe der Gesellschaft an politischen Entscheidungen sowie an Wohlstand und Kultur ist das Ergebnis der Industrialisierung. Waren z. B. Reisen oder Freizeit in der vorindustriellen Welt das Vorrecht einiger weniger Menschen, verbringen heute viele Menschen ihren Urlaub in fernen Regionen.

Kulturkritiker haben jedoch schon im ausgehenden 19., besonders aber im 20. Jahrhundert, darauf hingewiesen, dass die Massengesellschaft auch negative Züge trage. Mit Schlagworten wie „Vermassung", „Aufstand der Massen" oder „Asphaltkultur" warnten sie vor dem Verschwinden des selbstbestimmten Individuums bzw. vor dessen Aufgehen in Massenkollektiven. Bis heute wirkt diese Kulturkritik insoweit nach, als der Begriff Massengesellschaft überwiegend negativ besetzt ist. In der Wissenschaft hat sich allerdings ein neutraler Gebrauch des Begriffs durchgesetzt, der unter Vermassung die schichtübergreifende Verbreitung der Errungenschaften der Moderne versteht. Nur als Massenprodukt ist z. B. das Auto für die Allgemeinheit erschwinglich und erhöht damit die Mobilität in der modernen Gesellschaft, wird durch die massenhafte Nutzung aber auch zu einem globalen Problem.

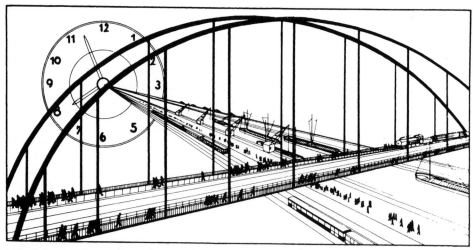

M1 **Oskar Nerlinger, Straßen der Arbeit, 1923**

Hinweise zur Arbeit mit den Materialien

Die moderne Industriegesellschaft ist eine Leistungs-, Arbeits- und Berufsgesellschaft. Über ihre Entstehung gibt es unter Historikern gegensätzliche Auffassungen: Gaben wirtschaftliche, politische und gesellschaftliche Zwänge oder kulturelle Entwicklungen den Ausschlag? Nachdem in den Kapiteln 3 bis 6 die sozioökonomischen Aspekte der Industrialisierungsgeschichte angesprochen wurden, legen die folgenden Quellen den Schwerpunkt auf Kultur und Mentalitäten. M2 bis 5 beschäftigen sich mit der Herausbildung des modernen Arbeits- und Leistungsdenkens. Bei der Bearbeitung dieser Materialien kann man einmal von der Gegenwart (M5) ausgehen und dann nach den historischen Ursprüngen fragen. Es ist aber auch der umgekehrte Weg möglich, der bei den berühmten Thesen Max Webers (M2) und der von ihnen ausgelösten Debatte (M3) ansetzt und danach erst nach den Einstellungen in der heutigen Zeit fragt (M5).

Die Quellentexte M6 bis 8 geben Auskunft über den Stellenwert von Bildung und Ausbildung in der Geschichte der Industrialisierung. Sie enthalten mit der Erklärung des preußischen Königs Friedrich Wilhelm III. eine zeitgenössische Erklärung über die Bedeutung von Volksbildung und Schule (M6, 7), die mit Hilfe der geschichtswissenschaftlichen Untersuchung des Historikers Gordon A. Craig (M8) überprüft und ergänzt werden kann.

Mit der Industrialisierung verändert sich die Zeiterfahrung der Menschen grundlegend. M1 und M9 bis 10 dokumentieren die verschiedenen Gesichtspunkte der Entwicklung des modernen Zeitverständnisses.

Die Entstehung und Entwicklung der modernen Massengesellschaft wird in M1, 12, 13 unter verschiedenen Aspekten beleuchtet. Die Texte M12a und b bieten die Möglichkeit, die Massengesellschaft und -kultur im ausgehenden 19. und beginnenden 20. Jahrhundert aus gegensätzlichen Blickwinkeln zu betrachten: Bot der Durchbruch der Massengesellschaft für viele größere Chancen oder überwogen die Risiken?

Die Herausbildung und Entwicklung des modernen Eigentumsbegriffs wird in M11 dargestellt. Zur Ergänzung und Vertiefung werden auf den Themenseiten (S. 80) weitere Materialien bereitgestellt, die aus philosophischer und besonders aus theologischer Sicht unterschiedliche Einstellungen zu Eigentum und Reichtum aufzeigen und zum fächerübergreifenden Unterricht anregen sollen.

M2 Der Soziologe Max Weber über asketischen Protestantismus und kapitalistischen Geist, 1904/05

Das sittlich wirklich Verwerfliche ist nämlich das Ausruhen auf dem Besitz, der Genuss des Reichtums mit seiner Konsequenz von Müßigkeit und Fleischeslust, vor
5 allem von Ablenkung von dem Streben nach „heiligem" Leben. Und nur weil der Besitz die Gefahr dieses Ausruhens mit sich bringt, ist er bedenklich. Denn die „ewige Ruhe der Heiligen" liegt im Jenseits, auf Erden aber
10 muss auch der Mensch, um seines Gnadenstandes sicher zu werden, „wirken die Werke dessen, der ihn gesandt hat, solange es Tag ist".

Nicht Muße und Genuss, sondern nur
15 Handeln dient nach dem unzweideutig geoffenbarten Willen Gottes zur Mehrung seines Ruhms. Zeitvergeudung ist also die erste und prinzipiell schwerste aller Sünden. Die Zeitspanne des Lebens ist unendlich kurz und kostbar, um die eigene Berufung „fest- 20 zumachen". Zeitverlust durch Geselligkeit, „faules Gerede", Luxus, selbst durch mehr als der Gesundheit nötigen Schlaf – 6 bis höchstens 8 Stunden – ist sittlich absolut verwerflich. Es heißt noch nicht wie bei Benjamin 25 Franklin: „Zeit ist Geld", aber der Satz gilt gewissermaßen im spirituellen Sinn: Sie ist unendlich wertvoll, weil jede verlorene Stunde der Arbeit im Dienst des Ruhmes Gottes entzogen ist. [...] 30

Die Arbeit ist zunächst das alterprobte asketische Mittel, als welches sie in der Kirche des Abendlandes, in scharfem Gegensatz nicht nur gegen den Orient, sondern

35 gegen fast alle Mönchsregeln der ganzen
Welt, von jeher geschätzt war. [...]

Aber die Arbeit ist darüber hinaus, und
vor allem, von Gott vorgeschriebener Selbst-
zweck des Lebens überhaupt. Der paulini-
40 sche Satz: „Wer nicht arbeitet, soll nicht
essen" gilt bedingungslos und für jeder-
mann. Die Arbeitsunlust ist Symptom fehlenden Gnadenstandes. [...]

Auch nach der Quäkerethik[1] soll das
45 Berufsleben des Menschen eine konsequente
asketische Tugendübung, eine Bewährung
seines Gnadenstandes an seiner Gewissen-
haftigkeit sein, die in der Sorgfalt und
Methode, mit welcher er seinem Beruf nach-
50 geht, sich auswirkt. Nicht Arbeit an sich,
sondern rationale Berufsarbeit ist eben das
von Gott Verlangte. Auf diesem methodi-
schen Charakter der Berufsaskese liegt bei
der puritanischen Berufsidee stets der Nach-
55 druck, nicht, wie bei Luther, auf dem Sichbe-
scheiden mit dem einmal von Gott zugemes-
senen Los. Daher wird nicht nur die Frage,
ob jemand mehrere Callings[2] kombinieren
dürfe, unbedingt bejaht – wenn es für das all-
60 gemeine Wohl oder das eigene zuträglich
und niemandem sonst abträglich ist und
wenn es nicht dazu führt, dass man in einem
der kombinierten Berufe ungewissenhaft
(„unfaithful") wird. Sondern es wird auch
65 der Wechsel des Berufs als keineswegs an sich
verwerflich angesehen, wenn er nicht leicht-
fertig, sondern um einen Gott wohlgefälli-
geren, und das heißt dem allgemeinen Prinzip
entsprechend: nützlicheren Beruf zu ergrei-
70 fen, erfolgt. Und vor allem: Die Nützlichkeit
eines Berufs und seine entsprechende Gott-
wohlgefälligkeit richtet sich zwar in erster
Linie nach sittlichen und demnächst nach
Maßstäben der Wichtigkeit der darin zu pro-
75 duzierenden Güter für die „Gesamtheit",
aber alsdann folgt als dritter und natürlich
praktisch wichtigster Gesichtspunkt: die pri-
vatwirtschaftliche „Profitlichkeit". Denn
wenn jener Gott, den der Puritaner in allen
80 Fügungen des Lebens wirksam sieht, einem
der Seinigen eine Gewinnchance zeigt, so
hat er seine Absichten dabei. Und mithin hat
der gläubige Christ diesem Rufe zu folgen,
indem er sie sich zu Nutze macht. „Wenn
85 Gott Euch einen Weg zeigt, auf dem ihr ohne
Schaden für eure Seele oder für andere in
gesetzmäßiger Weise mehr gewinnen könnt
als auf einem anderen Wege und ihr dies
zurückweist und den minder gewinnbrin-
90 genden Weg verfolgt, dann kreuzt ihr einen
der Zwecke eurer Berufung (calling). Ihr weigert euch, Gottes Verwalter (steward) zu sein
und seine Gaben anzunehmen, um sie für
ihn gebrauchen zu können, wenn er es ver-
95 langen sollte. Nicht freilich für Zwecke der
Fleischeslust und Sünde, wohl aber für Gott
dürft ihr arbeiten, um reich zu sein."[3] Der
Reichtum ist eben nur als Versuchung zu
faulem Ausruhen und sündlichem Lebensge-
100 nuss bedenklich und das Streben danach nur
dann, wenn es geschieht, um später sorglos
und lustig leben zu können. Als Ausübung
der Berufspflicht aber ist es sittlich nicht nur
gestattet, sondern geradezu geboten. Das
105 Gleichnis von jenem Knecht, der verworfen
wurde, weil er mit dem ihm anvertrauten
Pfunde nicht gewuchert hatte, schien das ja
auch direkt anzusprechen.

Max Weber, Asketischer Protestantismus und kapitali-
stischer Geist, in: Gesammelte Aufsätze zur Religions-
soziologie, Tübingen 1972, zitiert nach: Geschichte,
Politik und Gesellschaft 1, Berlin (Cornelsen/ Hirsch-
graben) 1988, S. 179.

1 *Quäker: Anhänger einer mystisch-spiritualisti-*
schen, antikirchlichen und pazifistischen christlichen
Bewegung, die in England in der Mitte des 17. Jahr-
hunderts entstanden ist.
2 *Berufung, Beruf*
3 *Zitat aus der moraltheologischen Schrift des puri-*
tanischen Theologen Richard Baxter aus dem 17. Jahr-
hundert.

M 3 Max Webers Thesen aus heutiger Sicht

Der Historiker David S. Landes über die
Bedeutung der protestantischen Ethik für die
Entstehung einer modernen Arbeits- und
Leistungsethik, 1999:
In einer einflussreichen Untersuchung mit
dem Titel *Religion und Frühkapitalismus* hat
der englische Sozialhistoriker R. H. Tawney
den Zusammenhang zwischen Protestantismus und Wirtschaftswachstum in Abrede
5 gestellt. Der Aufschwung der englischen
Ökonomie im 17. Jahrhundert, so seine
These, habe erst begonnen, als der Einfluss
der Religion geschwunden und weltlicheren
Einstellungen gewichen sei. Ein Verdienst
10

gestand er der Ethik der Puritaner und Dissenter[1] allerdings zu: Sie habe die Kaufleute und Fabrikanten gegen alle aristokratische Verachtung immun gemacht und vor den Fallstricken des Sozialneids bewahrt. [...]

Die gleiche Art von Kontroverse hat sich an der These des Soziologen Robert K. Merton entzündet, die an die Weberschen Überlegungen anschließt und besagt, dass es eine Verbindung zwischen dem Protestantismus und der Entstehung der modernen Naturwissenschaften gebe. Merton war nicht der Erste, der diese Ansicht vertrat. Im 19. Jahrhundert stellte Alphonse de Candolle, Spross einer Genfer Hugenottenfamilie, fest, dass von den zweiundneunzig Ausländern, die zwischen 1666 und 1866 in die Französische Akademie der Wissenschaften aufgenommen worden waren, nicht weniger als einundsiebzig den protestantischen Konfessionen und nur sechzehn der katholischen angehört hatten, während es sich bei den restlichen fünf um Juden oder Personen unbestimmter Religionszugehörigkeit handelte – und dies bei einem Populationsfundus außerhalb Frankreichs, der 107 Millionen Katholiken und nur 68 Millionen Protestanten umfasste. [...]

Zu einem großen Teil dürfte sich in diesen Zahlen die Tatsache widerspiegeln, dass in den katholischen Ländern Katholiken leichteren Zugang zu den älteren akademischen Berufen und zum Staatsdienst hatten und deshalb eine andere Art von Ausbildung bevorzugten. Aber einen gewichtigen Einfluss hatten auch die Befürchtungen der Geistlichkeit, ihre Abneigung gegen die Befunde und maßgebenden Modelle einer Wissenschaft, die der religiösen Lehre widersprach. [...]

Tatsächlich kann man sagen, dass die Mehrzahl der heutigen Historiker Webers These für nicht überzeugend und nicht akzeptabel erklären würde; sie habe ihren Triumph gehabt und sei mittlerweile überholt.

Dem kann ich nicht zustimmen. Nicht auf Basis einer Empirie, die zeigt, dass protestantische Kaufleute und Fabrikanten eine führende Rolle im Handel, im Bankwesen und in der Güterfertigung spielten. In den manufakturellen Zentren (fabriques) Frankreichs und des westlichen Deutschlands waren normalerweise Protestanten die Arbeitgeber, Katholiken die Arbeitnehmer. In der Schweiz bildeten die protestantischen Kantone die Zentren der exportorientierten Manufaktur (Uhren, Maschinen, Textilien), während die katholischen Kantone primär landwirtschaftlich tätig waren. In England, das zum Ende des 16. Jahrhunderts überwiegend protestantisch war, spielten die Dissenter (sprich: die Kalvinisten) in den Fabriken und Hammerwerken der anbrechenden Industriellen Revolution eine unverhältnismäßig aktive und wichtige Rolle.

Und auch aus theoretischer Sicht kann ich nicht zustimmen. Den Kern der Sache bildete in der Tat die Schaffung eines neuen Menschen – rational, ordentlich, fleißig, produktiv. Diese Eigenschaften waren zwar nicht neu, aber verbreitet waren sie auch nicht. Der Protestantismus ließ sie unter seinen Anhängern zum Gemeingut werden; diese beurteilten einander nach Maßgabe jener Normen. [...]

Zwei Eigentümlichkeiten des Protestantismus spiegeln diesen Zusammenhang wider und bekräftigen ihn. Das eine ist das besondere Gewicht, das auf Erziehung und schriftkulturelle Bildung gelegt wurde, bei Mädchen wie bei Jungen. Dabei handelte es sich um ein Nebenprodukt der Bibellektüre. Von guten Protestanten wurde erwartet, dass sie im stillen Kämmerlein die Heilige Schrift lasen. Demgegenüber erhielten die Katholiken zwar Religionsunterricht, mussten aber nicht lesen können und wurden sogar ausdrücklich von der Bibellektüre abgehalten. Das Ergebnis waren eine stärker verbreitete Schriftkultur und ein größerer Fundus von Anwärtern auf höhere Bildung; hinzu kam eine ausgeprägtere Kontinuität bei der Weitergabe der Schriftkultur von einer Generation zur anderen. Mütter, die schreiben und lesen können, machen viel aus.

Das Zweite war die Bedeutung, die der Zeit beigemessen wurde. Hierfür haben wir empirische Beweise, die der Soziologe als unspektakulär bezeichnen würde: die Fertigung und der Vertrieb von Uhren und Taschenuhren. Selbst in katholischen Gebieten wie Frankreich und Bayern waren die meisten Uhrmacher Protestanten und die Verwendung dieser Zeitmessinstrumente

115 sowie ihre Verbreitung in ländlichen Gebieten waren in Großbritannien und Holland
weiter fortgeschritten als in katholischen
Ländern. Nichts bezeugt so deutlich die
Urbanisierung der ländlichen Gesellschaft
120 wie der Sinn für die Zeit, nebst allem, was an
rasch sich ausbreitenden Wertvorstellungen
und Vorlieben dazugehört.

*David S. Landes, Wohlstand und Armut der Nationen.
Warum die einen reich und die anderen arm sind,
Berlin (Siedler) 1999, S. 194–197.*

1   *Kalvinisten*

M4 „Bankiers" von Marinus van Reymers-
waele, Gemälde 16. Jh.

1 Erläutern Sie anhand von M2, M3 den Zusammenhang von Religion und Kapitalismus.
a) Fassen Sie die Thesen Max Webers zusammen (M2).
b) Beschreiben Sie die Funktion, die Weber der
„innerweltlichen Askese" in Hinblick auf die
Industrialisierung zuschreibt.
c) Nennen Sie die Argumente, die für und
gegen die Thesen Webers sprechen (M3).
d) Formulieren und begründen Sie Ihre eigene
Position.
e) Setzen Sie M4 dazu in Bezug.

**M5 Der Philosoph Konrad Paul Liessmann
über den Stellenwert der Arbeit in der
Gegenwart, 2000**

Den Begriff der Arbeit zu reflektieren: Dazu
nötigt nicht zuletzt eine paradoxe Erfahrung
der Gegenwart, die sich zu zwei einander
widersprechenden Thesen verdichten lässt:
Die erste These, die mittlerweile fast alle   5
Erörterungen zur Erwerbsarbeit grundiert
oder begleitet, lautet: Die Arbeit wird immer
weniger. Die zweite These, die dieser gegenü-
bergestellt werden kann, lässt sich schlicht
wie folgt formulieren: Wir alle arbeiten   10
immer mehr. Dieser Widerspruch und die
Varianten seiner Auflösung führen in das
Zentrum jener Fragestellung, der im Folgenden nachgegangen werden soll: Was heißt
es, unter den Bedingungen der Gegenwart,   15
den Menschen als animal laborans, als arbei-
tendes Tier, zu bestimmen?
    Dass die Arbeit immer weniger wird,
drückt sich in den Statistiken zur Arbeitslosigkeit aus. Die Zahl der Arbeitslosen in der   20
Europäischen Union tendiert gegen 20 Millionen, und es herrscht wohl zumindest
theoretisch Einigkeit darüber, dass eine solche Zahl von Arbeitslosen, die womöglich
noch im Ansteigen begriffen ist, mittelfris-   25
tig das gesellschaftliche Gefüge der Union
zerstören könnte. Gleichzeitig, und dies verschärft das Problem, muss man davon ausgehen, dass dieser hohe Grad an Arbeitslosigkeit nicht nur das Resultat einer falschen   30
und unglücklichen oder zu langsamen oder
von einer Verdrängung und Nichtwahrneh-
mung der Realität gekennzeichneten sozialen und ökonomischen Politik ist, sondern
dass sich in der Tat dahinter ein Prozess ver-   35
birgt, der sich durch die immer wieder be-
schworenen drei Faktoren bezeichnen lässt:
rasant wachsende Produktivität; Technologi-
sierung, Mechanisierung, Digitalisierung
sowie eine Internationalisierung und Globa-   40
lisierung, die sich nicht zuletzt durch die
Verfügbarkeit von ungeheuren Reserven billiger Arbeitskräfte am Weltmarkt bemerkbar
macht. In diesem Sinn wird die Arbeit, vor
allem die traditionelle Industriearbeit, in der   45
Tat denkbar knapp. [...]
    Jetzt zur zweiten These: Alle arbeiten
immer mehr. Die Arbeit wird tatsächlich

immer mehr, weil sie selbst ein universeller
50 Ausdruck für Lebenstätigkeit geworden ist.
Dazu einige Beispiele: Wer immer für seine
Tätigkeiten Geld bekommt, auch wenn er
nicht unmittelbar produktiv tätig ist, arbeitet selbstverständlich. Ob jemand als Politi-
55 ker Menschen beherrscht – falls dies überhaupt noch als Aufgabe der Politik begriffen
wird – oder ob jemand als Künstler sich
selbst verwirklicht, ob man als Philosoph
mit seinen Interpretationen die Welt behel-
60 ligt oder so nebenbei für ein kleines Entgelt
das Heim seiner Freunde renoviert: man
arbeitet; aber auch wer unbezahlt tätig ist,
wer zu Hause kocht und putzt, leistet selbstverständlich Hausarbeit; wer mit seinem
65 Partner die Frage erörtert, ob als sexuelles
Stimulans die erotische Literatur der Jahrhundertwende dem Video vorzuziehen sei,
leistet Beziehungsarbeit; wer seine Kinder in
Zeiten der Digitalisierung trotz allem noch
70 zum Lesen animieren will, leistet, wenn
auch wahrscheinlich vergeblich, Erziehungs-
arbeit; wer seine Großmutter, anstatt sie ins
Altersheim abzuschieben, bei sich behält,
leistet Betreuungsarbeit; [...] und wer nur in
75 den Urlaub fährt, leistet immerhin noch
Erholungsarbeit mit entsprechendem Frei-
zeitstress. Was immer wir tun, wir scheinen,
bis in den Schlaf hinein, zu arbeiten. Oder
anders gesagt: Erst wenn es uns gelingt,
80 unsere unterschiedlichsten Tätigkeiten des
Lebens vor uns und vor den anderen als
Arbeit zu klassifizieren, scheinen wir etwas
Wertvolles und Sinnvolles zu tun.

Konrad Paul Liessmann, Im Schweiße deines Ange-
sichtes. Zum Begriff der Arbeit in den anthropologi-
schen Konzepten der Moderne, in: Ulrich Beck (Hg.),
Die Zukunft von Arbeit und Demokratie,
Frankfurt/M. (Suhrkamp) 2000, S. 85–87.

2 Erläutern Sie die These in M5, dass die Arbeit
einerseits immer weniger werde, andererseits
die Menschen immer mehr arbeiteten.
3 In seinem Aufsatz schreibt der Philosoph
Liessmann weiter: „Die Arbeit [...] wird also
deshalb immer mehr, weil wir fast alle unsere
Lebenstätigkeiten zunehmend als Arbeit klassifizieren lassen müssen. Denn die Arbeit ist
längst zur einzigen relevanten Quelle und zum
einzigen gültigen Maßstab für die Wertschätzung unserer Tätigkeiten geworden." Diskutieren Sie diese These mit Hilfe des Textes M5.

M 6 Friedrich Wilhelm III., König von Preußen, über Volksbildung und Schule, um 1840

Meine Meinung ist die: Jeder Mensch, ohne
Ausnahme, hat in jedem Stande als Mensch
eine zweifache Bestimmung: eine für den
Himmel, die Ewigkeit; die andere für die
Erde, seinen irdischen Beruf. [...] Die Perfec- 5
tibilität der menschlichen Natur ist mir das
Höchste in ihr und der klarste Beweis, dass
sie von Gott ist und, von ihm angezogen,
wieder zu ihm will und soll. [...] In dieser
Hinsicht kann in Schulen und Kirchen, und 10
durch sie, nie zu viel, nie genug geschehen.
Hier zu wecken, anzuregen und zu fördern,
wie und wo es nur geschehen kann, ist Verdienst. Alle Schulmänner und Geistlichen,
die in dieser reinen Sphäre etwas geleistet, 15
habe ich darum gern und mehr wie früher
geschehen ausgezeichnet.

So weit ist alles schön und gut. Aber in
dem andern Punkte, den irdischen Beruf
betreffend, da bin ich anderer Meinung und 20
muss widersprechen. Die irdische Bestimmung des Menschen gestaltet sich nach der
Lage, in welcher er geboren ist, nach den
Verhältnissen, in welchen er sich befindet,
nach den Anlagen und Fähigkeiten, die ihm 25
verliehen sind, und nach den Neigungen, in
welchen er einen bestimmten Beruf wählt.
Für diesen Beruf soll und muss er geweckt,
belehrt und gebildet werden, sodass er alle
Kenntnisse und technischen Fertigkeiten 30
besitze und (ich habe hier vorzüglich die
mittlere und untere Volksklasse im Auge)
sei es als Kaufmann, als Fabrikant, als Handwerker, als Ökonom, als Bauer, als Tagelöhner, als Knecht, (ein jeder auf seiner 35
Stufe) das wisse, was er wissen muss, um
seines Berufes froh und andern nützlich
werden zu können.

Man erzeigt aber ihm und der menschlichen Gesellschaft keine Wohltat, wenn 40
man über die Grenzen seines Standes und
Berufes hinaus ihn belehrt und ihm Kenntnisse beibringt, die er nicht braucht, und Ansprüche und Bedürfnisse anregt und weckt,
welche zu befriedigen seine Lage nicht 45
gestattet. Alles kann der Mensch doch nicht
lernen, dazu ist des Wissenswürdigen zu viel,
und das Leben zu kurz. [...] Das Wissen über

M 7 **Schulkinder beim „Pausenturnen" auf dem Schulhof, Fotografie um 1912**

die Grenzen des Standes und Berufes hinaus
50 macht vorlaut, anmaßend, räsoniersüchtig.
Es führt auf den unglücklichen Standpunkt
der Vergleichung und macht, geweckt vom
Gefühl gleicher Menschenrechte, unbillig im
Urteil und missvergnügt in der Stimmung.
55 [...] Man vermisst, was man nicht hat, und
genießt nicht, was man hat. Keine Ordnung
in der Welt kann bestehen ohne Unterord-
nung; [...]
Bei der immer herrschender werdenden
60 Neigung zum sinnlichen Lebensgenusse und
der daraus notwendig hervorgehenden,
immer größer werdenden Armut, fermen-
tiert zugleich ein Gärungsstoff von unten
herauf, der hier und da schon eine drohende
65 Gestalt bekommt und dessen Explosion ich
nicht erleben mag.
Ist das Gefühl gleicher Menschenrechte
geweckt, muss da nicht in gleichem Maße
auch die Kraft geweckt und ausgebildet
70 werden, die wie die Rechte, so auch die
Pflichten heiligt? Geschieht jenes, aber dieses nicht, was wird da das Resultat sein? Die
größte Gefahr unserer Zeit ist der mit der
Intelligenz wachsende Pauperismus.
75 Die Kultur der Intelligenz nach allen Richtungen durch Volksschulen ist nicht zu
tadeln; aber sie darf nicht das höchste, nicht
das letzte Ziel sein. Auf Tüchtigkeit im Beru-

fe, Charakter und Leben, darauf, und darauf
allein, kommt zuletzt alles an. 80

Zitiert nach: Berthold Michael/Heinz-Hermann
Schepp, Die Schule in Staat und Gesellschaft. Doku-
mente zur deutschen Schulgeschichte im 19. und
20. Jahrhundert, Göttingen u. Zürich (Muster-Schmidt
Verlag) 1993, S. 132–135.

4 Fassen Sie die Ansichten Friedrich Wil-
helms III. zur Bildung zusammen (M6). Welche
Widersprüche werden deutlich? Ermitteln Sie
die Kategorien seines Denkens, die ihn zu diesen Ansichten führen.

M 8 **Der Historiker Gordon A. Craig über**
das deutsche Schulwesen im 19. Jahrhun-
dert, 1980

Eines der Dinge, die Ausländer beim Besuch
deutscher Länder im letzten Drittel des
19. Jahrhunderts am meisten beeindruckten,
war ihr, wie es schien, ausgezeichnetes
Volksschulsystem; [...] Der Nachdruck, mit 5
dem in diesen Volksschulen die Vermittlung
grundlegender Fertigkeiten betrieben wurde,
sorgte dafür, dass nach 1830 fast alle Deutschen lesen und schreiben konnten; und am
Ende des Jahrhunderts betrug die Analpha- 10
betenrate unter Armeerekruten nur noch
0,05 Prozent.

Es bestand zweifellos ein Zusammenhang zwischen diesem vergleichsweise hohen Bil-
15 dungsstand und dem bemerkenswerten Wachstum der deutschen Industrie nach 1871, denn die moderne Industrie benötigte in weiten Bereichen Bedienungspersonal und Angestellte, die lesen konnten; ironi-
20 scherweise entwickelten viele Fabrikbesitzer, die von dieser Fähigkeit ihrer Arbeiter profi-tierten, im Lauf der Jahre eine Abneigung gegen sie, da sie ebenso leicht auf die Lektüre sozialistischer Literatur verwendet werden
25 konnte wie auf das Durchlesen von Zeit-tabellen und Arbeitsanweisungen. Diese furchtsamen Unternehmer waren freilich nicht die einzigen Kritiker der Weiterent-wicklung des elementaren Bildungswesens.
30 Die Grundbesitzer im Osten beklagten sich, dass die Schulbildung die Landarbeiter dazu verführe, die Scholle zu verlassen und sich eine einträgliche Arbeit in der Stadt zu suchen; liberale Mittelständler, die früher
35 Lippenbekenntnisse zu einer Verbreitung der Bildungsbasis abgelegt hatten, begannen sich nun ängstlich zu fragen, ob ihre Ergeb-nisse nicht die bestehende Ordnung unter-graben könnten; und mancher viel gelesene
40 Publizist vertrat die Ansicht, die betonte För-derung der Volksbildung sei gefährlich, weil sie zwangsläufig zu einer Verminderung der Qualität der deutschen Bildung im Allgemei-nen führen müsse. [...]
45 Was immer man von den Befürchtungen der Kapitalisten und der Junker[1] halten mag, ohne Zweifel war der Gedanke, das Volksbil-dungssystem stelle eine potenzielle Bedro-hung für die gesellschaftliche und intellektu-
50 elle Hierarchie Deutschlands dar, eine ans Wahnhafte grenzende Übertreibung. In Wahrheit war dieses System eine der Haupt-stützen der bestehenden Ordnung. Seit 1815 waren die preußischen Schulen (und was in
55 diesem Zusammenhang über Preußen gesagt wird, traf im Allgemeinen auch für die ande-ren deutschen Staaten zu) ausnahmslos von Männern mit streng konservativen Ansich-ten in Bezug auf die Bildungsbedürfnisse
60 und -rechte der Massen geleitet worden. [...] 1854 erließ der Kultusminister von Raumer Anweisungen, die bis 1872 in Kraft bleiben sollten und den Lehrern deutlich zu verste-hen gaben, dass es ihre Aufgabe war, ihren

Schützlingen Disziplin, Ordnung und 65 Gehorsam gegenüber der Obrigkeit beizu-bringen. [...]

Während der Vorherrschaft der National-liberalen in den Siebzigerjahren versuchte der preußische Kultusminister Adalbert Falk 70 den Lehrplan durch die Einführung der Fä-cher Geschichte, Geografie, Naturwissen-schaft und Geometrie zu erweitern und ein wenig vom sturen Paukunterricht wegzu-kommen. Diese Reformen waren lobens- 75 wert, aber es ist gerade in Anbetracht ihres liberalen Ursprungs eine Ironie, dass sie der Regierung neue Möglichkeiten in die Hand gaben, ihre Untertanen zur Gefügigkeit gegenüber dem Status quo zu zwingen. 1889 80 erklärte Wilhelm II., er mache sich schon länger Gedanken darüber, ob sich die Schule nicht in verschiedener Beziehung zum Kampf gegen die Sozialdemokratie nutzbar machen ließe. [...] 85

Noch wichtiger war der Umstand, dass die bloße Organisationsstruktur des deutschen Schulsystems als Hemmschuh für die soziale Mobilität wirkte und zur Betonierung des bestehenden gesellschaftlichen Systems 90 tendierte. [...]

Die große Masse der Schüler wurde durch eine Anzahl von Faktoren daran gehindert, den höheren Bildungsweg einzuschlagen. Wenn ein Volksschüler nicht nach der vier- 95 ten Klasse auf eine höhere Schule überwech-selte, war es ihm praktisch unmöglich, jemals eine universitäre oder eine höhere technische Ausbildung zu erlangen; war die-ser Augenblick erst einmal verpasst, dann 100 gewannen die Schüler der höheren Schule so schnell einen Wissensvorsprung in den Fremdsprachen und in anderen Fächern, die an der Volksschule nicht gelehrt wurden, dass ein späterer Übergang, selbst wenn er 105 gestattet gewesen wäre, nicht mehr sinnvoll war. Das Überwechseln zum richtigen Zeit-punkt wurde jedoch den meisten Kindern schwer gemacht. Die Lehrer förderten es nur selten, denn sie hatten selbst in der Regel 110 keine höheren Schulen, sondern lediglich eine normale Schul- bzw. Berufsausbildung absolviert und neigten nicht dazu, etwaige Bildungsambitionen ihrer Schüler zu unter-stützen; [...] Dazu kam, dass die finanzielle 115 Belastung abschreckend wirkte. Die Kosten

77

für eine abgeschlossene höhere Schulbildung beliefen sich nach Angaben von Fritz Ringer auf zwischen 4000 und 8000 Mark,
120 eine Summe, die jenseits der Möglichkeiten der meisten Arbeiter- und Angestelltenfamilien lag…

Der am stärksten hemmende Faktor dürfte letzten Endes aber das fehlende gesell-
125 schaftliche Selbstvertrauen, die soziale Angst gewesen sein; das Gefühl, dass die Welt der höheren Bildung „den Reichen" oder den „besseren Leuten" vorbehalten war und dass nichts Gutes dabei herauskam, wenn man
130 dort eindrang.

Gordon A. Craig, Deutsche Geschichte 1866–1945. Vom Norddeutschen Bund bis zum Ende des Dritten Reiches, München (C. H. Beck) 1980, S. 173–178.

1 Junker: im 19. Jh. polemische Bezeichnung für den konservativen ostelbischen Land- und Militäradel

5 Kennzeichnen Sie die Hauptmerkmale und Entwicklungslinien des deutschen Bildungswesens im 19. Jahrhundert (M8). Inwiefern kann die Position des preußischen Königs als typisch gelten?
6 Diskutieren Sie, welche Aspekte sich fördernd bzw. hemmend auf die Industrialisierung Deutschlands ausgewirkt haben könnten (M8).

M9 **Der Historiker Wolfgang Ruppert über die Zeit als kultureller Faktor der Industrialisierung, 1983**

Doch bis in die Mitte des 20. Jahrhunderts war es keineswegs selbstverständlich, dass Kinder eine eigene Uhr besaßen. Das Patengeschenk in Form einer Armbanduhr galt
5 vielmehr bei der Konfirmation gleichzeitig mit der Entlassung aus der Volksschule (und damit aus der Schulpflicht) als Symbol der Übertragung von Eigenverantwortung, als Initiationsritus[1] für die Erwachsenenwelt.
10 Pünktlichkeit gewann in der industriellen Gesellschaft den Wert einer individuellen Tugend, denn Pünktlichkeit wurde zunehmend mit Zuverlässigkeit assoziiert.

Dass dies ein kultureller Faktor ist, wird
15 deutlich, wenn man Vergleiche zwischen industriellen und vorindustriellen Lebensformen zieht. Beispielsweise gab es in der Heimarbeit und im Verlagssystem eine we-

sentlich geringere Zeitsynchronisation als in der Fabrik. Der Hausweber organisierte sich
20 in seiner Zeiteinteilung weit stärker an den besonderen Gegebenheiten seiner Lebenswelt: beispielsweise an den Notwendigkeiten der häuslichen Selbstversorgung oder an den individuell festgelegten Essenszeiten. […]
25 Einer der entscheidenden Vorteile der Fabrik lag dagegen in der Synchronisation verschiedener Arbeitsgänge. Dies war schon allein aus dem technischen Ineinandergreifen von Antriebs- und Arbeitsmaschinen
30 unumgänglich. Ihr Betrieb setzte einen aufeinander abgestimmten Arbeitsablauf voraus. […]

Kennzeichnend für die Maschinenarbeit in der Fabrik wurde es, dass der Arbeiter sich
35 in der Regel an den Maschinenrhythmus anpassen musste. Ihre Geschwindigkeit gab das Arbeitstempo vor. Entscheidend blieb also, wer dieses bestimmte. Am Selfaktor[2] in den Spinnereien beispielsweise gehörte es
40 zum individuellen Vermögen des Spinners, diesen Zeitrhythmus selbst genau einzustellen, sodass einerseits der Arbeitsertrag möglichst hoch war (Akkordarbeit), andererseits aber die Qualität der Garne nicht darunter
45 litt. An den Fließbändern der elektrotechnischen Massenproduktion oder auch der Automobilherstellung gewann dagegen der Zeittakt eine entscheidende Funktion, die über die Antriebsmaschinen geregelt wurde,
50 allerdings nicht von den Arbeitern, sondern von der planenden Arbeitsvorbereitung. Seit dem Einsatz der Computer in den Siebzigerjahren in der Arbeitsorganisation hat sich der Arbeitsablauf nochmals verdichtet. Das
55 Zeitkorsett, in dem die ausführenden Arbeiter und Angestellten arbeiten, wird eng geschnürt. […]

Seit der Geburt der Fabrik wurde von Seiten der Geschäftsleitungen über die Ver-
60 besserung der Zeitmessung nachgedacht und diese erprobt, denn die Zeit war ein wichtiger Faktor der Fabrikorganisation. Bis in die Dreißigerjahre hinein gab es Glocken, mit deren Schlag eine autorisierte Person Beginn
65 und Ende von Arbeitszeiten in den Arbeitssälen signalisierte, beispielsweise in den Textilfabriken. Die Fabriksirene ist bis heute das wichtigste akustische Signal geblieben.

Die Anbringung zentraler Uhren am Fab-
70

riktor und anderen Gebäuden erwies sich als grundlegend. Beispielsweise wurde um 1860 in der Gussstahlfabrik von Krupp der Uhrturm an einem zentralen Platz errichtet, so-
75 dass er von verschiedenen Maschinensälen aus sichtbar war und somit auch den Zeitablauf zwischen verschiedenen Werkstätten synchronisierte.

Wolfgang Ruppert, Die Fabrik. Geschichte von Arbeit und Industrialisierung in Deutschland, München (C. H. Beck) 1983, S. 53–58.

1 *Einführungs-, Einweihungszeremonie, die am Beginn eines Lebensabschnitts steht*
2 *Zum Feinspinnen von Garnen dienende Maschine*

7 a) Beschreiben Sie, wie sich der Umgang mit der Zeit im Verlauf der Industrialisierung ändert (M1, 9, 10). b) Stellen Sie sich vor, dass die Uhr in M1 auf fünf vor zwölf stünde. Wie veränderte sich dadurch die Aussage des Bildes?
8 Erläutern Sie den Zusammenhang zwischen Arbeits- und Freizeit in der vorindustriellen und der industriell geprägten Gesellschaft (M9).
9 Diskutieren Sie, inwieweit die im Text beschriebenen Sachverhalte auch heute noch Gültigkeit haben.

M 10 „Unter dem Auge der Uhr" – Reklame für Stechuhren, 1922

M 11 Die Wissenschaftler Margedant und Zimmer über die Entstehung des modernen Eigentumsbegriffs, 1993

Zum einen wurde der Mensch [in der politischen Theorie des 18. Jahrhunderts – Anm.] aus den transzendentalen Bezügen gelöst und in seiner Individualität wahrgenom-
5 men. Der Mensch wurde in die Mitte der Betrachtung gerückt und zentrales Thema der Philosophie. Eigentum wurde als dem Menschen als Individuum zurechenbarer Rechtstitel verstanden. Eigentum und Frei-
10 heit (wenngleich auch nicht immer politische Freiheit) wurden miteinander verknüpft. Eigentum ist Ausfluss der Freiheit des Menschen, gleichzeitig ist Freiheit ohne Eigentum oder das Recht, solches zu erwer-
15 ben, nicht denkbar. Diese Verknüpfung kam deutlich einer Klasse der nicht im alten feudalen Sinn privilegierten Schicht von Handel- und Gewerbetreibenden entgegen, die sich im Verlaufe der Industrialisierung zum
20 Bürgertum konstituierte.
   Zum anderen ist zu vermerken, dass die Durchsetzung eines spezifisch bürgerlich-liberalen Eigentumsbegriffes mit der allmählichen Durchsetzung eines neuzeitlichen Fortschrittsbegriffes korrespondierte. Noch
25 Grotius oder Rousseau sahen in der Vergesellschaftung des Menschen und seinem Abschied vom Naturzustand den Sündenfall der Menschheit. Aber schon bei John Locke findet sich die Auffassung, dass die Hebung
30 des materiellen Lebensstandards in der Folge staatlich geschätzten Eigentums einen durchaus begrüßenswerten Fortschritt darstellt. Die Philosophie der Aufklärung ging davon aus, dass die Befreiung des Menschen
35 aus seiner selbst verschuldeten Unmündigkeit, seine Rückbesinnung auf die Vernunft nicht nur zu einer allmählichen Vervollkommnung des Menschen, sondern auch zu einem Fortschreiten des Menschenge-
40 schlechts bis zu seiner Vervollkommnung führen könnte. [...] Im 19. Jahrhundert verengte sich diese ... Perspektive der „Weltgeschichte als Heilsgeschehen" (Löwith) zunehmend auf den technisch-industriellen
45 Fortschritt, der ab Mitte des 19. Jahrhunderts auf den Weltausstellungen periodisch präsentiert wurde. [...]

Betrachtet man synoptisch die Entwick-
50 lungen in den vier Ländern England, USA,
Frankreich und Preußen, fällt die Vorreiterrolle Englands in der Entwicklung des bürgerlich-liberalen Eigentumsbegriffes auf.
Feudale und absolutistische Strukturen
55 waren in England weniger verwurzelt als
auf dem europäischen Kontinent. Die relative Machtlosigkeit königlicher Gewalt nach
der Glorious Revolution von 1688 begüns-
tigte die Durchsetzung eines bürgerlich-libe-
60 ralen Eigentumskonzeptes. In den USA war
die Ausgangslage ohnehin eine andere. Die
Realität einer weit gehend offenen, flexiblen
und sozial mobilen Pioniergesellschaft bot
einer auf Privateigentum basierenden Markt-
65 gesellschaft optimale Entwicklungsmöglich-
keiten. [...]
In Preußen wurden die gesellschaftlichen
Umwälzungen nicht durch eine Revolution,
sondern durch Reformen von oben begleitet.
70 Die Tradition des aufgeklärten Absolutismus
verdichtete sich im Allgemeinen Landrecht
als einer zusammenfassenden rechtlichen
Grundlage wirtschaftlicher Tätigkeit, die den
Staat an Recht und Gesetz band und den
75 Privatpersonen eine gesicherte Sphäre wirtschaftlicher Tätigkeit garantierte. Der grundsätzlich konservative Charakter des Allgemeinen Landrechts wurde durch die weit
gehende Beibehaltung feudaler Strukturen
80 nachhaltig unterstrichen. Die tiefe Zäsur des
Jahres 1806 – der Zusammenbruch von
Armee und Staat und das Ende des Heiligen
Römischen Reiches Deutscher Nation – hat
in Preußen keine revolutionären Verände-
85 rungen von unten nach sich gezogen, jedoch den preußischen Reformen unter Stein
und Hardenberg den Weg geebnet. Diese
Reformen von oben waren mit dem erklär-
ten Ziel in die Wege geleitet worden, die
90 Wirtschaft zu stärken, und haben schließlich
in einem Maße zu einer Freisetzung ökonomischer Kräfte wie nirgendwo sonst in
Deutschland beigetragen.
Den Theoretikern des Eigentums ging es
95 indes weniger um das Eigentum selbst als um
den Eigentümer, also den Träger einer neu-
en, auch politisch wirksam werdenden
Schicht. Im 19. Jahrhundert findet sich diese
Schicht – trotz der soziokulturellen Kontext-
100 unterschiede in den einzelnen Ländern –

als weitgehender Träger wirtschaftlicher
Entwicklung und politischer Stabilität
wieder.

Udo Margedant/Matthias Zimmer, Eigentum und
Freiheit. Eigentumstheorien im 17. und 18. Jahrhun-
dert, Idstein (Schulz-Kirchner) 1993, S. 78–81.

10 Klären Sie anhand von M11 den jeweiligen
Zusammenhang von Eigentum und Freiheit
bzw. von Eigentum und Fortschritt.

11 Erläutern Sie, warum der moderne Eigen-
tumsbegriff eine wichtige Voraussetzung für
die Industrialisierung war (M11).

12 Der französische Philosoph Jean Jacques
Rousseau schrieb 1755: „Der Erste, welcher ein
Stück Land umzäunte, sich in den Sinn kommen ließ zu sagen, dies ist mein, und einfältige
Leute antraf, die es ihm glaubten, der war der
wahre Stifter der bürgerlichen Gesellschaft. Wie
viel Laster, wie viel Krieg, wie viel Mord, Elend
und Gräuel hätte einer nicht verhindern können, der die Pfähle ausgerissen, den Graben
verschüttet und seinen Mitmenschen zugeru-
fen hätte: ‚Glaubt diesem Betrüger nicht, ihr
seid verloren, wenn ihr vergesst, dass die
Früchte euch allen, der Boden aber niemandem gehört.‘"
Erläutern Sie dieses Urteil und diskutieren Sie –
davon ausgehend – die positiven und negativen Aspekte des Privateigentums.

13 „Eigentum verpflichtet. Sein Gebrauch soll
zugleich dem Wohl der Allgemeinheit dienen."
(Grundgesetz Artikel 14, Absatz 2) – Erörtern
Sie die Grenzen des privaten Gebrauchs des
Eigentums.

M 12 **Die Massengesellschaft – Element**
der Demokratisierung oder Untergang
der Demokratie?

12 a) Der Kulturwissenschaftler Kaspar Maase
über das Verhältnis von Demokratisierung und
Massengesellschaft, 1997:
Zur Mitte des 19. Jahrhunderts dominierten
Künste und Vergnügungen, die vom wohl-
habenden und gebildeten Bürgertum ge-
pflegt wurden: Oper und Theater, Tafelbild
und Denkmal, Dichtung und ernste Musik. 5
Indem sie „hohe Kultur" repräsentativ he-
rausstellten, unterstrichen diese Schichten
ihren Anspruch auf die Führung der Gesell-

schaft. Im Lauf von gut 100 Jahren hat bür-
10 gerliche Kultur in diesem Sinn ihren Platz
abgegeben an die moderne Populärkultur.
   Deren Aufstieg war Teil eines ganzen Bün-
dels von Entwicklungen, die Max Weber
schon vor 1918 als „aktive Massendemokra-
15 tisierung" bezeichnete. Die (für bürgerliche
Augen) rohen und unkultivierten Massen,
die (gemessen an ihren Schulabschlüssen)
„Ungebildeten" betraten die gesellschaftliche Bühne. Alle Männer und Frauen er-
20 hielten uneingeschränktes Wahlrecht.
Interessenorganisationen, Parteien und
Bewegungen entstanden, die für das Volk zu
sprechen behaupteten. Ein neuer Typ von
Politikern (nicht selten Demagogen) ver-
25 drängte bürgerliche und adelige Führungsgruppen aus den Parlamenten. Die Unterschichten errangen Freizeit und Kaufkraft,
sie entwickelten eine bislang ungekannte
Nachfrage nach Kunst und Vergnügen.
30   Ein kultureller Massenmarkt bildete sich
heraus, beliefert von spezialisierten Unternehmen, die sich an den Wünschen der
großen Mehrheit orientierten, genauer: an
den unterschiedlichen Vorlieben all jener
35 Minderheiten, aus denen sich die Mehrheit
derer zusammensetzte, die keinen Gebrauch
von der Hochkultur machten. Geld, Zeit und
Aufmerksamkeit dieser Menschen waren
knapp. Dafür erwarteten sie kräftige Vergnü-
40 gungen, effektvoll, eingängig, auf ihre Erfahrungen bezogen. [...] Hier ging es um Lebens-
bewältigung, Spaß an starken Eindrücken
und nachvollziehbarer Leistung, nicht
zuletzt um den sinnlichen Genuss des Reich-
45 tums, den man tagtäglich in harter Arbeit
produzierte.
   Die Kulturindustrie zielte auf Gewinn,
nicht auf Erziehung, Propaganda oder Erbau-
ung. Gerade deswegen konnten die einfa-
50 chen Leute die modernen Massenkünste
ihren Vorlieben und ihren Lebensgewohn-
heiten anpassen. Unter dem Gesichtspunkt
der geistigen Wahlmöglichkeiten bedeutete
die Einbeziehung in den Kultur-Warenmarkt
55 einen revolutionären Durchbruch, eine
Befreiung von bürgerlicher Vormundschaft.
Im gesamten 19. Jahrhundert hatten sich
Kirchen, Schulbehörden und Volksbildungs-
organisationen bemüht, das Volk auf solche
60 geistige Nahrung zu beschränken, die sie für

zuträglich hielten. Zu ihrem eigenen Besten,
so wurde argumentiert, solle man die „Ungebildeten" unter fürsorgliche Überwachung
stellen. Nun wurden die liberalen Prinzipien
der Selbstbestimmung und der freien Ent- 65
scheidung auf dem Markt von jenen in Anspruch genommen, für die sie ursprünglich
nicht gedacht waren. Der vierte Stand machte sich den geistigen Emanzipationsimpuls
der bürgerlichen Revolution auf seine Art 70
zu Eigen.
   Die kapitalistische Industriegesellschaft
hat nur wenig von dem eingelöst, was die
Losung „Freiheit, Gleichheit, Brüderlichkeit"
versprach. Wer an den Idealen der Aufklä- 75
rung festhielt und allen den geistigen und
ästhetischen Reichtum der Menschheit erschließen wollte, der musste die Erfolgsgeschichte der Massenkultur mit gemischten
Gefühlen betrachten. Die entscheidende Fra- 80
ge ist allerdings: Unter welcher Perspektive
wurde kritisiert? Waren die populären Künste grundlegend akzeptiert als gesellschaftliches Lebens- und Verständigungsmittel?
Oder weigerte man sich, Geschmack und 85
Freizeitgewohnheiten der Volksschüler ebenso ernst zu nehmen wie die der Akademiker?
   Vielleicht ist der Vergleich mit der allgemeinen Schulpflicht hilfreich. Als Königs-
weg zu Freiheit und Demokratie gepriesen, 90
hat sie genauso wenig wie die Populärkultur
verhindert, dass Diktaturen die Macht ergriffen und Medien und Unterricht gleichschal-
teten. Dennoch ist kein Fortschritt vorstellbar (im Sinn von sozialer Gerechtigkeit, 95
Chancengleichheit und breiter getragener
Demokratie) ohne Lernprozesse der „Massen" – und dazu braucht es Schulen ebenso
wie unterhaltende Künste, jede auf ihre eigene, unvergleichliche Weise. [...] 100
   Mittlerweile stoßen wir auf Massenkultur
und ihre Prominenz überall dort, wo sich
Gesellschaft und Politik repräsentativ in Sze-
ne setzen. Nicht mehr prunkvolle Opern-
häuser sind die Kathedralen der Gegenwarts- 105
kultur, sondern Sportpaläste, Musicaltheater,
Themenparks und voll klimatisierte Ferien-
dörfer. [...] Massenkultur hat sich als „herrschende Kultur" der Massendemokratie etab-
liert. Dass sie sich gegen jahrzehntelange 110
Abwertung und Ausgrenzung durchsetzen
konnte, hat das Kräfteverhältnis zwischen

„einfachen Leuten" und kulturellen Eliten verändert.

115 Zugleich ist diese Entwicklung Zeichen für einen Wandel der Lebensauffassungen. Parallel zum Aufstieg der Populärkultur verblassten die klassischen bürgerlichen Werte am Sternenhimmel sozialer Leitbilder.
120 „Innerweltliche Askese" (M. Weber) und puritanische Berufsethik wurden abgelöst durch profane Genussorientierung. Heute bilden Befriedigungen aus dem Lebensbereich jenseits von Arbeit und Pflicht, aus der
125 Freizeit im umfassenden Sinn, einen starken, für viele den stärksten Anreiz, Überdurchschnittliches zu leisten. Das gilt für alle Schichten. [...]

Herkömmliche Barrieren zwischen
130 „hoch" und „niedrig" wurden dabei zunehmend leichter überwunden und zugleich hat das kulturelle Erbe im Lauf der letzten 100 Jahre deutlich an Resonanz gewonnen. Religiöse Formen der Klassikerverehrung
135 sind verschwunden; aber die Höhe der Auflagen, die Menge der Inszenierungen und Reproduktionen und auch die Anzahl derer, die sich damit auseinander setzen, ist zweifellos gestiegen. 1889 gab es in Deutschland,
140 an allen Fakultäten, 29 000 Hochschulstudenten (nur männliche). 1991 waren es 1,64 Millionen, darunter allein 20 000 Hörer der Philosophie und etwa 125 000, die sich der Literatur-, Kunst- und Musikgeschichte
145 widmeten.

Die Vergesellschaftung des Bildungserbes war verbunden mit einer wesentlichen Funktionsänderung. Im bürgerlichen 19. Jahrhundert diente Hochkultur zur Schaffung
150 einer relativ kleinen, homogenen Führungsgruppe; humanistische Ausbildung garantierte ihr den Zugang zu hohen und höchsten Stellungen. Inzwischen stehen die Wissensbestände relativ breit zur Verfügung.
155 Gesellschaftliche Geltung und privilegierende Funktion hochkultureller Bildung sind deutlich geschrumpft, wenn auch längst noch nicht verschwunden. Eliten werden heute über andere Merkmale definiert. Der
160 Aufstieg der Massenkultur zur Basiskultur hat den Wandel zwar nicht verursacht, aber sozusagen geistig besiegelt.

Kaspar Maase, Grenzenloses Vergnügen, Frankfurt/M. (Fischer) 1997, S. 16–20.

12 b) Die Politikwissenschaftlerin Hannah Arendt über die Bedeutung der Massengesellschaft für den Aufstieg der totalitären Diktaturen im 20. Jahrhundert, 1951:
Totalitäre Bewegungen [...] sind überall da möglich, wo Massen existieren, die aus gleich welchen Gründen nach politischer Organisation verlangen. Massen werden nicht von gemeinsamen Interessen zusammengehalten und ihnen fehlt jedes spezifische Klassenbewusstsein, das sich bestimmte, begrenzte und erreichbare Ziele setzt. Der Ausdruck „Masse" ist überall da zutreffend, und nur da, wo wir es mit Gruppen zu tun haben, die sich, entweder weil sie zu zahlreich oder weil sie zu gleichgültig für öffentliche Angelegenheiten sind, in keiner Organisation strukturieren lassen, die auf gemeinsamen Interessen an einer gemeinsam erfahrenen und verwalteten Welt beruht, also in keinen Parteien, keinen Interessenverbänden. [...]

Der Massenerfolg der totalitären Bewegungen bedeutete das Ende zweier Illusionen, die allen Demokraten und besonders allen Anhängern des europäischen Parteiensystems teuer gewesen waren. Die erste Illusion war, dass alle Einwohner eines Landes auch Bürger sind, die ein aktives Interesse an öffentlichen Angelegenheiten nehmen, und dass jeder Einzelne zwar nicht notwendigerweise in einer Partei organisiert zu sein brauchte, aber doch mit irgendeiner von ihnen sympathisierte und sich von ihr auch dann vertreten fühlte, wenn er selbst niemals wählte. Die Bewegungen bewiesen, dass politisch neutrale und indifferente Massen die Mehrheit der Bevölkerung auch in einer Demokratie bilden können und dass es also demokratisch regierte Staaten gibt, die zwar im Sinne des Mehrheitsprinzips funktionieren, in denen aber dennoch nur eine Minderheit herrscht oder überhaupt politisch repräsentiert ist. Die zweite Illusion, die von den totalitären Bewegungen vernichtet wurde, war, dass diese politisch neutralen und indifferenten Massen auch ohne politisches Gewicht seien, dass sie wirklich, wenn es sie schon gab, neutral seien und nur den Hintergrund des politischen Lebens der Nation bildeten. Die tiefe Erschütterung des gesamten politischen Lebens, welche die totalitären

M 13 Berlin, Unter den
Linden, Fotografie 1890

Bewegungen auch dort auslösten, wo sie
50 nicht zur Macht kommen, zeigt deutlich,
dass eine demokratische Verfassung auf die
schweigende Duldung aller politisch inakti-
ven Elemente in der Bevölkerung angewiesen ist und von dieser inartikulierten und
55 unkontrollierbaren Massenstimmung ebenso abhängt wie von den artikulierten und
organisierten öffentlichen Institutionen. Da
die totalitären Bewegungen trotz ihrer Verachtung des Parlamentes, und nur scheinbar
60 im Widerspruch zu ihr, sich an öffentlichen
Wahlen beteiligten und ihre Repräsentanten
in die Reichstage schickten, konnten sie
sogar innerhalb demokratischer Spielregeln
demonstrieren, dass die parlamentarischen
65 Majoritäten nur scheinbare waren, dass die
antiparlamentarischen Bewegungen im
Begriff waren, die Mehrheit des Volkes zu
repräsentieren, dass also die Majoritäten, die
sich in den Parlamenten innerhalb des Par-
70 teiensystems bildeten, den Realitäten des
Landes niemals entsprachen; [...]
     Der Zusammenbruch der Klassengesell-
schaft, welche die einzige zugleich soziale
und politische Strukturiertheit der National-
75 staaten bildete, war zweifellos „eines der
dramatischsten Ereignisse der neueren deutschen Geschichte" und hat dem Aufstieg der
Nazibewegung die gleichen günstigen Bedingungen geboten... Unter solchen Bedingungen einer Massengesellschaft verlieren die
80 demokratischen Institutionen wie die demokratischen Freiheiten ihren Sinn; sie können
nicht funktionieren, weil die Mehrheit des
Volkes nie in ihnen vertreten ist, und sie
werden ausgesprochen gefährlich, wenn der
85 nicht vertretene Teil des Volkes, der die wahre Mehrheit darstellt, sich dagegen auflehnt,
von einer angeblichen Mehrheit regiert zu
werden.

Hannah Arendt, Elemente und Ursprünge totaler
Herrschaft, München (Piper) 1986, S. 667–672.

14 Der Schriftsteller Umberto Eco hat zwei
gegensätzliche Arten unterschieden, über
Massenkultur zu sprechen. Auf der einen Seite
warnen die „Apokalyptiker" unaufhörlich vor
dem unaufhaltsamen Niedergang der Werte in
der Massengesellschaft sowie vor der in ihren
Augen gefährlichen Anpassung an die Massenkultur. Auf der anderen Seite begrüßen die
„Integrierten" die kulturellen Errungenschaften
der Massengesellschaft, die die Kulturgüter
allen zugänglich gemacht habe. Ordnen Sie die
beiden Texte M12a, b einer der beiden Richtungen zu. Fassen Sie dabei die Argumente, die
für oder gegen die moderne Massengesellschaft genannt werden, kurz zusammen.
15 Diskutieren Sie, ausgehend von M12a, b
über die Vor- und Nachteile der modernen
Massengesellschaft bzw. Massenkultur.

Reichtum – Sünde oder Tugend?

M 14 Das Neue Testament

Und Jesus blickte umher und sprach zu seinen Jüngern: Wie schwer werden die Begüterten in das Reich Gottes kommen! [...] Es ist leichter, dass ein Kamel durch ein Nadel-
5 öhr hindurchgeht, als dass ein Reicher in das Reich Gottes kommt.

Markus 10, 23–25[1]

1 *vgl. auch Matthäus 6, 19–24*

M 15 Religiöse Rechtfertigung des Reichtums, 17. Jahrhundert

Der calvinistische Theologe Richard Baxter (1615–1691) schrieb:
Wenn Gott euch einen Weg zeigt, auf dem Ihr ohne Schaden für eure Seele oder für andere in gesetzmäßiger Weise mehr gewinnen könnt als auf einem anderen Wege, und ihr
5 dies zurückweist und den minder gewinnbringenden Weg verfolgt, dann kreuzt Ihr einen der Zwecke eurer Berufung (calling), ihr weigert euch, Gottes Verwalter (stewart) zu sein und seine Gaben anzunehmen, um
10 sie für ihn gebrauchen zu können, wenn er es verlangen sollte. Nicht freilich für Zwecke der Fleischeslust und Sünde, wohl aber für Gott dürft ihr arbeiten um reich zu sein.

Zitiert nach: Max Weber, Die protestantische Ethik und der „Geist" des Kapitalismus, Weinheim (Beltz Athenäum Verlag)1993, S.133.

M 16 Die Vorzüge des Handels, 1748

Charles de Montesquieu (1689-1755), französischer Schriftsteller und Staatstheoretiker, über die Auswirkungen das Handels auf den sittlichen Zustand der Gesellschaft:
Der Handel heilt uns von schädlichen Vorurteilen. Es ist eine nahezu allgemein gültige Regel: Überall, wo milde Sitten herrschen, gibt es Handel, und überall, wo es Handel
5 gibt, herrschen milde Sitten.
    Man braucht sich also nicht zu wundern, wenn unsere Sitten nicht mehr so rau sind wie ehedem. Durch den Handel gelangte die Kenntnis der Sitten aller Nationen überallhin. Man verglich sie untereinander und das 10 wurde sehr segensreich.
    Man kann sagen, dass die Gesetze des Handels die Sitten läutern. Und mit gleichem Recht, dass besagte Gesetze die Sitten ruinieren. Der Handel verdirbt die reinen Sit- 15 ten; das war das Thema der Klagen Platons. Er schleift barbarische Sitten ab und mäßigt sie, wie wir tagaus, tagein sehen. [...]
    Friedensliebe ist die natürliche Folge des Handels. Zwei Nationen, die miteinander 20 Handel treiben, werden voneinander gegenseitig abhängig: die eine hat Interesse am Kauf, die andere am Verkauf. Alle Bündnisse beruhen auf wechselseitigen Bedürfnissen.
    Zwar verbindet der Handelsgeist die Na- 25 tionen, aber nicht auf gleiche Art die Privatleute. Wir sehen in den Ländern, in denen alles vom bloßen Handelsgeist besessen ist, wie man mit allen menschlichen Handlungen und allen moralischen Tugenden Ge- 30 schäfte macht. Die geringfügigsten Dinge, so die anspruchslose Hilfeleistung, werden dort für Geld getan oder gewährt.
    Der Handelsgeist ruft in den Menschen ein gewisses Gefühl für peinlichste Gerech- 35 tigkeit wach. Er steht einerseits im Gegensatz zum Räuberwesen, andererseits zu jenen moralischen Tugenden, auf Grund deren man nicht ständig seine Interessen hartherzig verficht, sondern sie mit Rücksicht auf 40 die andern hintanzustellen vermag.

Charles de Montesquieu, Vom Geist der Gesetze, 20. Buch, Stuttgart (Reclam) 1994, S.326 f.

16 Skizzieren Sie die verschiedenen Positionen in M14 und M15. Wie wird die jeweilige Position begründet? Diskutieren Sie, ob sie sich gegenseitig ausschließen oder ergänzen.
17 Geben Sie die Hauptargumente Montesquieus wieder (M16). Welche Widersprüche sieht er bei der Beurteilung von Handel und Gewinnstreben? Beurteilen Sie seine These, der Handel fördere „milde Sitten", aus heutiger Sicht.

Hinweise zur Arbeit mit den Materialien

Am Anfang stehen zwei Quellen, die sich aus unterschiedlichen Gesichtspunkten mit der grundsätzlichen Bedeutung des Marktes für das gesamtgesellschaftliche Leben beschäftigen. Diese Problematik wird zunächst mit einem zeitgenössischen Text von Adam Smith aus dem Jahre 1776 dokumentiert. Sodann folgt eine geschichtswissenschaftliche Analyse von Hans-Ulrich Wehler aus dem Jahre 1992, die sowohl Adam Smith interpretiert als auch das Verhältnis von Staat und Markt im Industrialisierungsprozess untersucht.

Der Quellentext des preußischen Oktoberedikts aus dem Jahre 1807 (M4) verdeutlicht, mit welchen gesetzgeberischen Maßnahmen die preußischen Reformer zu Beginn des 19. Jahrhunderts die Entfesselung der Wirtschaftsgesellschaft vorangetrieben haben. Die Materialien in M5 beleuchten aus unterschiedlichen Blickwinkeln die Entstehung einer überregionalen, nationalen Marktgesellschaft in Deutschland durch den Abbau von Zollschranken seit den 30-er Jahren des 19. Jahrhunderts. Wie der Staat das wirtschaftliche Leben beeinflusst hat, wird darüber hinaus an den Wirkungen der Gründerkrise von 1873 in den Blick genommen. M6a, b gibt Auskunft über Art und Umfang dieser Wirtschaftskrise, M7 über die bismarcksche Schutzzollpolitik und ihre Motive, M8 über die strukturellen Folgen der wirtschaftspolitischen Maßnahmen der Reichsregierung.

Die Materialien M9–12 dokumentieren die Entstehung des modernen Interventionsstaates am Beispiel der Sozialgesetzgebung im deutschen Kaiserreich. Der Historiker Dieter Ziegler beleuchtet in seiner Untersuchung (M9) die geschichtlichen Hintergründe der deutschen Sozialgesetzgebung. Seine Thesen lassen sich anhand der Erklärung Bismarcks zur Sozialversicherung (M11) überprüfen. Die Plakate in M10 und M12 gewähren einen eindrucksvollen Einblick in die zeitgenössische Auseinandersetzung um den Sozialstaat.

M 1 Adam Smith (1723–1790): Über Natur und Ursachen des Wohlstands der Nationen, 1776

Verwendet jemand sein Vermögen dazu, Arbeitskräfte zu beschäftigen, wird er sie natürlich so einsetzen, dass sie so viel wie möglich an Arbeit leisten. Er ist daher bestrebt, die
5 Tätigkeiten unter seinen Arbeitern so günstig wie nur möglich aufzuteilen und ihnen die besten Maschinen zur Verfügung zu stellen, die er entweder selbst erfinden oder zu kaufen sich leisten kann. In beiden Fällen
10 stehen seine Möglichkeiten in engem Bezug zum Umfang seines Vermögens oder zu der Anzahl der Leute, die er damit beschäftigen kann. Deshalb nimmt in jedem Land die Erwerbstätigkeit nicht nur mit wachsendem
15 Kapitaleinsatz zu, sondern der gleiche Arbeitseinsatz bringt einen höheren Ertrag als Folge erhöhter Kapitalbildung. [...]

Da aber jeder Mensch Kapital zur Unterstützung eines Erwerbsstrebens nur mit Aus-
20 sicht auf Gewinn einsetzt, wird er stets bestrebt sein, es zur Hilfe für solche Gewerbe anzulegen, deren Ertrag voraussichtlich den höchsten Wert haben wird oder für den er das meiste Geld oder die meisten anderen Waren bekommen kann.
25

Nun ist aber das Volkseinkommen eines Landes immer genauso groß wie der Tauschwert des gesamten Jahresertrags oder, besser, es ist genau dasselbe, nur anders ausgedrückt. Wenn daher jeder Einzelne so viel
30 wie nur möglich danach trachtet, sein Kapital zur Unterstützung der einheimischen Erwerbstätigkeit einzusetzen, und dadurch diese so lenkt, dass ihr Ertrag den höchsten Wertzuwachs erwarten lässt, dann bemüht
35 sich auch jeder Einzelne ganz zwangsläufig, sodass das Volkseinkommen im Jahr so groß wie möglich werden wird. Tatsächlich fördert er in der Regel nicht bewusst das Allgemeinwohl noch weiß er, wie hoch der eigene
40 Beitrag ist. Wenn er es vorzieht, die nationale Wirtschaft anstatt die ausländische zu unterstützen, denkt er eigentlich nur an die eigene Sicherheit, und wenn er dadurch die Erwerbstätigkeit so fördert, dass ihr Ertrag
45 den höchsten Wert erzielen kann, strebt er lediglich nach eigenem Gewinn. Und er wird in diesem wie auch in vielen anderen Fällen

von einer unsichtbaren Hand geleitet, um
50 einen Zweck zu fördern, den zu erfüllen er in
keiner Weise beabsichtigt hat. Auch für das
Land selbst ist es keineswegs immer das
Schlechteste, dass der Einzelne ein solches
Ziel nicht bewusst anstrebt, ja, gerade da-
55 durch, dass er das eigene Interesse verfolgt,
fördert er häufig das der Gesellschaft nach-
haltiger, als wenn er wirklich beabsichtigt,
es zu tun. Alle, die jemals vorgaben, ihre Geschäfte dienten dem Wohl der Allgemein-
60 heit, haben meines Wissens niemals etwas
Gutes getan. Und tatsächlich ist es lediglich
eine Heuchelei, die unter Kaufleuten nicht
weit verbreitet ist, und es genügen schon
wenige Worte, um sie davon abzubringen.
65 Der Einzelne vermag ganz offensichtlich aus
seiner Kenntnis der örtlichen Verhältnisse
weit besser zu beurteilen, als es irgendein
Staatsmann oder Gesetzgeber für ihn tun
kann.

*Adam Smith, Der Wohlstand der Nationen (1776), dt.
von Horst Claus Recktenwald, München (C. H. Beck)
1974, S. 227 f. und 370 f.*

1 Beschreiben Sie das Verhältnis von Kapital
und Arbeit, d. h. von Unternehmern und Arbeitern, wie Adam Smith es sieht (M1).
2 Nehmen Sie Stellung zu Smith' These, dass
gleichsam eine „unsichtbare Hand" im Wirt-
schaftsprozess das „allgemeine Wohl" am
besten garantiere.

**M 2 Der Historiker Wehler über die Wirt-
schaftsphilosophie von Adam Smith und
das Verhältnis von Staat und Markt im
Industrialisierungsprozess, 1992**

Im „Wohlstand der Nationen" entwickelte
Smith – außer der historischen Analyse der
neuzeitlichen Wirtschaftsdynamik – ein Ent-
wicklungsprogramm für unterentwickelte
5 Länder. Er diskutierte die Konsequenzen von
Investitionen und einer differenzierten Arbeitsteilung, Fragen der adäquaten[1] Betriebs-
organisation und Kapitalbildung, Verte-
lungsprobleme und die Funktion des Bil-
10 dungssystems im Sinne der Schaffung von
„Humankapital". Vor allem aber erörterte er
immer wieder die Aufgaben der politischen
Steuerung. Smith beschäftigte sich vorrangig

mit jenen Kräften, die als politische und
soziale Rahmenbedingungen für wirtschaft- 15
liches Wachstum zentral sind. Er entwarf
eine Art „blue print"[2], ein Modell für Ent-
wicklungspolitik, dem auf Grund des geogra-
fisch nahen englischen Erfolgs große Über-
zeugungskraft innewohnte. 20

Im Gegensatz zur landläufigen Vulgarisierung[3] seiner Ideen forderte Smith immer
wieder die staatliche Intervention, um eine
privatkapitalistische Wirtschaft erst ins
Leben zu rufen und sie dann in Gang zu hal- 25
ten. Denn ihm war die absolute Neuartigkeit
dieser Marktgesellschaft vollauf bewusst.
Ohne die mächtigste Institution, den Staat,
könne eine solche Transformation[4] weder
gelingen noch das Ergebnis weiter bestehen. 30
Diese entwicklungspolitische Lehre hat
Smith für die deutsche Reformbürokratie des
19. Jahrhunderts so attraktiv gemacht, da sie
sich in seinem Sinn als Energiezentrum
staatlich geförderter Modernisierung verste- 35
hen konnte. Deshalb gab es von der ersten
Reformära von 1800 bis 1820 bis zum Ende
der zweiten von 1867 bis 1877 eine Vielzahl
leidenschaftlicher Smithianer in strategischen Positionen. Sie alle waren sich der 40
Notwendigkeit einer engen und wechselseitigen Kooperation von Staat und Marktwirtschaft voll bewusst. [...]

Es ist eine pure Legende, dass es jemals
irgendwo so etwas wie eine völlig „freie" 45
Marktwirtschaft gegeben habe, die ein selbst
tragendes Wachstum in Gang gebracht und
gehalten hat. Immer geht es – in historischer
Perspektive – um ein symbiotisches[5] Verhältnis von Staat und Wirtschaft. So schützt zum 50
Beispiel seit dem 15. Jahrhundert das von
den europäischen Staaten garantierte rationale Recht den Kern der privaten Eigentums-
rechte… Der neuzeitliche Staat hat den Kapitalismus nicht geschaffen, aber er ist zum 55
Teil in seinem Dienst, geschützt und gefördert, herangewachsen. Der Staat gewährleistet durch seine Verwaltungsstäbe, die zunehmend aus akademisch geschulten Juristen
bestehen, die Berechenbarkeit der recht- 60
lichen und damit auch der wirtschaftlichen
Ordnung. Der Staat hilft, die Märkte für
Boden, Waren und Kapital, schließlich den
kompliziertesten von allen, den Arbeitsmarkt, zu schaffen und zu erhalten. Auch die 65

überseeischen Märkte werden nicht ohne seinen Schutz, seine Verträge, erschlossen und gegen Rivalen verteidigt. Es ist eine deutsche Legende, dass der moderne Kapita-
70 lismus nur ein hochgezüchtetes Produkt weitsichtiger Staatsleitungen sei. Dagegen muss man in der Tat die relative Eigenstän-digkeit der ökonomischen Entwicklung be-tonen. Aber die Ausdifferenzierung des pri-
75 vaten Produktionskapitalismus zu einem Selbstständigkeit beanspruchenden System – das hat es ohne Staat und Politik nirgendwo gegeben.

Hans-Ulrich Wehler, Soziale Marktwirtschaft in Gefahr?, in: ders., Die Gegenwart als Geschichte. Essays, München (C. H. Beck) 1995, S. 246 f., 249 f.

1 *adäquat: angemessen*
2 *„Blue print": Blaupause*
3 *Vulgarisierung: hier: allzu platte Vereinfachung*
4 *Transformation: Umwandlung*
5 *symbiotisch: zum beiderseitigen Nutzen*

3 Adam Smith gilt vielen als Theoretiker einer Marktwirtschaft, die möglichst frei von Staats-eingriffen bleiben soll. Erörtern Sie die Position Wehlers zu dieser These. Fassen Sie seine Argu-mente kurz zusammen: Wie beurteilt er das Verhältnis von Staat und Markt im Industriali-sierungsprozess?

M 3 **Züchtigung durch den Gutsherrn, Kupferstich, Ende 18. Jh.**

M 4 **Aus dem „Edict den erleichterten Besitz und den freien Gebrauch des Grundeigentums sowie die persönlichen Verhältnisse der Landbewohner betref-fend", 1807**

Das Oktoberedikt von 1807 revolutionierte die preußische Agrargesellschaft (80 % der Be-völkerung waren in der Landwirtschaft tätig). Die wichtigsten Bestimmungen des Edikts lauten:

§ 1 Jeder Einwohner Unserer Staaten ist, ohne alle Einschränkung in Beziehung auf den Staat, zum eigentümlichen und Pfand-besitz unbeweglicher Grundstücke aller Art berechtigt, der Edelmann also zum Besitz 5 nicht bloß adliger, sondern auch unadliger, bürgerlicher und bäuerlicher Güter aller Art, und der Bürger zum Besitz nicht bloß bürger-licher, bäuerlicher und anderer unadliger, sondern auch adliger Grundstücke, ohne 10 dass der eine oder andere zu irgendeinem Gütererwerb einer besonderen Erlaubnis bedarf, wenngleich nach wie vor jede Besitz-veränderung den Behörden angezeigt wer-den muss. [...] 15

§ 2 Jeder Edelmann ist ohne allen Nach-teil seines Standes befugt, bürgerliche Gewerbe zu treiben; und jeder Bürger oder Bauer ist berechtigt, aus dem Bauern- in den Bürger- und aus dem Bürger- in den Bauern- 20 stand zu treten.

§ 10 Nach dem Datum dieser Verordnung entsteht fernerhin kein Untertänigkeits-verhältnis, weder durch Geburt noch durch Heirat noch durch Übernehmung einer 25 untertänigen Stelle noch durch den Vertrag.

§ 11 Mit der Publikation der gegenwärti-gen Verordnung hört das bisherige Unterta-nigkeitsverhältnis derjenigen Untertanen und ihrer Weiber und Kinder, welche ihre 30 Bauerngüter erblich oder eigentümlich oder erbzinsweise oder erbpächtlich besitzen, wechselseitig gänzlich auf.

§ 12 Mit dem Martinitage Eintausend-achthundertzehn hört alle Gutsuntertänig- 35 keit in Unseren sämtlichen Staaten auf. Nach dem Martinitage 1810 gibt es nur freie Leute, so wie solches auf den Domänen in allen Unseren Provinzen schon der Fall ist, bei denen aber, wie sich von selbst versteht, 40 alle Verbindlichkeiten, die ihnen als freien

Leuten vermöge des Besitzes eines Grund-
stückes oder vermöge eines besonderen Ver-
trages obliegen, in Kraft bleiben.

*Wilhelm Altmann, Ausgewählte Urkunden zur bran-
denburg-preußischen Verfassungs- und Verwal-
tungsgeschichte, 2. Teil, Berlin 1915, S. 26 ff., zitiert
nach: Geschichte, Politik und Gesellschaft I, Berlin
(Cornelsen/Hirschgraben) 1988, S. 66.*

4 Erläutern Sie, warum das Oktoberedikt eine
wichtige Voraussetzung für die spätere Industrialisierung war.

M 5 Der Deutsche Zollverein

*5 a) Der Historiker Hans-Ulrich Wehler über
Entstehung und Wirkungen des Zollvereins,
1987:*
Die Motive und der Verlauf der Zollunions-
politik nach 1818 können einmal aus der
Perspektive ihres erfolgreichsten Verfechters,
Preußens, verfolgt werden; zum Zweiten
5 müssen aber auch die Gründe klar gemacht
werden, warum die sich schließlich zum
Deutschen Zollverein zusammenschließen-
den anderen Staaten bei ihrer Kosten-Nut-
zen-Abwägung durch das Schwergewicht
10 erkennbarer und erhoffter Vorteile zu dieser
Entscheidung bestimmt wurden.
  Für die Berliner Politik ist eine Trias[1] von
politischen Zielvorstellungen ausschlaggebend gewesen. In dem seit achtzig Jahren
15 während Konkurrenzkampf mit Öster-
reich stellte die Zollunionsstrategie ein
wirtschaftspolitisches Instrument der großpreußischen Expansion dar, die auf lange
Sicht auf die Dominanz in Norddeutsch-
20 land und die Verbindung des westlichen
Teils mit dem östlichen Kernstaat der Monarchie abzielte. [...] Außerdem durfte sich Berlin, zumal angesichts der Zweiteilung des
Staates, handelspolitische Erleichterungen
25 und auf längere Sicht auch wachstumsför-
dernde Effekte für seine Industrie versprechen. Und schließlich spielte erneut der
öffentliche Finanzbedarf eine ganz zentrale
Rolle. [...]
30   Ein simples Theorem der neoklassischen
Wirtschaftstheorie besagt, dass Präferenzentscheidungen[3] für neue institutionelle
Lösungen von Problemen dann zu Stande
kommen, wenn ihre Kosten die des alten

Arrangements[4] wahrscheinlich dauerhaft
unterbieten. Was besagt das für die Beitritts- 35
erwägungen der späteren Zollvereinsmitglie-
der? Auch in den kleinen und mittelgroßen
deutschen Staaten vollzog sich während der
ersten Hälfte des 19. Jahrhunderts der Übergang zur staatlichen Steuerwirtschaft, die 40
zum guten Teil auf Zöllen beruhte. In den
Staaten ohne Parlament war das Interesse an
wachsenden öffentlichen Einnahmen nicht
weniger ausgeprägt als in den Verfassungs-
staaten, wo die Regierung häufig versuchte, 45
mit Hilfe autonomer staatlicher Einkünfte
die Abhängigkeit vom Budgetrecht des Land-
tags zu umgehen, damit aber das Parlament
generell abzuwerten und das Entscheidungs-
feld restaurativ-konservativer Fürstenpolitik 50
zu verteidigen oder gar auszuweiten. [...] Als
dieses Nutzenkalkül durch eindrucksvolle
Erfahrungen bestätigt wurde, war die Existenz des Zollvereins aufs Erste gesichert. Der
Preis für die finanziellen und innenpoliti- 55
schen Vorteile der kleineren Mitglieder
bestand in einer gewissen außenpolitischen
und ökonomischen Abhängigkeit von Ber-

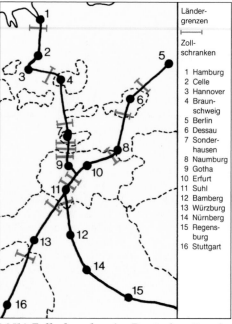

**M 5b) Zollschranken im Deutschen Bund
nach 1815**

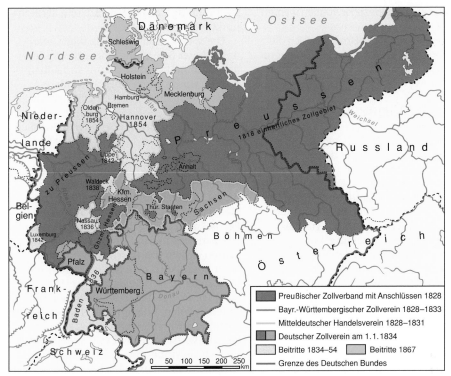

M 5c) Entstehung und Entwicklung des Allgemeinen Deutschen Zollvereins von 1833

lin, deren Reichweite nicht leicht zu bestim-
60 men ist, aber z. B. keineswegs ausschloss,
dass Zollvereinsstaaten in den 1860er-Jahren
gegen Preußen Krieg führten (während der
Handelsverkehr ungestört weiterlief) und
sich bis 1870 einer großpreußischen Lösung
65 der deutschen Frage entschieden widersetz-
ten. [...]
        Schneller als es selbst den optimistischs-
ten Hoffnungen entsprach, gingen die fis-
kalpolitischen[5] Erwartungen in Erfüllung.
70 Wegen des gemeinsamen Grenzzollsystems
sanken dessen Verwaltungskosten von 1834
bis 1844 von einem Sechstel auf ein Zwölftel
des anfallenden Zolleinkommens ... Die
Nettoeinkünfte, die je nach der Höhe der
75 Einwohnerzahl an die Mitgliederstaaten um-
gelegt wurden, stiegen um rund 90 %, während die Bevölkerung im selben Zeitraum
nur um 21 % anwuchs. [...] Diese Steigerung
des öffentlichen Einkommens erwies sich als
80 ein finanzieller Kitt, der die Regierungen des

„zollvereinten Deutschlands" fester anein-
ander band. Auch die anfangs eher skeptische öffentliche Meinung in Süddeutschland
schlug eindeutig um, die Erprobungsphase
wurde zum Erfolgserlebnis, die Verlängerung 85
warf für die Kabinette keine ernsthaft stritti-
gen Probleme auf.

*Hans-Ulrich Wehler, Deutsche Gesellschaftsgeschich-
te, Bd. 2: Von der Reformära bis zur industriellen und
politischen „Deutschen Doppelrevolution": 1815–
1845/49, München (C. H. Beck) 1987, S. 125–134.*

1 *Trias: Dreiheit, Dreizahl*
2 *„the power of the purse": wörtl.: die Macht der
Geldbörse; gemeint ist das Budgetrecht*
3 *Präferenzentscheidungen: Entscheidungen, bei
denen die beste aller Möglichkeiten zu finden ist*
4 *Arrangements: Übereinkommen, Abmachung*
5 *Fiskalpolitik: Finanzpolitik*

5 Ermitteln Sie anhand von M5a–c die Bedeutung des Zollvereins für die wirtschaftliche und
politische Entwicklung Deutschlands (vgl. auch
Kap. 3, M6). Erläutern Sie die Schwierigkeiten

und Probleme, die dabei überwunden werden mussten.

6 Diskutieren Sie, welche Einsichten sich daraus für den heutigen europäischen Einigungsprozess ziehen lassen.

M 6 Die „Gründerkrise" von 1873

6 a) Der Historiker Gordon A. Craig, 1989:
In den ersten drei Jahren des neuen Reichs …
war eine große Zahl von Menschen aus allen Schichten so sehr von dem Drange besessen, Reichtum anzuhäufen und seine Früchte zu
5 genießen, dass sie darüber die Verschmutzung der sozialen Umwelt aus den Augen verloren, die damit einherging. [...]

Die wesentlichen Ursachen für diese Entwicklung sind im Sieg über Frankreich und
10 der daraus resultierenden Vereinigung Deutschlands zu suchen, die bei vielen Fabrikanten und Spekulanten überschwängliche Erwartungen weckte, und namentlich in gewissen Bedingungen des mit dem besieg-
15 ten Feinde geschlossenen Friedens. Die französische Regierung wurde gezwungen, Deutschland die Provinzen Elsass und Lothringen abzutreten – die mit ihren reichen Vorkommen an Minetteerzen[1] und Kali-
20 salzen und ihrer hoch entwickelten Textilindustrie beträchtlich zum Wirtschaftswachstum Deutschlands in den folgenden Jahren beitrugen, wenn dies auch nicht sofort deutlich wurde – und eine Kriegsent-
25 schädigung von fünf Milliarden Francs plus Zinsen zu zahlen … Die Reichsregierung behielt von dem gezahlten Betrag weniger als die Hälfte, und davon wurde ein guter Teil in Bauvorhaben und militärische
30 Anschaffungen investiert, die ihrerseits die Wirtschaft stimulierten. Der Rest floss in die einzelnen Bundesstaaten und von da aus durch örtliche Bauprogramme, durch den Eisenbahnbau, die Rückzahlung von Kriegs-
35 anleihen und die Gewährung von Renten an Witwen, Waisen und Invaliden weiter in private Hände. Der Effekt dieser bedeutenden Vermehrung des frei dem Markt zuströmenden Kapitals wurde noch verstärkt durch die
40 Währungsreform von 1871, durch die weitere 762 Millionen Mark hinzukamen. Diese beträchtliche Kaufkraftzunahme musste zwangsläufig zu einer Überhitzung der Konjunktur führen.

Die Spekulationswelle, die folgte, war 45 unter dieser Bedingung einer überquellenden Liquidität vermutlich unvermeidbar, aber sie wurde durch einige besondere Umstände noch gefördert. Der jüngste Krieg hatte das deutsche Eisenbahnnetz stark 50 belastet und zu einem überdurchschnittlich raschen Verschleiß der Anlagen und Gerätschaften geführt. [...]

Die zur Befriedigung dieser Nachfrage erforderliche Expansion kam der Schwer- 55 industrie allgemein zugute, während sie gleichzeitig das Augenmerk der Öffentlichkeit auf das in den Eisenbahnen liegende Wachstumspotenzial lenkte. Dies erklärt, warum es dem rührigsten Unternehmer 60 jener Boomjahre, dem Baron Bethel Strousberg, so leicht fiel, Geldgeber zur Unterstützung seiner grandiosen Pläne für neue Bahnlinien in Polen, Rumänien und Osteuropa zu gewinnen. Überdies schien die Tatsache, 65 dass die wirtschaftliche Expansion in einem Bereich Gewinne abwarf, zu beweisen, dass Expansion in jedem Bereich Gewinn bringen würde, dass die Größe an sich der Schlüssel zum Erfolg war. Hier kamen die Gründer 70 zum Zug. Begünstigt durch die Liberalisierung der Gesetze, welche die Errichtung von Kapitalgesellschaften regelten, verfuhren sie nach dem Prinzip, ein bescheidenes Unternehmen, etwa eine Schuhfabrik oder eine 75 Brauerei, zu kaufen und in eine Aktiengesellschaft umzuwandeln. [...] Dann wurden zahllose Aktien verkauft, deren Kurs bei dem die Zeit beherrschenden psychologischen Klima gewöhnlich anstieg. [...] 80

Eine ähnlich umfassende und „demokratische" Spekulationswut hat es wohl nirgendwo mehr gegeben bis zu den Tagen des New Yorker Börsenfiebers von 1928. Das Land antwortete damit, dass es sich einem 85 Rausch des Luxus und des Genusses hingab und das so leicht verdiente Geld so schwelgerisch wie möglich wieder hinauswarf, um zu beweisen, dass man es hatte. [...]

Aber dem fiebernden Patienten wurde 90 eine Rosskur verabreicht. Am 7. Februar 1873 erhob sich Eduard Lasker im Reichstag und enthüllte in einer dreistündigen Rede die Hintergründe des von ihm so genannten

M 6b) Sparer versammeln sich vor der Wiener Volksbank kurz vor deren Zusammenbruch, Gemälde von Christian Ludwig Bokelmann, 1877

95 „Strousberg-Systems", indem er aufzeigte,
dass es auf einen Betrug an den kleinen
Geldgebern im Interesse skrupelloser Draht-
zieher angelegt war. Lasker legte auch bloß,
dass hochrangige Politiker und Beamte,
100 darunter Hermann Wagener, langjähriger
Berater Bismarcks, bei der Vergabe von Eisen-
bahnkonzessionen, von denen sie profitierten, ungesetzliche Praktiken zugelassen
hatten. Diese Vorwürfe erschütterten nach-
105 haltig das Vertrauen des Publikums und
lösten eine Aktienschwemme an der Börse
aus. Der Boom verpuffte in einem gigantischen Zusammenbruch. Wie die Bereiche-
rung demokratisch gewesen war, so war es
110 nun auch der Bankrott; er machte keinen
Unterschied zwischen Würdenträgern…
und bescheidenen Existenzen… In der End-
abrechnung litten vermutlich die Besitzer
kleinerer Vermögen, die den Spekulanten
115 ihre Ersparnisse anvertraut hatten, am
meisten…
Nicht alles wurde von der Bankrottwelle
von 1873 fortgespült. Die Aktiengesellschaft

blieb auch nach 1873 die vorherrschende
Unternehmensform und die Banken spielten 120
eine zunehmend wichtigere Rolle in der
Wirtschaft und bereiteten den Weg für das
Zeitalter des Finanzkapitalismus. Das Phänomen der Größe blieb nicht Episode. […]
Abträglicher und auf lange Sicht ernster 125
waren andere Folgen des Krachs von 1873.
Es war bei der großen Zahl der Personen, die
schwer wiegende Verluste erlitten hatten,
nur natürlich, dass die Forderung erhoben
wurde, die Schuldigen zu benennen, und wie 130
bereits angedeutet wurde, richtete sich der
Blick prompt auf die Nationalliberalen.
Waren sie es denn nicht gewesen, die größere Freiheiten für die Aktiengesellschaften
eingeführt hatten, Freiheiten, die in der Fol- 135
ge so schändlich missbraucht wurden? Es
wurde der Partei nicht als Verdienst ange-
rechnet, dass einer ihrer Führer, Eduard Lasker, es gewesen war, der den Boom als faulen
Spekulationszauber angeprangert hatte. 140
Diejenigen, die Geld verloren hatten, waren
Lasker für seine Enthüllungen nicht dank-

bar ... Es ist kaum daran zu zweifeln, dass
dieser Vorwurf ... der Partei schadete und
145 ihre Position schwächte, als es zur Kollision
mit Bismarck kam.

Eine verhängnisvolle Folge des Finanz-
krachs war es, dass gewisse antisemitische
Gefühle, die es in Deutschland seit langem
150 gegeben hatte, die sich aber seit 50 Jahren
nicht mehr laut geäußert hatten, nun an die
Oberfläche drangen ... Der Krach von 1873
fügte dem Klischee [des raffgierigen und
prinzipienlosen Juden] noch einen Aspekt
155 hinzu, indem man die Juden mit der Börse
und mit der Verfügung über ein nicht durch
Arbeit verdientes Kapital identifizierte.

*Gordon A. Craig, Deutsche Geschichte 1866–1945.
Vom Norddeutschen Bund bis zum Ende des Dritten
Reiches, München (C. H. Beck) 1989, S. 80–86.*

1 *Minetteerze: bestimmte Eisenerze*

M 7 Bismarck über Schutzzollpolitik, 1878

*Aus dem „Dezemberbrief" Bismarcks an den
Bundesrat, 15. 12. 1878:*
Ich lasse dahingestellt, ob ein Zustand voll-
kommener gegenseitiger Freiheit des internationalen Verkehrs, wie die Theorie des
Freihandels als Ziel vor Augen hat, dem
5 Interesse Deutschlands entsprechen würde.
Solange aber die meisten der Länder, auf
welche wir mit unserm Verkehr angewiesen
sind, sich mit Zollschranken umgeben und
die Tendenz zu Erhöhung derselben noch im
10 Steigen begriffen ist, erscheint es mir gerechtfertigt und im wirtschaftlichen Interesse der Nation geboten, uns in der Befriedigung unserer finanziellen Bedürfnisse nicht
durch die Besorgnisse einschränken zu las-
15 sen, dass durch dieselben deutsche Produkte
eine geringe Bevorzugung vor ausländischen
erfahren.

Schutzzölle für einzelne Industriezweige
wirken wie ein Privilegium und begegnen
20 auf Seiten der Vertreter der nicht geschätzten Zweige der Erwerbstätigkeit der Abneigung, welcher jedes Privilegium ausgesetzt ist.

Dieser Abneigung wird ein Zollsystem
25 nicht begegnen können, welches innerhalb
der durch das finanzielle Interesse gezoge-
nen Schranken der gesamten inländischen
Produktion einen Vorzug vor der ausländischen Produktion auf dem einheimischen
Markt gewährt. Ein solches System wird 30
nach keiner Seite hin drückend erscheinen
können, weil seine Wirkungen sich über alle
produzierenden Kreise der Nation gleich-
mäßiger verteilen, als es bei einem System
von Schutzzöllen für einzelne Industriezwei- 35
ge der Fall ist. [...]

Die Rückkehr zu dem Prinzip der allgemeinen Zollpflicht entspricht der jetzigen
Lage unserer handelspolitischen Verhältnisse. [...] 40

*Geschichte, Politik und Gesellschaft, Berlin (Cornel-
sen/Hirschgraben) 1991, S. 200.*

M 8 Kartelle in der deutschen Industrie im Jahre 1907 nach Industriegruppen (in % des Bruttoproduktionswertes)

Industriegruppe	Prozent
Bergbau	7
Steinkohlen	82
Braunkohlen	27
Eisenerz	38
Kalisalz	100
Großeisenindustrie	9
Roheisen	26
Rohstahl	50
Walzgut	59
Metallhütten und -halbzeug	10
Eisen- und Stahlwaren	20
Metallwaren	0
Maschinen- und Apparatebau	2
Fahrzeugindustrie	7
Waggonbau	23
Elektroindustrie	9
Feinmechanik und Optik	5
Chemie	–
Glasindustrie	36
Zementindustrie	8
Papiererzeugung und -verarbeitung	89
Leder- und Linoleumindustrie	5
Textilindustrie	–
Musikinstrumente und Spielwaren	9

*Peter Hampe, Die „ökonomische Imperialismustheo-
rie". Kritische Untersuchungen, München 1979,
zitiert nach: Geschichte, Politik und Gesellschaft, Berlin (Cornelsen/Hirschgraben) 1991, S. 195.*

7 Beschreiben Sie Ursachen und Folgen der Gründerkrise (M6, 8).

8 Beschreiben Sie, wie und durch welche Elemente der Maler die Stimmung vor dem Bankenkrach darstellt (M6b).

9 Erläutern Sie, wie Bismarck die Schutzzollpolitik rechtfertigt (M7).

10 Diskutieren Sie, den Zusammenhang von Krise und gesellschaftlicher Ausgrenzung (M6).

M 9 **Der Historiker Dieter Ziegler über die Entstehung des Sozialstaates, 2000**

Die Soziale „Frage", mit der man die Notlage der „arbeitenden Klassen", ihr Elend, ihre Arbeits- und Lebensbedingungen und ihren moralischen Zustand zusammenfassend
5 bezeichnete, wurde zwar auch von vielen Zeitgenossen aus den „gebildeten Schichten" als das Hauptproblem der Gegenwart begriffen. Aber dennoch wurden auch in der Zeit des industriellen Take-off wenig konkre-
10 te staatliche Maßnahmen zur Eindämmung der ungezügelten Ausbeutung menschlicher Arbeitskraft ergriffen.
Krankheit, Invalidität, Alter und Arbeitslosigkeit hatten nach wie vor häufig kata-
15 strophale Auswirkungen und brachten eine Arbeiterfamilie bis hart an die Hungergrenze. Einen Schutz gegen solche Lebensrisiken gab es für die Arbeiterschaft in der Regel nicht. Obwohl sich die sozialpolitischen For-
20 derungen der organisierten Arbeiterschaft in erster Linie gegen die Unternehmer richteten, wurde auch der mit der fortschreitenden Industrialisierung ohnehin ständig zunehmende Reformdruck auf den Staat durch das
25 Drohpotenzial gewerkschaftlicher Organisation nachhaltig verstärkt. Kritisch wurde die Situation gegen Ende der 70er-Jahre. Denn mit der Krise begann auch der Aufstieg der Sozialisten als ernst zu nehmender poli-
30 tischer Faktor, der die bürgerliche Gesellschaft in ihrer Existenz im Kern zu bedrohen schien.
Am Anfang der modernen Sozialgesetzgebung in Deutschland stand deshalb auch
35 kein Sozialgesetz, sondern ein Sozialistengesetz. Dieses 1878 verabschiedete Gesetz sah ein Verbot der Sozialistischen Arbeiterpartei Deutschlands, der sozialistischen Gewerkschaften und auch aller sonstigen sozialistischen Umsturzbestrebungen vor. Obwohl
40 die Organisationsstrukturen der Arbeiterbewegung durch das Gesetz empfindlich getroffen wurden, war auch den Konservativen klar, dass Repression allein auf Dauer keine Lösung sein würde. Es ist deshalb auch
45 nicht verwunderlich, dass sich gerade die konservativen Schutzzöllner Ende der 70er-Jahre für sozialpolitische Maßnahmen als Ergänzung der „nationalen Wirtschaftspolitik" einsetzten.
50 Die Sozialpolitik der Bismarckzeit darf deshalb nicht als Sozialreform im Sinne des Arbeiterschutzes, der Humanisierung der industriellen Arbeitswelt oder gar als eine gesellschaftspolitische Reform missverstan-
55 den werden. Maßnahmen, die in erster Linie solchen Zielen hätten dienen können wie der Beseitigung der Sonntagsarbeit, der Verkürzung der täglichen Arbeitszeit und gesetzlich festgelegten Mindestlöhnen sowie
60 einem besseren Schutz von Frauen und Kindern in den Fabriken, wurden bis 1890 strikt abgelehnt. Allein (innen-)politische Erwägungen hatten bei der Verbesserung der sozialen Sicherheit der Arbeiter Priorität.
65 Der Historiker Hans Rosenberg spricht deswegen von einer „kollektiven Massenbestechung" potenziell staatsfeindlicher sozialer Gruppen.
Bismarck interessierten allein die am
70 stärksten von der Sozialdemokratie und von den Gewerkschaften erfassten gewerblichen Arbeiter, nicht aber die Landarbeiter, das Gesinde, die Dienstboten oder die Heimarbeiter. Diese Gruppen wurden erst viel spä-
75 ter in die Sozialversicherung einbezogen. Dabei war es unerheblich, dass die Not dieser Gruppen meist viel größer und ihre soziale Stellung viel gedrückter war als die der industriellen Facharbeiter. Ausschlaggebend
80 war, dass sie in der Regel nicht gewerkschaftlich organisiert und deshalb auch für die innen- (und nicht sozial-)politisch motivierten konservativen Kreise uninteressant waren.
85 Die Ziele, die Bismarck mit der Sozialversicherung verfolgte, ließen sich am besten verwirklichen, wenn erstens der Staat die Versicherung übernahm und zweitens die öffentliche Hand zumindest einen Teil der
90

M 10 Staatliches Propagandaplakat von 1913

Beiträge aufbrachte. Letzteres ließ sich jedoch nicht verwirklichen, da der Reichstag alle Pläne ablehnte, die auf eine Reichsbeteiligung hinausliefen. Nach dem 1884
95 verabschiedeten Gesetz wurde die Unfallversicherung von sog. Berufsgenossenschaften getragen, in denen sich die Industrieunternehmen zusammenschlossen. Finanziert wurde die Unfallversicherung
100 ausschließlich durch eine jährliche Umlage bei den Unternehmern, die dafür von der Haftpflicht freigestellt wurden. Die Aufsicht über die Berufsgenossenschaften führte ein Reichsversicherungsamt. [...]
105 Einen geringeren parlamentarischen Widerstand erfuhr die zweite Vorlage, das Krankenversicherungsgesetz, das 1883 bereits im ersten Anlauf das Parlament passierte. [...] Alle Kassen blieben vom Staat
110 weitgehend unabhängig und finanzierten sich ausschließlich über Beiträge. Ein Drittel übernahm der Arbeitgeber und zwei Drittel der Versicherte. Das entsprach zwei bis drei Prozent des Lohnes. [...]
115 Die größten parlamentarischen Schwierigkeiten gab es bei der Durchsetzung der Alters- und Invalidenversicherung. Denn das Reich betrat damit im Gegensatz zu Unfall-

und Krankenversicherung Neuland. Erst
120 1889 wurde dieser Versicherungszweig deshalb vom Reichstag gebilligt. Träger der Altersversicherung waren öffentlich-rechtliche Landesversicherungsanstalten, die unter Aufsicht der Reichsversicherungsanstalt
125 standen. Sie finanzierten sich zum einen durch einen festen Reichszuschuss von 50 Mark je Rente. Hinzu kamen Beträge, die je zur Hälfte vom Versicherten und seinem Arbeitgeber aufgebracht wurden. Sie lagen
130 bei einem Prozent des Lohnes. Die Leistungen der Alters- und Invalidenversicherung können nur als kärglich bezeichnet werden. Altersrenten wurden erst nach 24 Beitragsjahren und nach der Vollendung des
135 70. Lebensjahres gezahlt. Im Falle der Invalidität erhielt ein Arbeiter eine Rente, die deutlich unter dem Krankengeld lag und damit nicht einmal das Existenzminimum einer Einzelperson deckte.
140 Nach dem Sturz Bismarcks im Jahr 1890 wurde endlich auch die Blockade gegen eine Erweiterung des Arbeitsschutzes aufgeweicht. In diesem Bereich hatten sich die Unternehmer bislang mit ihren Argumenten
145 auf der ganzen Linie durchsetzen können. Sie argumentierten, dass Arbeitsschutz nicht

nur die Wettbewerbsfähigkeit der deutschen Industrie gefährde, sondern auch die unternehmerische Autorität im Betrieb.

Dieter Ziegler, Das Zeitalter der Industrialisierung (1815–1914), in: Michael North (Hg.): Deutsche Wirtschaftsgeschichte, München (C. H. Beck) 2000, S. 273-276.

11 Untersuchen Sie, von welchen Motiven sich der Staat nach Ansicht des Historikers Dieter Ziegler bei der Einführung der Sozialversicherung leiten ließ (M9). Halten Sie in einer tabellarischen Übersicht die Entwicklungsstationen der Sozialversicherung fest.

M 11 Bismarck zur Sozialgesetzgebung vor dem Reichstag, 1884

Für den Arbeiter ist da immer eine Tatsache, dass der Armut und der Armenpflege in einer großen Stadt zu verfallen gleichbedeutend ist mit Elend, und diese Unsicherheit macht
5 ihn feindlich und misstrauisch gegen die Gesellschaft. Das ist menschlich nicht unnatürlich, und solange der Staat ihm da nicht entgegenkommt oder solange er zu dem Entgegenkommen des Staates kein Ver-
10 trauen hat, da wird er, wo er es finden mag, immer wieder zu dem sozialistischen Wunderdoktor laufen und ohne großes Nachden-

ken sich von ihm Dinge versprechen lassen, die nicht gehalten werden. Deshalb glaube ich, dass die Unfallversicherung, mit der wir 15 vorgehen, sobald sie namentlich ihre volle Ausdehnung bekommt auf die gesamte Landwirtschaft, auf die Baugewerbe vor allem, auf alle Gewerke, wie wir das erstreben, doch mildernd auf die Besorgnis und 20 auf die Verstimmung der arbeitenden Klasse wirken wird. Ganz heilbar ist die Krankheit nicht, aber durch die Unterdrückung äußerer Symptome derselben, durch Zwangsgesetze, halten wir sie nur auf und treiben sie nach 25 innen.

Wenn man mir dagegen sagt, das ist Sozialismus, so scheue ich das gar nicht. Es fragt sich nur, wo liegt die erlaubte Grenze des Staatssozialismus? Ohne eine 30 solche können wir überhaupt nicht wirtschaften. Jedes Armenpflegegesetz ist Sozialismus. [...]

Wer den Staatssozialismus als solchen vollständig verwirft, muss auch die Stein- 35 Hardenbergsche Gesetzgebung verwerfen, der muss überhaupt dem Staate das Recht absprechen, da, wo sich Gesetz und Recht zu einer Kette und zu einem Zwang, der unsere freie Atmung verhindert, verbinden, mit 40 dem Messer des Operateurs einzuschneiden und neue und gesunde Zustände herzustellen. Ich tue aus eigenem Antriebe meine Pflicht und werde dafür kämpfen, solange ich hier das Wort nehmen kann. 45

Zitiert nach Manfred Görtemaker, Deutschland im 19. Jahrhundert, Leverkusen (Leske + Budrich) 1989, S. 296 f.

12 Fassen Sie Bismarcks Argumentation (M11) zusammen. Beurteilen Sie, ob die Position des Historikers Hans Rosenberg, die Sozialgesetzgebung sei eine „kollektive Massenbestechung" möglicher staatsfeindlicher Gruppen gewesen, Bismarcks Absichten gerecht wird.
13 Beurteilen Sie ausgehend vom Plakat von 1913 (M10) und der Karikatur (M12), wie der Staat und die SPD jeweils die Sozialversicherung einschätzten. Zeigen Sie Unterschiede und Gemeinsamkeiten auf. Worin liegen die Vorteile, Schwächen und Probleme der Sozialversicherung begründet?

M 12 **Der prassende Altersrentner, Farblithografie aus dem Wochenblatt „Der wahre Jakob", 1891**

Weiterführende Arbeitsanregungen zur Zukunft des Sozialstaates

Der Sozialstaat ist seit Anfang der 90er-Jahre unter enormen Druck geraten. Neuregelungen im Beschäftigungssystem, der Wandel der Lebensformen und die europäische Integration verändern die Ausgangslage der Sozialpolitik grundlegend. Die Verschärfung des ökonomischen Wettbewerbs im Zuge der Globalisierung hat Schwächen der deutschen Wirtschaft offen gelegt. Die Arbeitslosigkeit hält sich hartnäckig. Zudem werden die Finanzierungsprobleme der sozialen Sicherungssysteme angesichts der demografischen Probleme weiter zunehmen.

1 Recherchieren Sie im Internet zu einem der folgenden oder zu selbst gewählten Themen:
- Sozialstaat in der Globalisierungsfalle?
- Brauchen wir einen neuen Sozialstaat?
- Armut in Deutschland
- Sind unsere Renten in Gefahr?
- Soziale Sicherung – wie machen es unsere europäischen Nachbarn?

2 Tragen Sie die Ergebnisse Ihren Mitschülern vor. Wenn Sie an Ihrer Schule die technischen Voraussetzungen haben: Erstellen Sie eine Powerpoint-Präsentation.

Internet-Tipps
Neben den auf S. 14 genannten „Startrampen" können Sie folgende Internetadressen als Ausgangspunkt für Ihre Recherchen nehmen:
- http://www.erziehung.uni-giessen.de/studis/Robert/
Tief gestaffelter Hypertext zu allen Aspekten des Sozialstaats, Links zum Thema
- http://www.uni-kassel.de/fb4/akademie/
Quellensammlung und Linkliste zur Geschichte der deutschen Sozialpolitik bis 1914
- http://www.statistik-bund.de/
Fakten, Zahlen und Links des Statistischen Bundesamts

M13 **Homepage des Statistischen Bundesamtes, 2001**

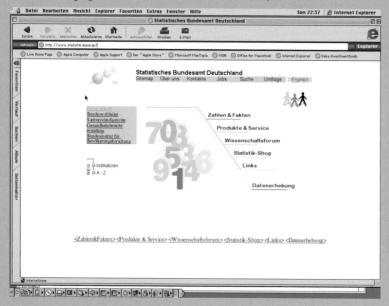

9 Revolution oder Reform? Parteien, Interessen-organisationen und soziale Reformbestrebungen

Die Entstehung politischer Strömungen und Parteien

Mit der Modernisierung des Staates im Zeitalter der Aufklärung und der Französischen Revolution veränderten sich die Rahmenbedingungen und die institutionellen Formen politischen Handelns: Politik hörte auf, eine Sache von Fürsten und Regierungen, von ständischen und kirchlichen Einrichtungen zu sein, von der die meisten Menschen ausgeschlossen blieben. Die Bürger und Untertanen wurden selbst politisch; sie formulierten nun selbstbewusst ihre Interessen und versuchten die politischen Entscheidungen zu beeinflussen. Dieser Prozess der **Selbstorganisation der Gesellschaft** erhielt durch die Französische Revolution, die alte Strukturen in Frage stellte, großen Auftrieb. Seitdem konnte Politik nicht mehr als blinde Gewalt aufgefasst werden, der die Menschen hilflos ausgeliefert waren. Geschichte erschien durch menschliches Handeln veränder- und gestaltbar.

Dieser Prozess ging einher mit der Entstehung politischer Strömungen und Interessenvertretungen. Es bildeten sich anfangs nur lose verbundene Gruppierungen heraus, die durch gemeinsame Grundüberzeugungen über die Gestaltung von Politik und Gesellschaft zusammengehalten wurden. Bis zur Revolution von 1848, die den Zusammenschluss solcher politischer Strömungen zu Landtagsfraktionen und politischen Parteien vorantrieb, hatten sich in Deutschland folgende voneinander unterscheidbare **politische Bewegungen** herausgebildet: Konservativismus, Liberalismus, politischer Katholizismus, Nationalismus, Sozialismus sowie, als Abspaltung von der liberalen Bewegung, die Demokraten.

Arbeiterschaft und Arbeiterparteien

Mit der Industrialisierung stieg der Anteil der Lohnarbeiter an der erwerbstätigen Bevölkerung dramatisch an. Das industrielle Wachstum reichte aber nicht aus, um die Arbeiter von materieller Not zu befreien. Elend und Rechtlosigkeit der Arbeiter entwickelten sich als „**soziale Frage**" zum zentralen Problem der Industriegesellschaft.

Sehr rasch machten die Arbeiter die Erfahrung, dass sie als Einzelne nichts gegen die Unternehmer ausrichten konnten. Um ihr Los zu verbessern, mussten sie ihre Machtposition stärken und Koalitionen bilden. Schlossen sie sich zusammen und vertraten ihre Interessen gemeinsam, fanden sie in der Öffentlichkeit Gehör und waren sehr viel mächtiger. Eines der wirksamsten Mittel war dabei die zeitlich befristete Arbeitsniederlegung, der Streik. „Alle Räder stehen still, wenn dein starker Arm es will" – dieser Slogan der späteren **Arbeiterbewegung** wurde seit den 60er-Jahren in zahlreichen Einzelaktionen in die Tat umgesetzt. Darüber hinaus kam es seit den 40er-Jahren zu ersten Zusammenschlüssen der deutschen Arbeiterschaft, die auf Solidarisierung der Arbeiter untereinander zielten, um ihre politischen Forderungen gewichtiger äußern zu können. Arbeiter nutzten dabei besonders die Gelegenheit zu Vereinsgründungen (die bedeutendste war die „Allgemeine Deutsche Arbeiterverbrüderung").

Durch den Zusammenschluss des 1863 von Ferdinand Lassalle ins Leben gerufenen „Allgemeinen Deutschen Arbeitervereins" mit der 1869 von Wilhelm Liebknecht und August Bebel gegründeten „Sozialdemokratischen Arbeiterpartei" zur „**Sozialistischen Arbeiterpartei**" im Jahre 1875 begann eine neue Phase in der deutschen Arbeiterbewegung: Sie formierte sich jetzt in Parteien und versuchte sowohl mit außerparlamentarischen Mitteln als auch durch die Mitarbeit in den Parlamenten politische Entscheidungen zu beeinflussen. Darüber hinaus schlossen sich Mitte des 19. Jahrhunderts die Buchdrucker und Zigarrenarbeiter, dann weitere Handwerksgesellen und Facharbeiter zu **Gewerkschaften** zusammen, um ihre Interessen besser gegenüber den Arbeitgebern durchzusetzen und durch gegenseitige Hilfe ihre Lebensbedingungen zu verbessern. Unter der Führung von Carl Legien bildeten 1890 die sozialistischen Gewerkschaften als Dachverband die Freien Gewerkschaften. Außerdem gab es Gründungen der Liberalen und ab 1895 die christlichen Gewerkschaften. Anders als bei den Arbeiterparteien besaß in den Gewerkschaften die soziale Absicherung am Arbeitsplatz Vorrang vor politischen Forderungen.

Konzepte zur Lösung der „sozialen Frage"

Die Unterschiede zwischen den verschiedenen politischen Strömungen und Parteien lassen sich am ehesten am Beispiel ihrer abweichenden Lösungsvorschläge zur Bewältigung der „sozialen Frage" verdeutlichen. Im **„Kommunistischen Manifest"** von 1848 und seinem Buch „Das Kapital" (1867) erklärte Karl Marx den Sozialismus, der die bürgerliche Gesellschaft mit ihren kapitalistischen Produktionsbedingungen ablösen sollte, zum gesellschaftspolitischen Ziel. Für Marx und seinen Mitstreiter Friedrich Engels war der Kapitalismus mit seiner Garantie des Privateigentums an Produktionsmitteln die Ursache für das soziale Elend der Arbeiter. Zur Lösung der „sozialen Frage" forderten sie die Abschaffung des Privateigentums an Produktionsmitteln und deren Vergesellschaftung, also die **sozialistische Revolution**. Der Sozialismus sollte nicht nur die Klassenunterschiede beseitigen und gleiche Eigentumsverhältnisse für alle bieten, sondern auch einen neuen Menschen schaffen, der als kulturelles Leitbild die klassenlose Gesellschaft des Kommunismus bestimmte.

Bei ihrer Gründung verzichtete die „Sozialistische Arbeiterpartei" im „Gothaer Programm" zunächst auf einen revolutionären marxistischen Weg. Als jedoch Bismarck mit dem Sozialistengesetz die Sozialdemokratie unterdrückte, radikalisierten die deutschen Sozialisten ihr Programm. Im „Erfurter Programm" von 1891 forderte die neue „Sozialdemokratische Partei Deutschlands" mit Marx und Engels die Vergesellschaftung der Produktionsmittel. Allerdings bezweifelte schon bald der Revisionist Eduard Bernstein die Theorien von Marx und Engels und forderte ein revidiertes Parteiprogramm, das schrittweisen Reformen den Vorzug vor revolutionären Zielen einräumte. Dagegen strebte die Richtung des Aktionismus innerhalb der SPD weiterhin die Revolution an. Rosa Luxemburg wollte durch Generalstreiks die sofortige Revolution durchsetzen. Der SPD-Theoretiker Karl Kautsky vermittelte in diesem Konflikt und fand die Kompromissformel, dass die Sozialdemokratie eine revolutionäre, aber keine Revolution machende Partei sei. Seitdem war der **Reformismus** die beherrschende Strömung in der SPD, die dabei auch von den Gewerkschaften unterstützt wurde.

Die **Liberalen** besaßen ganz andere Vorstellungen von der Verbesserung der Lage der Arbeiter. Sie bevorzugten soziale Reformen, worunter Politiker wie Friedrich Hakort und Hermann Schulze-Delitzsch vor allem bessere Bildungschancen für die Unterschichten und wirtschaftliche Selbsthilfevereine wie Versicherungs- oder Konsumvereine verstanden. Führende Wirtschaftswissenschaftler wie Gustav Schmoller und der von ihm 1872/73 mit hohen Beamten und einzelnen Unternehmern gegründete „Verein für Sozialpolitik" schlugen dagegen vor, dass sich der Staat als Schiedsrichter in den Konflikt zwischen den Klassen einmischen und vermitteln solle. Die „Kathedersozialisten" (lat. = Pult, Kanzel) forderten darüber hinaus politische Rechte für die Arbeiter.

In den **christlichen Kirchen** traten besonders einzelne Geistliche für ein soziales Engagement ihrer Konfessionen ein. In der evangelischen Kirche regte 1848 Johann Hinrich Wichern die Gründung des „Central-Ausschusses für die Innere Mission" an, der überall in Deutschland Einrichtungen für eine evangelische Sozialarbeit schuf. Auf katholischer Seite rief Adolph Kolping 1849 den ersten „katholischen Gesellenverein" ins Leben. Dieses Kolpingwerk umfasste 1864 als Heimstätte familienloser Männer bereits 420 Vereine und 60 000 Mitglieder. Der Mainzer Erzbischof Freiherr von Ketteler trat öffentlich für Sozialreform, Koalitions- und Streikrecht ein und prägte das Sozialprogramm der katholischen Zentrumspartei von 1870 ebenso mit wie die päpstliche Sozialenzyklika „Rerum Novarum" von 1891. Darin forderte der Vatikan eine gerechte Eigentumsordnung im Rahmen christlicher Ethik, verlangte vom Staat Maßnahmen zum Arbeitsschutz sowie die Garantie des Streik- und Koalitionsrechtes. Weil die Kirche aber die Gleichheitsforderungen der Arbeiterbewegung nicht übernahm, kam es nicht zu einer breiten Aussöhnung zwischen Arbeiterbewegung und Kirche.

Auch einige **Unternehmer** ergriffen Initiativen zur Lösung der „sozialen Frage". Ihre Vorschläge zielten auf die Einrichtung betrieblicher Unterstützungskassen für den Krankheitsfall, die Altersvorsorge und bei Unfällen und Invalidität. Überdies verringerten in manchen Unternehmen betriebliche Konsumvereine und Betriebswohnungen die Lebenshaltungskosten der Arbeiter, linderten Kindergärten das Problem der Betreuung der Arbeiterkinder. Allerdings verlangten die Unternehmer in patriarchalischem Stil für ihre Bemühungen als Gegenleistung absoluten Gehorsam und wurden daher von der Arbeiterbewegung scharf kritisiert.

Industrielle Interessenvertretungen

Nicht nur die Arbeiter schufen sich Organisationen zur Interessenvertretung, sondern auch Unternehmer und Industrie. Bereits im frühen 19. Jahrhundert entstanden mit den **Handelskammern** öffentlich-rechtliche Organe, die regionale Wirtschaftsinformationen sammelten, die staatliche Verwaltung berieten und öffentliche Verwaltungs- sowie Überwachungsaufgaben wahrnahmen. Gleichzeitig verstanden sie sich als Interessenorganisationen der Wirtschaft und entwickelten ein zunehmendes Selbstbewusstsein. Ebenfalls im frühen 19. Jahrhundert bildeten sich mit den freien Unternehmerverbänden staatsunabhängige Organisationen, die sowohl Arbeitgeberaufgaben wahrnahmen als auch die wirtschaftlichen Interessen ihrer Mitglieder aus Handel, Gewerbe und Industrie gegenüber dem Staat vertraten.

Mit der **Gründung des deutschen Nationalstaates** 1870/71 und der Entstehung des modernen Interventionsstaates in den 70er-Jahren mussten Handel, Gewerbe und Industrie ihre Organisation und Einflusskanäle den neuen Gegebenheiten anpassen. Die Wirtschaftsverbände waren nun gezwungen, sich auf nationaler Ebene zusammenzuschließen. Angesichts der wachsenden Bereitschaft des Interventionsstaates zu Eingriffen in das wirtschaftliche und gesellschaftliche Leben erschien es den Arbeitgebern zunehmend geboten, staatliche Entscheidungen in ihrem Sinne zu beeinflussen. Darüber hinaus führten konjunkturelle Krisen des Industriekapitalismus zwischen den einzelnen Wirtschaftszweigen zu Strukturverschiebungen, die die Konkurrenz innerhalb der gewerblichen Wirtschaft verschärften und dadurch einzelne Branchen zu verstärktem Engagement für ihre eigenen Bedürfnisse anstachelten.

Hinweise zur Arbeit mit den Materialien

Die Materialien M1–15 beschäftigen sich mit der „sozialen Frage" im 19. Jahrhundert und den Lösungsvorschlägen der unterschiedlichen politischen Parteien, gesellschaftlichen Gruppen und der Kirchen. Zunächst zeigt M2 am Beispiel des Weberaufstandes in den 1840er-Jahren die soziale Situation zu Beginn des industriellen Strukturwandels. Sodann werden die vielfältigen Strategien zur Abwendung des Massenelends dokumentiert: M3 verdeutlicht die marxistische Position, M4, 5, 7, 8 die der Arbeiter und der sozialistischen Arbeiterbewegung, während M6 mit dem Sozialistengesetz die Bemühungen der staatlichen Seite darstellt, die erstarkende Arbeiterbewegung zu unterdrücken. Die Rolle des Staates und die grundsätzliche Bedeutung des Klassenkonfliktes für das gesamtgesellschaftliche Leben erläutert zusätzlich M9. Die päpstliche Enzyklika „Rerum novarum" formuliert zwischen den Positionen von Staat, Kapital und Arbeit die Grundgedanken christlicher Soziallehre (M10). Wie sich die beiden christlichen Kirchen konkret mit der „sozialen Frage" auseinander setzten, beleuchten M12 und M13. Auch die Initiative eines Unternehmers, nämlich die Betriebspolitik von Alfred Krupp (M15), und die Reaktionen der Arbeiterbewegung darauf (M14) kommen zur Sprache. Zur Ergänzung und Vertiefung der Diskussion über die sozialistische Arbeiterbewegung bietet sich die Methodenseite (S. 115) an, die sich mit Arbeiterliedern befasst.

M1 **Wandschmuck aus einer Arbeiterwohnung, letztes Drittel 19. Jh.**

M2 **Der Historiker Wehler über den Weberaufstand im Vormärz, 1987**

Noch ehe die sozioökonomischen Krisen zahlreiche Aktionen des sozialen Protests auslösten, wirkte der schlesische Weberauf-

stand vom Frühsommer 1844 wie ein Fanal[1] künftigen Aufruhrs. Mit der Helligkeit eines Blitzes wurde der qualvolle Verfall der Protoindustrie[2] so grell beleuchtet, dass er in das Bewusstsein einer breiten Öffentlichkeit eindrang. Die schlesischen Weberdörfer hatten sich schon seit längerem zu einem Notstandsgebiet entwickelt. Die allgemeine Ursache lag in der Überlegenheit der Fabrikproduktion begründet … 5

1844 machte der durchschnittliche Weberwochenlohn von 20 Silbergroschen … gerade noch ein Viertel des Wochenlohnes von 1830 aus! Die Konkurrenz der Maschinenwaren hatte den Lebensstandard der Weber mithin bereits auf ein Niveau gedrückt, das Abertausenden von Familien im Heimgewerbe nurmehr gestattete, notdürftig von Zahltag zu Zahltag dahinzuvegetieren. Die Abhängigkeit von der Marktmacht weniger Großunternehmer verschärfte die Situation. […] 15, 20, 25

Hans-Ulrich Wehler, Deutsche Gesellschaftsgeschichte, 2. Band, 1815–1845/49, München (C. H. Beck) 1987, S. 654 f., 659.

1 *Fanal: Feuerzeichen, Zeichen für den Beginn großer Ereignisse*
2 *Protoindustrie: „Industrialisierung" vor der Industrialisierung (s. Begriffslexikon)*

1 Ermitteln Sie Ursachen und Folgen des schlesischen Weberaufstands (M2).

M 3 Aus dem Manifest der kommunistischen Partei von Marx und Engels, 1848

Ein Gespenst geht um in Europa – das Gespenst des Kommunismus. Alle Mächte des alten Europa haben sich zu einer heiligen Hetzjagd gegen dies Gespenst verbündet, der
5 Papst und der Zar, Metternich und Guizot, französische Radikale und deutsche Polizisten. [...]

Der Kommunismus wird bereits von allen europäischen Mächten als eine Macht aner-
10 kannt.

Es ist hohe Zeit, dass die Kommunisten ihre Anschauungsweise, ihre Zwecke, ihre Tendenzen vor der ganzen Welt offen darlegen und dem Märchen vom Gespenst des
15 Kommunismus ein Manifest der Partei selbst entgegenstellen.

Zu diesem Zweck haben sich Kommunisten der verschiedensten Nationalität in London versammelt und das folgende Mani-
20 fest entworfen, das in englischer, französischer, deutscher, italienischer, flämischer und dänischer Sprache veröffentlicht wird. [...]

Alle bisherigen Bewegungen waren Bewe-
25 gungen von Minoritäten[1] oder im Interesse von Minoritäten. Die proletarische Bewegung ist die selbstständige Bewegung der ungeheuren Mehrzahl im Interesse der ungeheuren Mehrzahl. Das Proletariat, die unters-
30 te Schichte der jetzigen Gesellschaft, kann sich nicht erheben, nicht aufrichten, ohne dass der ganze Überbau der Schichten, die die offizielle Gesellschaft bilden, in die Luft gesprengt wird.[...]

35 Das Proletariat wird seine politische Herrschaft dazu benutzen, der Bourgeoisie nach und nach alles Kapital zu entreißen, alle Produktionsinstrumente in den Händen des Staats, d.h. des als herrschende Klasse orga-
40 nisierten Proletariats, zu zentralisieren und die Masse der Produktionskräfte möglichst rasch zu vermehren.

Es kann dies natürlich zunächst nur geschehen vermittelst despotischer Eingriffe
45 in das Eigentumsrecht und in die bürgerlichen Produktionsverhältnisse, durch Maßregeln also, die ökonomisch unzureichend und unhaltbar erscheinen, die aber im Lauf der Bewegung über sich selbst hin-
50 austreiben und als Mittel zur Umwälzung der ganzen Produktionsweise unvermeidlich sind.

Diese Maßregeln werden natürlich je nach den verschiedenen Ländern verschie-
55 den sein.

Für die fortgeschrittensten Länder werden jedoch die folgenden ziemlich allgemein in Anwendung kommen können:

1. Expropriation[2] des Grundeigentums
60 und Verwendung der Grundrente zu Staatsausgaben.

2. Starke Progressivsteuer.

3. Abschaffung des Erbrechts.

4. Konfiskation[3] des Eigentums aller Emigranten und Rebellen.
65

5. Zentralisation des Kredits in den Händen des Staats durch eine Nationalbank mit Staatskapital und ausschließlichem Monopol.

6. Zentralisation des Transportwesens in
70 den Händen des Staats.

7. Vermehrung der Nationalfabriken, Produktionsinstrumente, Urbarmachung und Verbesserung der Ländereien nach einem gemeinschaftlichen Plan.
75

8. Gleicher Arbeitszwang für alle, Errichtung industrieller Armeen, besonders für den Ackerbau.

9. Vereinigung des Betriebs von Ackerbau und Industrie, Hinwirken auf die allmähli-
80 che Beseitigung des Unterschieds von Stadt und Land.

10. Öffentliche und unentgeltliche Erziehung aller Kinder. Beseitigung der Fabrikarbeit der Kinder in ihrer heutigen Form.
85 Vereinigung der Erziehung mit der materiellen Produktion usw.

Sind im Laufe der Entwicklung die Klassenunterschiede verschwunden und ist alle Produktion in den Händen der assoziierten
90 Individuen konzentriert, so verliert die öffentliche Gewalt den politischen Charakter. Die politische Gewalt im eigentlichen Sinne ist die organisierte Gewalt einer Klasse zur Unterdrückung einer andern. Wenn das
95 Proletariat im Kampfe gegen die Bourgeoisie sich notwendig zur Klasse vereint, durch eine Revolution sich zur herrschenden Klasse macht und als herrschende Klasse gewaltsam die alten Produktionsverhältnisse auf-
100 hebt, so hebt es mit diesen Produktionsver-

(handschriftliche Notizen: „propagation", „farming", „free")

hältnissen die Existenzbedingungen des Klassengegensatzes, die Klassen überhaupt, und damit seine eigene Herrschaft als Klasse
105 auf.

An die Stelle der alten bürgerlichen Gesellschaft mit ihren Klassen und Klassengegensätzen tritt eine Assoziation⁴, worin die freie Entwicklung eines jeden die Bedingung
110 für die freie Entwicklung aller ist. [...]

Auf Deutschland richten die Kommunisten ihre Hauptaufmerksamkeit, weil Deutschland am Vorabend einer bürgerlichen Revolution steht und weil es diese
115 Umwälzung unter fortgeschritteneren Bedingungen der europäischen Zivilisation überhaupt und mit einem viel weiter entwickelten Proletariat vollbringt als England im 17. und Frankreich im 18. Jahrhundert,
120 die deutsche bürgerliche Revolution also nur das unmittelbare Vorspiel einer proletarischen Revolution sein kann. [...]

Die Kommunisten verschmähen es, ihre Ansichten und Absichten zu verheimlichen.
125 Sie erklären es offen, dass ihre Zwecke nur erreicht werden können durch den gewaltsamen Umsturz aller bisherigen Gesell-

schaftsordnung. Mögen die herrschenden Klassen vor einer kommunistischen Revolution zittern. Die Proletarier haben nichts in 130 ihr zu verlieren als ihre Ketten. Sie haben eine Welt zu gewinnen.

Proletarier aller Länder, vereinigt euch!
MEW Bd. 4, Berlin 1964, S. 471–493.

1 Minoritäten: Minderheiten
2 Expropriation: Enteignung
3 Konfiskation: Beschlagnahmung
4 Assoziation: Vereinigung

2 Beschreiben Sie, wie Marx und Engels die Gesellschaft ihrer Zeit gesehen haben. Arbeiten Sie anhand von M3 die wichtigsten Elemente ihrer Kritik heraus. Welche Forderungen und Perspektiven leiten Marx und Engels aus ihrer Analyse ab?
3 Erörtern Sie die Stichhaltigkeit der Argumente des Kommunistischen Manifests vor dem Hintergrund der damaligen sozialen und politischen Verhältnisse.
4 Interpretieren Sie M4 vor dem Hintergrund der Auseinandersetzungen zwischen Unternehmern und Arbeitern. Gehen Sie auf Kleidung, Körperhaltung und Gestik ein.

M4 **Arbeiter beim Fabrikanten, Gemälde von Stanislaw Lenz, 1895**

M 5 Aus dem Manifest des deutschen Arbeiterkongresses in Berlin an die konstituierende Versammlung zu Frankfurt am Main, 1848

Stephan Born (1824–1898), der auch Kontakte zu Marx und Engels hatte, rief am 23. August 1848 einen „Allgemeinen deutschen Arbeiterkongress" ein, der bis zum 3. September in Berlin tagte und auf dem die erste politische Arbeiterorganisation, die „Arbeiterverbrüderung" gegründet wurde. Sie umfasste bald 170 örtliche Vereine und Bezirksorganisationen, richtete ein Zentralkomitee in Leipzig ein und gab eine Verbandszeitschrift, die „Verbrüderung", heraus. Der Sieg der Gegenrevolution unterbrach den Aufstieg dieser überregionalen Organisation; sie wurde verboten wie die anderen Gewerkvereine auch, viele prominente Mitglieder emigrierten.

Sie haben nunmehr leider die Überzeugung erlangt, dass auch in der Verfassungsurkunde für Deutschland die soziale Frage ebenso wenig wie in andern Verfassungsarbeiten 5 eine Stelle finden könne.

Wir Arbeiter und unsre Angelegenheiten stehen den Augen der Staatsmänner, wie diese bisher durch das Staatsleben gebildet wurden, zu fern, ja, für die meisten waren die 10 Arbeiter eigentlich gar nicht als Staatsbürger sichtbar, sondern nur als Ziffern in den Bevölkerungslisten und in den Berechnungen der Volksmacht.

Der Staat kennt nur den Besitz, als etwas 15 Bleibendes, und die Besitzenden, als bereits verschiedentlich organisierte und leiblich vorhandene Staatsbürgerkaste; diese Massen liegen dem Staatsmanne, der über eine neue Konstitution verhandelt, lebendig vor 20 Augen, sind durch spezielle Gesetze organisiert, und seine neue Arbeit hat es nun bloß damit zu tun, den Umständen gemäß da und dort einige Umgestaltungen anzubringen.

25 Die Gesamtheit der Arbeiter steht dagegen nicht als eine bestimmte Staatsbürgermasse, welche einen Besitz habe und in diesem geschätzt oder besser geordnet werden müsse, vor den Augen der Gesetz-30 geber. […]

Es ist also vor allem erforderlich, dass die Arbeiter, um ihre Arbeiten als einen bestimmten Besitz in das Grundgesetz des Staats einzuführen, sich selbst als lebendige Gemeinschaften, gleichsam als politisch 35 beseelte Körperschaften, unter die übrigen Bürger hinstellen und den Staatsmännern bemerklich machen. […]

So organisiert, in dem festen Vorsatze, an der weiteren Ausbildung unseres Organis-40 mus mit aller Macht fortzuarbeiten, und in dem uns hiermit wiedergeborenen Bewusstsein unserer Persönlichkeit und unserer Berechtigungen im Staatsleben treten wir jetzt unter unsere Mitbürger und vor den 45 gesetzgebenden Körper unserer Wahl, mit der Bitte: in der künftigen Gesetzgebung auch uns, als Besitzer der Arbeit, anzuerkennen und solche gesetzlichen Bestimmungen eintreten zu lassen, durch welche die Exis-50 tenz und Fortdauer unserer Organisation und Assoziation für alle Zeiten geschützt und ihre weitere gedeihliche Ausbildung von Seiten des Staates begünstigt werden möge. […] 55

Wir, die Arbeiter, sind von Natur die Stützen der Ruhe und der Ordnung, denn wir wissen sehr wohl, dass wir zum Leben vor allem der Ruhe und Ordnung bedürfen. Wir reichen unseren Mitbürgern und unseren 60 Gesetzgebern die Hand und die Verheißung unseres Worts: Ja! wir wollen die Ruhe und Ordnung der Staaten aufrechterhalten – wir können es verheißen, denn wir haben die Kraft dazu und sind uns unserer politischen 65 Bedeutung bewusst.

Nur notgedrungen würden wir, wenn wir abgewiesen würden, wenn der alte Wahn aufrechterhalten und unserer Rechte auch fernerhin, wie früher, von keinem der 70 Machthaber auf humane Weise gedacht würde, der Geißel des Schicksals gehorchen, und unter der Macht der finstern Not aus den wärmsten Freunden der bestehenden Ordnung zu den bittersten Feinden derselben 75 werden müssen.

W. Mickel (Hg.), Quellen zur Sozial- und Wirtschaftspolitik im 19. und 20. Jh., Frankfurt/M. 1968, S. 12 ff., zitiert nach: Geschichte, Politik und Gesellschaft, Bd. 1, Berlin (Cornelsen/Hirschgraben) 1991, S. 223.

5 Arbeiten Sie die in M5 vertretene Position heraus und vergleichen Sie diese mit derjenigen von Marx und Engels (M3).

M 6 Maßnahmen gegen die Arbeiterbewegung

M 6a) Aus dem Gesetz gegen die gemeingefährlichen Bestrebungen der Sozialdemokratie (Sozialistengesetz), 1878

Wir Wilhelm, von Gottes Gnaden Deutscher Kaiser, König von Preußen etc., verordnen im Namen des Reichs, nach erfolgter Zustimmung des Bundesrats und des Reichstags,
5 was folgt:

§ 1. Vereine, welche durch sozialdemokratische, sozialistische oder kommunistische Bestrebungen den Umsturz der bestehenden Staats- oder Gesellschaftsordnung bezwe-
10 cken, sind zu verbieten.

Dasselbe gilt von Vereinen, in welchen sozialdemokratische, sozialistische oder kommunistische, auf den Umsturz der bestehenden Staats- oder Gesellschaftsordnung
15 gerichtete Bestrebungen in einer den öffentlichen Frieden, insbesondere die Eintracht der Bevölkerungsklassen, gefährdenden Weise zu Tage treten.

Den Vereinen stehen gleich Verbindun-
20 gen jeder Art. [...]

§ 9. Versammlungen, in denen sozialdemokratische, sozialistische oder kommunistische, auf den Umsturz der bestehenden Staats- oder Gesellschaftsordnung gerichtete
25 Bestrebungen zu Tage treten, sind aufzulösen.

Versammlungen, von denen durch Tatsachen die Annahme gerechtfertigt ist, dass sie zur Förderung der im ersten Absatze bezeich-
30 neten Bestrebungen bestimmt sind, sind zu verbieten.

Den Versammlungen werden öffentliche Festlichkeiten und Aufzüge gleichgestellt. [...]

35 § 11. Druckschriften, in welchen sozialdemokratische, sozialistische oder kommunistische, auf den Umsturz der bestehenden Staats- oder Gesellschaftsordnung gerichtete Bestrebungen in einer den öffentlichen Frie-
40 den, insbesondere die Eintracht der Bevölkerungsklassen, gefährdenden Weise zu Tage treten, sind zu verbieten. [...]

§ 17. Wer an einem verbotenen Vereine (§ 6) als Mitglied sich beteiligt oder eine
45 Tätigkeit im Interesse eines solchen Vereins ausübt, wird mit Geldstrafe bis zu fünfhundert Mark oder mit Gefängnis bis zu drei Monaten bestraft. [...]

Gegen diejenigen, welche sich an dem
50 Vereine oder an der Versammlung als Vorsteher, Leiter, Ordner, Agenten, Redner oder Kassierer beteiligen oder welche zu der Versammlung auffordern, ist auf Gefängnis von einem Monat bis zu einem Jahre zu
55 erkennen. [...]

§ 28. Für Bezirke oder Ortschaften, welche durch die im § 1 Abs. 2 bezeichneten Bestrebungen mit Gefahr für die öffentliche Sicherheit bedroht sind, können von den
60 Zentralbehörden der Bundesstaaten die folgenden Anordnungen, soweit sie nicht bereits landesgesetzlich zulässig sind, mit Genehmigung des Bundesrats für die Dauer von längstens einem Jahre getroffen werden:
65 1. dass Versammlungen nur mit vorgängiger Genehmigung der Polizeibehörde stattfinden dürfen; auf Versammlungen zum Zweck einer ausgeschriebenen Wahl zum Reichstag oder zur Landesvertretung
70 erstreckt sich diese Beschränkung nicht;

2. dass die Verbreitung von Druckschriften auf öffentlichen Wegen, Straßen, Plätzen oder an anderen öffentlichen Orten nicht stattfinden darf;
75 3. dass Personen, von denen eine Gefährdung der öffentlichen Sicherheit ... zu besorgen ist, der Aufenthalt in den Bezirken oder Ortschaften versagt werden kann ...

M 6b) **Hausdurchsuchung bei einem politisch verdächtigen Arbeiter, Stich um 1885**

Quellen zur deutschen Wirtschafts- und Sozialgeschichte, hg. von Walter Steitz, Darmstadt (WBG) 1985, S. 86–88, 90 f.

6 Erläutern Sie die Maßnahmen, mit denen der Staat das Erstarken der sozialistischen Arbeiterbewegung verhindern will (M6).
7 Untersuchen Sie, wie sich das Sozialistengesetz auf die deutsche Arbeiterbewegung auswirkte.

M 7 Aus dem Erfurter Programm der SPD, 1891

Die ökonomische Entwicklung der bürgerlichen Gesellschaft führt mit Naturnotwendigkeit zum Untergang des Kleinbetriebes, dessen Grundlage das Privateigentum des
5 Arbeiters an seinen Produktionsmitteln bildet. Sie trennt den Arbeiter von seinen Produktionsmitteln und verwandelt ihn in einen besitzlosen Proletarier, indes die Produktionsmittel das Monopol einer verhält-
10 nismäßig kleinen Zahl von Kapitalisten und Großgrundbesitzern werden. [...]
    Nur die Verwandlung des kapitalistischen Privateigentums an Produktionsmitteln – Grund und Boden, Gruben und Bergwerke, Rohstoffe, Werkzeuge, Maschinen, Verkehrs- 15 mittel – in gesellschaftliches Eigentum und die Umwandlung der Warenproduktion in sozialistische, für und durch die Gesellschaft betriebene Produktion kann es bewirken, dass der Großbetrieb und die stets wachsen- 20 de Ertragsfähigkeit der gesellschaftlichen Arbeit für die bisher ausgebeuteten Klassen aus einer Quelle des Elends und der Unterdrückung zu einer Quelle der höchsten Wohlfahrt und allseitiger harmonischer Ver- 25 vollkommnung werde.
    Diese gesellschaftliche Umwandlung bedeutet die Befreiung nicht bloß des Proletariats, sondern des gesamten Menschengeschlechts, das unter den heutigen Zustän- 30 den leidet. Aber sie kann nur das Werk der Arbeiterklasse sein, weil alle anderen Klassen, trotz der Interessenstreitigkeiten unter sich, auf dem Boden des Privateigentums an Produktionsmitteln stehen und die Erhal- 35

M 8 **Festblatt zum 1. Mai, Holzschnitt von Otto Marcus** – *Die Aufschriften auf den Fahnen usw. lauten: Hoch die Sozialdemokratie! Fort mit der Gesinde Ordnung! Hoch der 8 Stunden Tag! Frauen organisiert Euch. Freiheit, Gleichheit, Brüderlichkeit.*

tung der Grundlagen der heutigen Gesellschaft zum gemeinsamen Ziel haben.

Der Kampf der Arbeiterklasse gegen die kapitalistische Ausbeutung ist notwendiger-
40 weise ein politischer Kampf. [...]

Die Sozialdemokratische Partei Deutschlands kämpft also nicht für neue Klassenprivilegien und Vorrechte, sondern für die Abschaffung der Klassenherrschaft und der
45 Klassen selbst und für gleiche Rechte und gleiche Pflichten aller ohne Unterschied des Geschlechts und der Abstammung. Von diesen Anschauungen ausgehend, bekämpft sie in der heutigen Gesellschaft nicht bloß die
50 Ausbeutung und Unterdrückung der Lohnarbeiter, sondern jede Art der Ausbeutung und Unterdrückung, richte sie sich gegen eine Klasse, eine Partei, ein Geschlecht oder eine Rasse.
55 Ausgehend von diesen Grundsätzen, fordert die Sozialdemokratische Partei Deutschlands zunächst:

1. Allgemeines, gleiches, direktes Wahl- und Stimmrecht mit geheimer Stimmabgabe
60 aller über 20 Jahre alten Reichsangehörigen ohne Unterschied des Geschlechts...

2. Direkte Gesetzgebung durch das Volk vermittelst des Vorschlags- und Verwerfungsrechts. [...]
65 3. Erziehung zur allgemeinen Wehrhaftigkeit. Volkswehr an Stelle der stehenden Heere. Entscheidung über Krieg und Frieden durch die Volksvertretung. Schlichtung aller internationalen Streitigkeiten auf schieds-
70 gerichtlichem Wege.

4. Abschaffung aller Gesetze, welche die freie Meinungsäußerung und das Recht der Vereinigung und Versammlung einschränken oder unterdrücken.
75 5. Abschaffung aller Gesetze, welche die Frau in öffentlicher und privatrechtlicher Beziehung gegenüber dem Manne benachteiligen.

6. Erklärung der Religion zur Privat-
80 sache. [...]

7. Weltlichkeit der Schule. Obligatorischer Besuch der öffentlichen Volksschulen. Unentgeltlichkeit des Unterrichts, der Lehrmittel und der Verpflegung...
85 8. Unentgeltlichkeit der Rechtspflege und des Rechtsbeistands. [...] Abschaffung der Todesstrafe.

9. Unentgeltlichkeit der ärztlichen Hilfeleistung...

10. Stufenweise steigende Einkommen-
90 und Vermögenssteuer zur Bestreitung aller öffentlichen Ausgaben, soweit diese durch Steuern zu decken sind. Selbsteinschätzungspflicht. Erbschaftssteuer...

Zum Schutze der Arbeiterklasse fordert die 95 Sozialdemokratische Partei Deutschlands zunächst:

1. Eine wirksame nationale und internationale Arbeiterschutzgesetzgebung...

2. Überwachung aller gewerblichen 100 Betriebe...

3. Rechtliche Gleichstellung der landwirtschaftlichen Arbeiter und der Dienstboten mit den gewerblichen Arbeitern; Beseitigung der Gesindeordnungen. 105

4. Sicherstellung des Koalitionsrechts.

5. Übernahme der gesamten Arbeiterversicherung durch das Reich mit maßgebender Mitwirkung der Arbeiter an der Verwaltung.

Dieter Dowe/Kurt Klotzbach (Hg.), Programmatische Dokumente der deutschen Sozialdemokratie, Bonn (J. H. W. Dietz Nachf.) ³1990, S. 186–189.

8 Ermitteln Sie durch einen Vergleich mit dem Kommunistischen Manifest (M3), inwieweit man das Erfurter Programm als „marxistisch" bezeichnen kann (M7). Wie stellen sich die Forderungen des Programms aus heutiger Sicht dar (vgl. auch M8)?

M9 Der Soziologe M. Rainer Lepsius über Institutionalisierungen sozialer Konflikte, 1979

Die Entwicklung der politischen Ordnungen westlicher Industriegesellschaften in den letzten Jahrzehnten lässt sich charakterisieren durch die Ausbildung einer Vielzahl neuer Institutionen zur Bewältigung und 5 Regelung sozialer Konflikte. Die Bundesrepublik ist auf diesem Wege vielleicht weiter fortgeschritten als andere westliche Staaten.

Die Wirkung dieses Institutionengeflechts 10 liegt tendenziell darin, dass Konfliktinhalte desaggregiert[1], spezifiziert und auf je bestimmte Austragungsorte differenziert werden. Mit anderen Worten, durch die Institu-

15 tionalisierung von sozialen Konflikten tritt
an die Stelle eines inhaltlich umfassenden
„Zentralkonflikts" die Ausformung von zahlreichen Einzelkonflikten …
   Der Klassenkonflikt in der zweiten Hälfte
20 des 19. Jahrhunderts gewann dadurch seine
Strukturbedeutung, dass zahlreiche einzelne
Probleme, die mit der Industrialisierung entstanden waren: Arbeitsbedingungen, Entloh-
nung, Wohnungsversorgung, Alters- und
25 Krankheitssicherung, politische Teilnahme,
sich zu „dem" Klassenkonflikt aggregierten[2].
Je umfassender der Inhalt dieses Konfliktes
war, desto allgemeiner und wertgeladener
musste er erscheinen. Da ferner keine ange-
30 messenen Arenen für die Austragung dieses
Konfliktes bestanden, konnte er nicht in
Verhandlungsformen gebracht werden,
sodass er sich zunächst als ein prinzipieller
Systemkonflikt darstellen musste. Ange-
35 sichts dieser Lage blieb der „Gegner" auch
relativ unbestimmt und das „System" des
Kapitalismus als solches wurde zum Gegner.
Da zugleich auch keine oder nur sehr
beschränkte Teilnahmechancen am zent-
40 ralen politischen Steuerungssystem für die
Arbeiterschaft bestanden, wurde die Verfassung als solche entlegitimiert und erschien
die Revolution als einzig geeignetes Mittel
zur Veränderung.

*M. Rainer Lepsius, Soziale Ungleichheit und Klas-
senstrukturen in der Bundesrepublik Deutschland, in:
H.-U. Wehler (Hg.), Klassen in der europäischen Sozialgeschichte, Göttingen (Vandenhoeck & Ruprecht)
1979, S. 194–196.*

1 *desaggregiert: hier: entzerrt*
2 *aggregiert: hier: verdichtet*

M 10 Die Enzyklika „Rerum Novarum" Papst Leos XIII., 1891

Aber was schwerer wiegt: Das von den Sozialisten empfohlene Heilmittel der Gesellschaft ist offenbar der Gerechtigkeit zuwider,
denn das Recht zum Besitze privaten Eigen-
5 tums hat der Mensch von der Natur erhalten … Aber sieht man selbst von der Unge-
rechtigkeit ab, so ist es ebenso wenig zu
leugnen, dass dieses System [des Sozialismus]
in allen Schichten der Gesellschaft Verwir-
10 rung herbeiführen würde. Eine unerträg-

liche Beengung aller, eine sklavische Abhän-
gigkeit würde die Folge des Versuches seiner
Anwendung sein. Es würde gegenseitiger
Missgunst, Zwietracht und Verfolgung Tür
und Tor geöffnet. Mit dem Wegfall des   15
Spornes zu Strebsamkeit und Fleiß würden
auch die Quellen des Wohlstandes versiegen.
Aus der eingebildeten Gleichheit aller würde
nichts anderes als der nämliche klägliche
Zustand der Entwürdigung für alle … Ein   20
Grundfehler in der Behandlung der sozialen
Frage ist sodann auch der, dass man das
gegenseitige Verhältnis zwischen der besitzenden und der unvermögenden arbeitenden Klasse so darstellt, als ob zwischen ihnen 25
von Natur ein unversöhnlicher Gegensatz
Platz griffe, der sie zum Kampf aufrufe. Ganz
das Gegenteil ist wahr. Die Natur hat vielmehr alles zur Eintracht, zu gegenseitiger
Harmonie hin geordnet … So wenig das   30
Kapital ohne die Arbeit, so wenig kann die
Arbeit ohne das Kapital bestehen … Die Kirche, als Vertreterin und Wahrerin der Religion, hat zunächst in den religiösen Wahrheiten und Gesetzen ein mächtiges Mittel,   35
die Reichen und Armen zu versöhnen und
einander nahe zu bringen; ihre Lehren
und Gebote führen beide Klassen zu ihren
Pflichten gegeneinander und namentlich
zur Befolgung der Vorschriften der Gerech-   40
tigkeit.

*Zit. nach: Texte zur katholischen Soziallehre, hg. vom
Bundesverband der katholischen Arbeitnehmerbewe-
gung Deutschlands, Band 1: Die sozialen Rundschrei-
ben der Päpste und andere kirchliche Dokumente,
Kevelaer (Butzon & Bercker) 1977, S. 33 ff.*

„QUATSCH NICHT! DAS WAR IMMER SO!"

M 11 Kapital und Arbeit, Karikatur, 1967

9 Erläutern Sie die in M9 vertretenen Thesen und beurteilen Sie davon ausgehend noch einmal die sozialen Konflikte und die Rolle des Staates im 19. Jahrhundert.

10 Arbeiten Sie aus der Enzyklika die Prinzipien der katholischen Soziallehre sowie die Kritik Leos XIII. am Sozialismus heraus (M10). Vergleichen Sie die kirchliche Position mit den Forderungen des Erfurter Programms aus dem gleichen Jahr (M7).

11 Setzen Sie die Aussage der Karikatur (M11) in Bezug zur Industrialisierung.

M 12 Johann Hinrich Wichern über die Innere Mission der Deutschen Evangelischen Kirche, 1847

Je wichtiger seit dem letzten Jahrzehnt die Behandlung des Armenwesens geworden, desto ernster und frischer ist die innere Mission mit neuen, belebenden Kräften zu
5 den bestehenden festen Institutionen hinzugetreten. […] In allen Fällen ist durch sie wieder das christlich-sittliche, also wahrhaft volkserziehende Element in der Behandlung des Armenwesens geltend gemacht,
10 und zwar besonders durch die Form des aus der Liebe neu erzeugten persönlichen Verkehrs der freiwilligen Pfleger mit den Armen und der wesentlichen Verknüpfung der äußeren Unterstützung mit der inneren, der
15 materiellen mit der sittlichen, der geistigen mit der geistlichen, sodass die Letztere immer als der Zweck, und damit dies umso gewisser erreicht werde, als die Kraft zur Gewinnung und richtigen Benutzung und
20 Verwendung der Ersteren behandelt wird. Damit aber ist die Armenpflege wieder in den Dienst Christi und seiner Gemeinde gestellt…

Die Gestaltung der Hilfe, welche die freie
25 christliche Liebe seit ihrem neuen Erwachen der Not bietet, konzentriert sich in der Assoziation[1]; der Geist der rettenden, erbarmenden Liebe erträgt nicht mehr die Isolierung und bildet frei aus sich neue Gemeinschaf-
30 ten, in welchen sich das Gleiche zu Gleichem findet. Aus dieser Assoziation ergeben sich die materiellen und persönlichen Kräfte, deren Zusammenhalten und Zusammenwirken die Arbeit aller jener Institutio-

nen, von denen bisher die Rede gewesen,
35 möglich machen. […] Ein neuer Schritt, der noch getan werden und verfolgt werden muss, ist: christliche Assoziationen der Hilfsbedürftigen selbst für deren soziale (Familie, Besitz und Arbeit betreffende)
40 Zwecke zu veranlassen. Begibt sich die innere Mission erst ernsthaft an die Verwirklichung dieser Aufgabe, so ist der Grenzstein aufgerichtet zwischen der bisherigen und einer künftigen Epoche der christlich
45 rettenden Liebesarbeit, und sie tritt mit gleichen Waffen und gleicher Rüstung wie ihre Gegner auf den Kampf- und Tummelplatz der Bewegungen, welche jetzt die Welt erschüttern.
50

Peter Meinhold (Hg.), Johann Hinrich Wichern, Sämtl. Werke, Bd. 1, Berlin (Luth. Verlagshaus) 1962, S. 268, 273 f., zitiert nach: Geschichte, Politik und Gesellschaft, Bd. 1, Berlin (Cornelsen/Hirschgraben) 1991, S. 234.

1 *Assoziation: Vereinigung*

M 13 Der katholische Bischof Wilhelm Emmanuel von Ketteler über Arbeiterfrage und Christentum, 1864

Die von uns bisher besprochenen Ursachen der damaligen Lage der Arbeiter sowie die Bösartigkeit der aus diesen Ursachen hervorgegangenen Wirkungen und Folgen haben
5 ihren wesentlichen und tiefsten Grund im Abfall vom Geiste des Christentums, der in den letzten Jahrhunderten stattgefunden hat … Hier kann und wird daher die Heilung nur von innen heraus erfolgen. In dem
10 Maße, als die geistlichen Wahrheiten des Christentums wieder die Geister erleuchten, wird man auch auf dem Gebiete der Volkswirtschaft und dem ihm so nahe verbundenen, der Politik, die richtigen Prinzipien und
15 die rechte Weise ihrer Durchführung, man wird mit der göttlichen auch die wahre politische und soziale Weisheit wieder finden. […] Damit die Macht des Reichtums nicht die Armen erdrücke, dazu ist notwendig, dass die Reichen sich selbst beschränken
20 und nicht alles, was einer rein egoistischen Ausbeutung aller den Reichen zustehenden Mittel möglich wäre, sich auch erlauben. Ebenso kann aber auch nur dieser Geist der

25 Selbstverleugnung und der Bescheidenheit,
den allein das Christentum erzeugt, den aber
der moderne Unglaube in sein gerades
Gegenteil, in einen Geist der Begierlichkeit
und Unzufriedenheit verkehrt, der arbeiten-
30 den Klasse jene Sittlichkeit und Mäßigung,
jene Arbeitsamkeit, Sparsamkeit und Genüg-
samkeit verleihen, wovon ihr und ihrer
Arbeitgeber wahres Beste abhängt. Auch darüber dürfen wir uns nicht täuschen, dass
35 nur unter solchen Arbeitern, in denen der
Geist des Christentums lebt, wahrhaft
gedeihliche Genossenschaften, namentlich
die Produktionsgenossenschaften, wovon
wir unten reden, auf die Dauer möglich sein
40 werden; wie auch nur echt christliche Kapitalisten und Fabrikherren geeignet und
geneigt sein werden, mit ihren Arbeitern in
eine gewisse Gemeinschaft des Gewinnes zu
treten. Ich wende mich nun zur Betrachtung
45 einiger Punkte, die mir besonders wichtig
erscheinen.

Das erste Hilfsmittel, welches die Kirche
dem Arbeiterstande auch fortan bieten wird,
ist die Gründung und Leitung der Anstalten
50 für den arbeitsunfähigen Arbeiter. [...]

Das zweite Hilfsmittel, welches die Kirche
dem Arbeiterstande bietet, um auch seiner
materiellen Not Abhilfe zu gewähren, ist die
christliche Familie mit ihrer Grundlage, der
55 christlichen Ehe. [...]

Das dritte Hilfsmittel ... besteht in seinen
Wahrheiten und Lehren, die dem Arbeiterstande zugleich die wahre Bildung geben.
Wenn die liberale Partei dem Arbeiterstande
60 in ihrer Lehre von der Selbsthilfe und in
ihren Arbeiterbildungsvereinen eine höhere
Ausbildung verspricht, so ist das, inwieweit
dabei von Bildungsmitteln des Christentums
abgesehen wird, leerer Schein und eitle Täu-
65 schung. Nur das Christentum bietet ihm die
wahre Bildung. [...]

Das vierte Hilfsmittel des Christentums
zur Verbesserung der materiellen Lage des
Arbeiterstandes besteht in den sozialen Kräf-
70 ten desselben. [...] Da wir bisher von den
Versuchen, dem Arbeiterstande durch Bildung von Genossenschaften zu helfen, nur
diejenigen der liberalen Partei, welche fast
ausschließlich in den von Schulze-Delitzsch
75 ins Leben gerufenen bestehen, erwähnt
haben, so müssen wir noch zwei andere

hier berühren, die für den Teil der Arbeiter,
der sich dem Handwerk widmet, unter-
nommen sind. [...] Wir meinen hier erstens
das Unternehmen des Handwerkervereins, 80
der seit einigen Jahren entstanden ist und
den Handwerkerstand wieder in eine zusammenhängende Genossenschaft vereinigen will. [...]

Das zweite Unternehmen ... sind die 85
Gesellenvereine. Da sie hauptsächlich auf
katholischem Gebiete entstanden sind, so
dürfen wir sie mit allem Rechte einen katholischen Beitrag zur Lösung der Arbeiterfrage
nennen. Schon das bisherige Resultat dersel- 90
ben übertrifft alle Erwartung und zeigt uns
zugleich, was aus diesen Gesellenvereinen
werden kann, wenn ihre ganze Entwicklung
zum vollen Abschluss gebracht wird. Gott
hat sich eines Gesellen bedient, um dieses 95
Werk in Angriff zu nehmen, und nachdem er
ihn in den Priesterstand erhoben hat, hat er den
hochwürdigen Herrn Kolping, diesen alten
Gesellen, zu einem wahren Vater des Gesel-
lenstandes gemacht. 100

Als fünftes Hilfsmittel ... nennen wir endlich die Förderung der Produktiv-Assoziatio-

M 14 „Kapitalistische Wohltaten", Karikatur, 1905

nen durch die besonderen Mittel, die eben nur dem Christentum zu Gebote stehen.

W. E. v. Ketteler, Die Arbeiterfrage und das Christentum. Schriften. Kempten und München 1911, S. 287 ff., zitiert nach: Geschichte, Politik und Gesellschaft, Bd. 1, Berlin (Cornelsen/Hirschgraben) 1991, S. 234 f.

12 Kennzeichnen Sie die Positionen der beiden Kirchen und arbeiten Sie Gemeinsamkeiten und Unterschiede heraus (M12, 13).

13 Diskutieren sie, inwieweit kirchliche Ansätze (M10, 12, 13) zur Lösung der sozialen Frage beigetragen haben.

M 15 Der Unternehmer Alfred Krupp über die Prinzipien seiner Betriebspolitik, 1877

A. Krupp entwickelte die von seinem Vater 1811 gegründete Gussstahlfabrik „Friedrich Krupp" in Essen zu einem Großunternehmen, dessen Belegschaft von 4 auf 20 000 Arbeiter anwuchs. In einer Rede vor seinen Arbeitern führte er aus:
Ich habe Kräfte gebraucht und solche engagiert, ich habe ihnen den geforderten Lohn gezahlt, meistens ihre Stellung verbessert und, nach gesetzlichen Bestimmungen, den
5 Kontrakt verlängert oder sie entlassen. Mancher hat die Fabrik verlassen, um anderswo sich zu verbessern, der eine ist gegangen, und ein anderer hat die Stelle wieder besetzt, und wo ursprünglich drei Mann beschäftigt
10 waren, standen später 15 000. Im Laufe der Zeit haben mehr als 100 000 Mann solchen Wechsel auf meinen Werken durchgemacht. Jeder hat sich nach seiner Kraft und nach seiner Fähigkeit seinen Lohn verdient, und
15 anstatt eines jeden konnte in den meisten Fällen auch ein anderer hingestellt werden, denn die Arbeiter haben nicht das Verdienst der Erfindung und überall finden sich geschickte Arbeiter zum Ersatz. Es kann also
20 keine Rede davon sein, dass irgendjemand einen besonderen Anspruch behalte außer solchem, der selbstverständlich ist, der in Steigerung des Lohnes und des Gehaltes besteht und immer Folge einer höheren Leis-
25 tung ist. Die Apostel der Sozialdemokraten suchen aber den bescheidensten Leuten durch ihre verführerischen Reden den Kopf zu verdrehen und sie werden das Unglück

von manchem Arbeiter verschulden, der ihnen Gehör schenkt und deshalb entlassen 30 wird. [...]
Ich habe den Mut gehabt, für die Verbesserung der Lage der Arbeiter Wohnungen zu bauen, worin bereits 20 000 Seelen untergebracht sind, ihnen Schulen zu gründen und 35 Einrichtungen zu treffen zur billigeren Beschaffung von allem Bedarf. Ich habe mich dadurch in eine Schuldenlast gesetzt, die abgetragen werden muss. Damit es geschehen kann, muss jeder seine Schuldigkeit tun 40 in Friede und Eintracht und in Übereinstimmung mit unseren Vorschriften. [...]
Genießet, was euch beschieden ist. Nach getaner Arbeit verbleibt im Kreise der Eurigen, bei den Eltern, bei der Frau und den 45 Kindern und sinnt über Haushalt und Erziehung. Das sei eure Politik, dabei werdet ihr frohe Stunden erleben. Aber für die große Landespolitik erspart euch die Aufregung. Höhere Politik treiben erfordert mehr freie 50 Zeit und Einblick in die Verhältnisse, als dem Arbeiter verliehen ist. Ihr tut eure Schuldigkeit, wenn ihr durch Vertrauenspersonen empfohlene Leute erwählt. Ihr erreicht aber sicher nichts als Schaden, wenn Ihr ein- 55 greifen wollt in das Ruder der gesetzlichen Ordnung. Das Politisieren in der Kneipe ist nebenbei sehr teuer, dafür kann man im Hause Besseres haben.

Krupps Briefe 1826–1887, hg. von W. Berdrow, Berlin 1928, S. 343 ff., zitiert nach: Geschichte, Politik und Gesellschaft, Bd. 1, Berlin (Cornelsen/Hirschgraben) 1991, S. 237 f.

14 Fassen Sie die Position Krupps zusammen (M15). Welches Verständnis von Rechten und Pflichten des Arbeiters wird deutlich, welche Maßnahmen zur Besserung der Lage der Arbeiter schlägt Krupp vor?

15 Beurteilen Sie die Kruppsche Position vor dem Hintergrund der sozialen Auseinandersetzungen des 19. Jahrhunderts (beziehen Sie auch die Karikatur M14 ein).

Lieder der Arbeiterbewegung

Lieder waren bis weit ins 20. Jahrhundert aus dem Alltag der Menschen nicht wegzudenken. Erst die Entwicklung und Dominanz moderner Medien ließen sie weitgehend in den Hintergrund treten. Gesungen wurde in allen Lebenslagen: bei der Arbeit, zur Unterhaltung, bei Feiern, in der Kirche und beim Militär. Lieder sind deshalb für die Historiker sozial, alltags- und mentalitätsgeschichtliche Quellen.

Historische Entstehungssituation

Vom 18. März bis zum 18. Mai 1871 bestand die „Pariser Commune", der „erste Versuch der proletarischen Revolution"(Karl Marx). Dann wurde die Commune mit Hilfe des preußischen Militärs, das Paris während des Deutsch-Französischen Krieges von 1870/71 belagerte, blutig niedergeworfen.

Auf der Flucht schrieb Eugène Pottier „Die Internationale". 1888 wurde sie von Pierre Chrétien Degeyter, dem Dirigenten des Arbeitergesangvereins von Lille, vertont. Mitte der Neunzigerjahre wurde die „Internationale" überall bekannt und entwickelte sich im Anschluss zur Freiheitshymne aller großen Revolutions- und Protestbewegungen in der ganzen Welt.

16 Analysieren Sie den Liedtext unter folgenden Gesichtspunkten:
• Historische Entstehungssituation
• Politische Ziele und Strategien
• Darstellung der eigenen Situation/Selbstwahrnehmung
17 Hören Sie sich die Melodie an und stellen Sie fest, wie sie auf Sie wirkt. Beurteilen sie, welchen Ausdruck und welche Wirkung sie dem Text verleiht.
18 Vergleichen Sie die „Internationale" mit Arbeiterliedern aus den Vierzigerjahren des 19. Jahrhunderts und skizzieren Sie anhand des Vergleichs die Entwicklung des politischen Bewusstseins in der Arbeiterschaft.

Internet-Tipps
Die Melodien und Texte von Arbeiterliedern können Sie auch übers Internet hören und nachlesen:
• http://www.uni-bonn.de/~uzs320/lied.htm
• http://viadrina.euv-frankfurt-o.de/~juso-hsg/lieder/welcome.html

M 16 Die Internationale, 1871/1888

Wacht auf, Verdammte dieser Erde,
die stets man noch zum Hungern zwingt!
Das Recht wie Glut im Kraterherde
nun mit Macht zum Durchbruch dringt!
Reinen Tisch macht mit den Bedrängern! 5
Heer der Sklaven, wache auf!
Ein Nichts zu sein, tragt es nicht länger,
alles zu werden, strömt zuhauf!

Refrain:
Völker, hört die Signale! 10
Auf, zum letzten Gefecht!
Die Internationale
erkämpft das Menschenrecht!

Es rettet uns kein höh'res Wesen,
kein Gott, kein Kaiser, noch Tribun, 15
Uns aus dem Elend zu erlösen
können wir nur selber tun!
Leeres Wort: des Armen Rechte!
Leeres Wort: des Reichen Pflicht!
Unmündig nennt man uns und Knechte, 20
ertragt die Schmach nun länger nicht!

Refrain

In Stadt und Land, ihr Arbeitsleute,
wir sind die stärkste der Partei'n.
Die Müßiggänger schiebt beiseite! 25
Diese Welt muss unser sein;
unser Blut sei nicht mehr der Raben
und der mächt'gen Geier Fraß!
Erst wenn wir sie vertrieben haben,
dann scheint die Sonn' ohn' Unterlass! 30

Refrain

Text: Eugène Pottier 1871 (Übersetzung: Emil Luckhardt), Musik: Pierre Degeyter 1888; zitiert nach: Reinhard Dithmar, Arbeiterlieder 1844 bis 1945, Neuwied (Luchterhand) 1993, S. 38.

115

Weiterführende Arbeitsanregungen zur Bewältigung sozialer Konflikte heute

Die Bundesrepublik Deutschland bezeichnet sich in ihrer Verfassung ausdrücklich als Sozialstaat. Eines der Ziele der Sozialpolitik, zu denen sich der Staat verpflichtet hat, ist die soziale Teilhabe der Arbeitnehmer. In diesem Zusammenhang hat sich eine Vielzahl von Gesetzen, Regelungen und Institutionen gebildet, die den sozialen Frieden gewährleisten sollen (vgl. M9).

Arbeitsvorschläge
1 Ermitteln Sie, nach welchen Regeln und in welchen Institutionen heute Konflikte zwischen Arbeitnehmern und Arbeitgebern ausgetragen werden. Welche Rolle spielt der Staat dabei?
2 Dokumentieren Sie aus der Tagespresse ein aktuelles Beispiel für einen solchen Konflikt (z. B. Forderung nach Lohnerhöhung, nach Abbau der Arbeitslosigkeit etc.). Spielen Sie den Fall in Form eines Rollenspiels durch.
3 Die Mitgliederzahlen der Gewerkschaften sind rückläufig. Ermitteln Sie über eine Internet-Recherche den aktuellen Stand und die Ursachen dieser Entwicklung.

M 17 **Ein Streik bricht aus, Gemälde von Robert Köhler, 1886**

10 Industriegesellschaft – Bevölkerungsentwicklung und Gesellschaftsstruktur in der Industrialisierung

Das „Bevölkerungsgesetz" von Robert Malthus

„Die Bevölkerung hat die dauernde Neigung, sich über das Maß der vorhandenen Lebensmittel hinaus zu vermehren" – dieser Satz stammt nicht aus einem Buch des 20. Jahrhunderts, das sich mit dem Bevölkerungsproblem der Länder der Dritten Welt beschäftigt, sondern stand in einer Veröffentlichung aus dem Jahre 1798 mit dem Titel „Essay on the Principles of Population". Sein Verfasser, der Engländer Thomas Robert Malthus, war tief beunruhigt über die Bevölkerungsentwicklung in Europa. Das drohende **Missverhältnis zwischen Bevölkerung und Nahrungsmittelvorräten** ergab sich in seinen Augen daraus, dass sich die Bevölkerung in geometrischer Reihe (1, 2, 4, 8 usw.) vermehrte, während die Nahrungsmittelproduktion nur in arithmetischer Reihe (1, 2, 3, 4 usw.) wuchs. Sollte dieses „Gesetz" tatsächlich gelten, steuerte Europa auf eine Übervölkerungskatastrophe unbekannten Ausmaßes zu. Diese Befürchtung teilten mit Malthus viele Zeitgenossen.

Das beschleunigte Bevölkerungswachstum wurde nicht durch die Industrialisierung ausgelöst, sondern hatte bereits während der zweiten Hälfte des 18. Jahrhunderts eingesetzt, als die Gesellschaften Europas noch überwiegend agrarischen Charakter besaßen. Die rasche Bevölkerungszunahme seit 1750, die zunächst die ländlichen Unterschichten („agrarische Bevölkerungswelle") und mit einem gewissen Abstand dann auch die städtischen Unterschichten („industrielles Bevölkerungswachstum") betraf, muss auf ein ganzes Ursachenbündel zurückgeführt werden: Von zentraler Bedeutung waren dabei weniger medizinische als vielmehr bedeutende **Fortschritte im Ausbau der Landwirtschaft**, die einer immer größeren Zahl von Menschen Nahrung und damit eine gesicherte materielle Existenzgrundlage garantierte. Mit der Industrialisierung eröffneten sich vielen Menschen neue Erwerbschancen in der gewerblichen Wirtschaft. Hinzu kam das allmählich Ansteigen des allgemeinen Lebensstandards auf Grund einer verbesserten gesamtwirtschaftlichen Lage. Außerdem wurden die in der alten ständisch-feudalen Gesellschaft geltenden strengen Heiratsbeschränkungen immer mehr gelockert, wodurch die Geburtenrate anstieg.

Warum aber blieb dann die von Malthus vorausgesagte Übervölkerungskatastrophe im 19. Jahrhundert trotz des sprunghaften Bevölkerungswachstums aus? Es gab zu Beginn des 19. Jahrhunderts durchaus noch Hungersnöte, doch die Nahrungssituation verbesserte sich entgegen seinen Erwartungen immer stärker. Reformen der Agrarverfassung, die Modernisierung der Anbaumethoden und die Mechanisierung der Landwirtschaft bewirkten eine enorme Produktivitätssteigerung. Moderne Transportmittel wie die Eisenbahn ermöglichten schnelle Einfuhren von Nahrungsmitteln aus Gebieten mit Nahrungsmittelüberschuss in Mangelregionen.

Der Pauperismus – eine „Krise alten Typs"

Die „Bevölkerungsrevolution" beschleunigte die Auflösung der ständisch-feudalen Gesellschaft. Bei den Zeitgenossen setzte sich immer stärker die Einsicht durch, dass der große Zuwachs an Menschen die alte Ordnung in vielfacher Weise überforderte. Ständische Gesellschaft, feudale Besitzverteilung und Produktion erschienen nunmehr als ungerecht, unwirtschaftlich, als fortschritts- und entwicklungsfeindlich und damit als unhaltbar. Dieser Eindruck wurde zusätzlich verstärkt durch eine neue Erscheinung, die Massenarmut, die von Mitte der Zwanzigerjahre bis 1848 die gesellschaftspolitische Debatte prägte und für die sich der Begriff des **Pauperismus** (lat. pauper = arm) einbürgerte.

Die Erfahrung des Pauperismus, der in den Vierzigerjahren seinen Höhepunkt erlebte, bestärkte manche Zeitgenossen in ihrer pessimistischen Einstellung über die Zukunftsfähigkeit des entstehenden Industriekapitalismus. Besonderes Aufsehen erregte die These von Karl Marx im 1848 veröffentlichten „Kommunistischen Manifest", dass die industriekapitalistische Entwicklung notwendig zur Proletarisierung fast aller Menschen führe.

Die moderne Geschichtswissenschaft betrachtet den Pauperismus jedoch nicht länger als Krise der entstehenden modernen Industriegesellschaft, sondern als eine **„Krise alten Typs"**, die alle typischen Eigenschaften von Wirtschaftskrisen der vorindustriellen Gesellschaft trug und die durch die „Bevölkerungsexplosion" zusätzlich verschärft worden sei. Kennzeichnend für die Krisen der Agrargesellschaften sei es gewesen, dass schlechte Getreideernten zu Ernährungsengpässen und Hungerunruhen geführt hätten. Im Verlauf der Industrialisierung habe sich die Situation der Bevölkerung zunehmend verbessert, weil der Markt den wirtschaftlichen Austausch immer effektiver habe regeln können. Zwar kenne auch die moderne Industriegesellschaft Konjunkturschwankungen und Krisen, aber diese seien nicht mehr Hungerkrisen wegen Missernten, sondern wirtschaftliche Wachstumsstörungen.

Wanderungsbewegungen und Verstädterung

Seit der Mitte des 20. Jahrhunderts hat sich das Bevölkerungswachstum von Europa in andere Erdteile verlagert. Besonders in den Staaten der Dritten Welt nimmt die Bevölkerung sprunghaft zu. Jeder aufmerksame Zeitungsleser kennt die Folgen: Um Hunger und Armut zu entgehen, nehmen viele Menschen aus Afrika, dem Mittleren Osten und aus Teilen Asiens größte Entbehrungen auf sich und wollen in die reichen westlichen Industrienationen auswandern.

Solche Wanderungsbewegungen gab es auch in Europa zu Beginn der Industrialisierung. In Deutschland versuchten seit Beginn der Dreißigerjahre zahlreiche Menschen durch die **Auswanderung** in die Vereinigten Staaten von Amerika, aber auch nach Brasilien, Kanada, Argentinien oder Australien ihre soziale Lage zu verbessern. Die staatlichen Regierungen ließen diese Auswanderung zu, um so sozialen Sprengstoff zu beseitigen. Höhepunkt der ersten Auswanderungswelle war das Jahr 1847, als der Pauperismus immer unerträglicher wurde.

Stärker noch als die Auswanderung hat die mit der Industrialisierung einsetzende **Binnenwanderung** die europäischen Gesellschaften geprägt und verändert. Diese Binnenwanderungen dienten im Deutschland des 19. Jahrhunderts weniger dazu, durch Veränderung des Wohn- und Arbeitsortes den eigenen sozialen Status zu verbessern („Chancenwanderung"), sondern waren das Ergebnis von Schwankungen des Arbeitsmarktes.

Die rasche Bevölkerungszunahme und die Binnenwanderung mündeten in die Verstädterung bzw. die **Urbanisierung**: Dieser Prozess, der das moderne Leben entscheidend mitgeprägt hat, besitzt zwei Aspekte: Verstädterung meint erstens die Vergrößerung der Städte im 19. und 20. Jahrhundert. Zweitens verstehen die Historiker unter Urbanisierung veränderte Lebensformen in den Großstädten, zu denen z. B. die individuelle Gestaltung des Lebens, ein verbessertes Bildungsangebot und neue soziale Beziehungen gehören.

Die Industriegesellschaft

Die vorindustrielle Gesellschaft war eine Ständegesellschaft, die auf dem Prinzip rechtlicher Ungleichheit beruhte. Die Menschen besaßen in der Gesellschaft einen festen Platz, der ihnen durch Geburt und soziale Herkunft zugewiesen wurde. Mit der Industrialisierung verlor die Standeszugehörigkeit der Menschen immer mehr an Bedeutung. Die neue Gesellschaft, die nach der Französischen Revolution erste Konturen erhielt und sich im Verlauf des 19. Jahrhunderts durchsetzte, beruhte auf dem **Grundsatz staatsbürgerlicher Gleichheit**. Und für die

Stellung des Einzelnen in der Gesellschaft erhielten Kriterien wie Besitz und Leistung eine immer größere Bedeutung. Damit änderte sich das Leben der Menschen von Grund auf.

In der Industriegesellschaft lösten sich die Menschen zunehmend aus den überlieferten sozialen Bindungen und beanspruchten für sich einen Raum eigener, freier Betätigung. Durch diese **Individualisierung** der menschlichen Existenz nahm die Freiheit des Einzelnen zu, der Preis dafür war jedoch ein Verlust an sozialer Fürsorge und Sicherheit. Diese Spannung zwischen dem Anspruch auf individuelle Freiheit einerseits und relativer sozialer Unsicherheit andrerseits prägt die westlichen Industriegesellschaften bis heute. So können die Menschen unabhängig von ihrer sozialen Herkunft ihren Wohnsitz nach ihrem eigenen Willen bestimmen, Besitz und Land erwerben oder ihren Beruf frei wählen, aber die damit verbundenen Risiken müssen sie weitgehend selbst tragen.

Die Industriegesellschaft – eine Klassengesellschaft?

Die Industrialisierung hat die sozialen Beziehungen der Menschen untereinander gründlich verändert. Führungsgruppen der alten Ständegesellschaft wie Adel und Geistlichkeit verloren zunehmend ihre politischen und gesellschaftlichen Vorrechte. In dem Maße, wie die Landwirtschaft zu Gunsten von Gewerbe und Industrie zurückgedrängt wurde, nahm nicht nur die Zahl der bäuerlichen Bevölkerung ab, diese soziale Schicht erlebte darüber hinaus einen einschneidenden Funktionsverlust. Gleichzeitig stiegen neue gesellschaftliche Gruppen und Schichten auf: An erster Stelle sind dabei die **Industriearbeiter** und -arbeiterinnen zu nennen, die meist gegen kargen Lohn in der Fabrik als dem neuen Ort der gewerblichen Produktion arbeiteten.

Mit dem Wandel von der Agrar- zur Industriegesellschaft wuchsen die wirtschaftliche Bedeutung und das soziale Ansehen der **Unternehmer**. Diese Wirtschaftsbürger, zu denen Fabrikanten, Bankiers, Großkaufleute, Manager zählten, bildeten zunehmend die neue Elite nicht nur in Wirtschaft und Gesellschaft, sondern auch in der Politik.

Im „Kommunistischen Manifest" hat Karl Marx vorhergesagt, dass sich mit der Durchsetzung des Industriekapitalismus die Klassengegensätze verschärfen würden: „Die ganze Gesellschaft spaltet sich mehr und mehr in zwei große feindliche Lager, in zwei große, einander direkt gegenüberstehende Klassen: **Bourgeoisie** und **Proletariat**." Wenngleich diese Prognose, die Marx aus seinen Erfahrungen mit dem Frühkapitalismus entwickelte, nicht Wirklichkeit wurde, sprechen doch viele Historiker der industriekapitalistisch organisierten Gesellschaft des 19. Jahrhunderts Klassencharakter zu. Diese Forscher vertreten die Auffassung, dass damals die Unterscheidung und die Spannungen zwischen Unternehmern (Bourgeoisie) und Arbeitern (Proletariat) die gesellschaftlichen Herrschaftsverhältnisse und Konflikte deutlich bestimmt hätten. Der von Marx geprägte **Klassenbegriff** findet allerdings unter den heutigen Historikern kaum noch Anhänger. Für Marx waren Klassenstrukturen rein wirtschaftlich bestimmt. Dabei unterschied er zwischen denjenigen, die über die Produktionsmittel verfügten (Bourgeoisie), und den Nichtbesitzern von Produktionsmitteln (Arbeiter), die nur ihre Arbeitskraft zum Verkauf anbieten können. Die moderne Geschichtswissenschaft bevorzugt dagegen den Klassenbegriff von Max Weber (1864–1920), dem Gründervater der deutschen Soziologie. Nach Weber hingen die Lebenschancen und -risiken der Menschen in der Industriegesellschaft nicht nur vom Eigentum bzw. Nichtbesitz von Produktionsmitteln ab, sondern auch von den Marktchancen des Einzelnen oder gesellschaftlicher Gruppen. Zwar befanden sich in seinen Augen die Besitzer von Produktionsmitteln im Unterschied zu den abhängig Beschäftigten in einer überlegenen Machtposition und seien dadurch in der Lage, über die Arbeiter eine umfassende Herrschaft auszuüben. Doch hätten diese die Chance, durch besondere fachliche Qualifikationen ihre Marktchancen und damit ihre wirtschaftliche Lage sowie ihr soziales Ansehen zu verbessern.

Hinweise zur Arbeit mit den Materialien

Die Schaubilder M1, 3 ermöglichen die Untersuchung der allgemeinen Ursachen des Bevölkerungswachstums seit dem 18. Jahrhundert. Eine zweite Quellengruppe (M2, 4) beschäftigt sich mit der Bevölkerungslehre von Malthus. Anhand von M2 können die zentralen Aussagen von Malthus zusammengefasst werden, die folgende Quelle dokumentiert die Sicht der heutigen Bevölkerungswissenschaft (M4). Die Verstädterung bzw. Urbanisierung kann ebenfalls anhand ganz unterschiedlicher Quellenarten bearbeitet werden (M5–8). Dafür stehen Statistik (M7), moderne wissenschaftliche Analyse (M5) sowie der Bildvergleich zur Verfügung (M8).

Die Materialien M9–13 setzen sich alle mit der Frage auseinander, ob und inwieweit die deutsche Industriegesellschaft des 19. Jahrhunderts eine Klassengesellschaft war. Voraussetzung für eine nüchterne und sachliche Diskussion über diese Frage ist die Klärung des Klassenbegriffs. M13 stellt den Klassenbegriff von Marx und Engels vor, der die zeitgenössische Arbeiterbewegung nachhaltig geprägt hat. Dagegen dokumentiert M14 Max Webers Begriffsverwendung, die in der neueren historischen Forschung weit verbreitet ist. Über die konkrete gesellschaftliche Wirklichkeit geben sowohl eine neuere historische Analyse (M9) als auch eine autobiografische Quelle Auskunft (M11).

M1 **Die Bevölkerungsentwicklung in Deutschland (Grenzen von 1914 – in Mio.)**

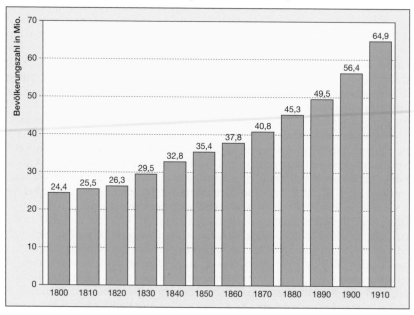

1 Beschreiben Sie mit Hilfe von M1 und 3 die Bevölkerungsentwicklung.

M2 **Die Bevölkerungslehre von Thomas Robert Malthus, 1798**

Die Bevölkerung wächst, wenn keine Hemmnisse auftreten, in geometrischer Reihe an. Die Unterhaltsmittel nehmen nur in arith-

metischer Reihe zu. Schon einige wenige Zahlen werden ausreichen, um die Übermächtigkeit der ersten Kraft im Vergleich zu der zweiten vor Augen zu führen. [...]

Dies bedeutet ein ständiges, energisch wirkendes Hemmnis für die Bevölkerungszu-

10 nahme auf Grund von Unterhaltsschwierig-
keiten, die unweigerlich irgendwo auftreten
und notwendigerweise von einem beachtli-
chen Teil der Menschheit empfindlich ver-
spürt werden. […]

15 Die natürliche Ungleichheit, die zwischen
den beiden Kräften – der Bevölkerungsvermehrung und der Nahrungserzeugung der
Erde – besteht, und das große Gesetz unserer
Natur, das die Auswirkungen dieser beiden

20 Kräfte im Gleichgewicht halten muss, bilden
die gewaltige, mir unüberwindlich erschei-
nende Schwierigkeit auf dem Weg zur Ver-
vollkommnungsfähigkeit der Gesellschaft.
Alle anderen Gesichtspunkte sind im Ver-

25 gleich dazu von geringer und untergeordne-
ter Bedeutung. Ich sehe keine Möglichkeit,
dem Gewicht dieses Gesetzes, das die gesamte belebte Natur durchdringt, auszuweichen.
Weder eine erträumte Gleichheit noch land-

30 wirtschaftliche Maßnahmen von äußerster
Reichweite könnten seinen Druck auch nur
für ein einziges Jahrhundert zurückdrängen.
Deshalb scheint dieses Gesetz auch entschieden gegen die mögliche Existenz einer

35 Gesellschaft zu sprechen, deren sämtliche
Mitglieder in Wohlstand, Glück und ver-
hältnismäßiger Muße leben und sich nicht
um die Beschaffung von Unterhaltsmitteln
für sich und ihre Familien zu sorgen brau-

40 chen. […]
Nehmen wir für die Bevölkerung der Welt
eine bestimmte Zahl an, zum Beispiel
1000 Millionen, so würde die Vermehrung

der Menschheit in der Reihe 1, 2, 4, 8, 6, 32,
64, 128, 256, 512 etc. vor sich gehen, die der 45
Unterhaltsmittel in der Reihe 1, 2, 3, 4, 5, 6,
7, 8, 9, 10 etc. Nach 225 Jahren würde die
Bevölkerung zu den Nahrungsmitteln in
einem Verhältnis von 512 zu 10 stehen,
nach 300 Jahren wie 4096 zu 13, und nach 50
2000 Jahren wäre es beinahe unmöglich,
den Unterschied zu berechnen, obschon der
Ernteertrag zu jenem Zeitpunkt zu einer
ungeheuren Größe angewachsen wäre.

[…] Die Armen müssen zwangsläufig 55
noch schlechter leben und viele von ihnen
werden in äußerste Not geraten. Da auch die
Zahl der Arbeiter die Nachfrage auf dem Arbeitsmarkt übersteigt, wird der Arbeitslohn
eine fallende Tendenz zeigen, während 60
gleichzeitig der Preis der Lebensmittel eine
steigende Tendenz aufweisen wird. Der
Arbeiter muss daher mehr Arbeit leisten, um
dasselbe zu verdienen wie zuvor. Während
dieser Zeit der Not sind die Bedenken gegen- 65
über einer Heirat und die Schwierigkeit, eine
Familie zu erhalten, so groß, dass die Bevölkerungszahl auf demselben Stand bleibt.
Unterdessen ermutigt der niedrige Wert der
Arbeit, der Überfluss an Arbeitskräften und 70
die Notwendigkeit verstärkten Fleißes die
Landbesitzer, mehr Arbeit auf ihren Boden
zu verwenden, neues Land urbar zu machen
und das bereits bebaute zu düngen und
gründlicher zu bestellen, bis schließlich die 75
Unterhaltsmittel wieder im gleichen Verhältnis zur Bevölkerung stehen, wie zu der Zeit,

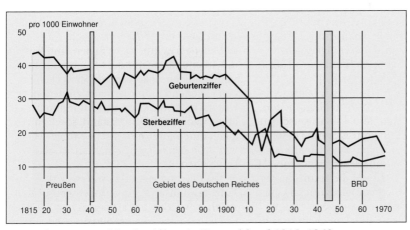

M 3 **Geburten- und Sterbeziffern in Deutschland 1815–1969**

von der wir ausgegangen sind. Ist dann die Lage der Arbeiter wieder einigermaßen erträglich geworden, werden die Hemmnisse der Bevölkerungsvermehrung[1] mehr und mehr unwirksam; es wiederholen sich – im Hinblick auf den Wohlstand – dieselben rückläufigen und fortschrittlichen Bewegungen. [...]

Thomas Robert Malthus, Das Bevölkerungsgesetz, München (dtv) 1977, S. 17–19, 22–25, 123 f.

1 Als Hemmnisse des Bevölkerungswachstums bezeichnete Malthus: 1. Nachwirkende Hemmnisse (positive checks). Sie wirken in Form von Kriegen, Seuchen etc. in Richtung auf eine Erhöhung der Sterberate. 2. Vorbeugende Hemmnisse (preventive checks). Sie wirken auf eine Senkung der Geburtenrate durch Spätheirat, Ehelosigkeit, Reduzierung der Kinderzahl bei fehlenden Unterhaltsmitteln und Ähnliches. 3. Moralische Hemmnisse (moral restraint). Sie senken die Kinderzahl durch geschlechtliche Enthaltsamkeit.

M 4 Malthus aus heutiger Sicht – die Thesen des Bevölkerungswissenschaftlers Herwig Birg, 1991

Das als Gelegenheitsarbeit entstandene anonyme Erstlingswerk stieß sowohl auf heftige Ablehnung als auch auf große Zustimmung. Im Zentrum der Kritik stand der Satz: „Die Bevölkerung wächst, wenn keine Hemmnisse auftreten ..." Dieser Satz wurde so interpretiert, als ob Malthus statt des Wortes wenn das Wort weil gebraucht hätte, als ob er also gesagt hätte, dass die Menschen nicht in der Lage seien, ihre Kinderzahl den Unterhaltsmitteln anzupassen. Dass er dies tatsächlich so gemeint hatte, ging aus vielen Textstellen hervor, in denen er den Unterschichten schlichtweg die Fähigkeit zu einem vernunftgemäßen Handeln in Fragen der Fortpflanzung absprach. [...]

Auf Grund der Kritik sah sich Malthus genötigt, seine Streitschrift zu überarbeiten. Eine wesentlich erweiterte Fassung erschien 1803. Darin untermauerte er seine Thesen durch das demografische[1] Beweismaterial von zahlreichen europäischen Ländern. [...]

Bezeichnenderweise ist die Trennung der sexuellen Betätigung vom Zeugungsakt auch in der überarbeiteten Fassung kein Thema. Malthus, der neben seiner Universitätstätigkeit in Cambridge das Pfarramt ausübte,

lehnte entsprechende, damals bekannte Praktiken wie beispielsweise den Koitus interruptus als unnatürlich und unmoralisch ab. Er blieb auch bei der entschiedenen Ablehnung der staatlichen Armenfürsorge. Mildtätigkeit und staatliche Unterstützungen seien sogar unmoralisch, weil die Unterschicht auf jede Verbesserung ihrer Lage mit einer Erhöhung der Geburtenrate reagiere und das Elend dadurch noch verschlimmere. [...]

Erst nach weiteren Überarbeitungen des Hauptwerkes – Malthus hatte inzwischen einen Lehrstuhl für „Geschichte und politische Ökonomie" übernommen und ein bahnbrechendes Werk über politische Ökonomie veröffentlicht – schwächte er seine Position ein wenig ab und gestand zu, dass Lohnerhöhungen unter bestimmten Bedingungen nicht automatisch zu einer Erhöhung der Geburtenrate der Arbeiterklasse führen müssen. Er interpretierte jedoch weiterhin die Geburtenrate als Maßstab für den moralischen Zustand der Unterschichten.

Es ist aufschlussreich für die Geisteshaltung der damaligen Zeit, dass niemand den inneren Widerspruch der Theorie bemerkte: Wenn die Bevölkerung den durch die Unterhaltsmittel gebotenen Spielraum tatsächlich immer ausfüllen und ihn auf Grund eines mit naturgesetzlicher Zwangsläufigkeit wirkenden Mechanismus überschreiten würde, müsste die Geburtenrate der Mittel- und Oberschicht die der Unterschicht übertreffen. Dass Malthus den umgekehrten Tatbestand nicht als einen Einwand gegen seine Theorie ansah, sondern sogar als deren Grundlage verwendete, lässt sich nur so verstehen, dass es ihm nicht in den Sinn kam, die Arbeiterklasse mit der Mittel- und Oberschicht auch nur zu Vergleichszwecken in den gleichen Zusammenhang zu stellen. Die Unterschicht war eben nicht nur durch einen ökonomischen Abstand, sondern vor allem durch ihre „moralische Minderwertigkeit" von den oberen Schichten absolut geschieden. [...]

Die Kernthese von Malthus war, dass die Nahrungsmittel nur in Form einer arithmetischen Reihe, das heißt mit gleichen Beträgen pro Jahr (linear), die Bevölkerung jedoch in Form einer geometrischen Reihe, das heißt

80 mit steigenden jährlichen Zuwächsen (exponentiell), zunimmt. Diese These erwies sich
als falsch, da durch die Entdeckung der Bedeutung des Mineraldüngers für die Landwirtschaft (Justus von Liebig, 1840) und
85 andere Erfolge der Agrikulturtechnik die
Erträge in der Landwirtschaft geometrisch
wuchsen, sodass das Wachstum der Unterhaltsmittel das Bevölkerungswachstum sogar
übertraf. Bereits Süßmilch hatte in seinen
90 Berechnungen der landwirtschaftlichen
Tragfähigkeit gezeigt, dass schon auf der
Grundlage der agrarwissenschaftlichen
Kenntnisse seiner Zeit das Zehnfache der
damaligen Erdbevölkerung ernährt werden
95 konnte. Malthus zitierte Süßmilch mehrfach, ohne auf diesen wichtigen Punkt ein-
zugehen, der seine Kernthese zu Fall
gebracht hätte. Daraus wird deutlich, dass
Malthus mit dem „Bevölkerungsgesetz"
100 andere Ziele verfolgte: Er wollte die revolutionäre These der Vervollkommenbarkeit des
Menschen und seiner Lebensumstände mit
den Mitteln einer moralphilosophischen
Bevölkerungs- und Klassentheorie widerle-
105 gen, die er mit demografischem Beweismaterial untermauerte. Seine Kernthese besteht
bei näherem Hinsehen aus zwei Aussagen,
einer empirischen (der unterschiedlichen
Entwicklung von Nahrungsmittelproduk-
110 tion und Bevölkerungswachstum), die widerlegt ist, und einer auf triviale, fast schon auf
tautologische Weise wahren: Wer keine
Nahrung hat, muss sterben. Die Wahrheit
der trivialen bzw. tautologischen Aussage ist
115 nicht bestreitbar, und durch den Kunstgriff,
beide Aussagen in einer Hypothese so zu ver-
schmelzen, dass die eine immer nur zusammen mit der anderen diskutiert wurde,
konnte die empirisch falsche Aussage gleich-
120 sam durch die Kontrollmechanismen des
Verstandes durchgeschmuggelt werden.
Nur wenn man beide voneinander trennt,
löst sich das Rätsel, warum sich die Gelehr-
ten über Malthus nicht einig werden konn-
125 ten. [...]
Seit immer deutlicher wird, dass das ökologische System des Planeten Erde nicht jede
beliebige Bevölkerungszahl verkraftet, besteht die Gefahr, dass das Problem der Über-
130 bevölkerung im alten, malthusianischen
Sinn nicht nur theoretisch erörtert, sondern

auch praktisch gelöst wird: nämlich durch
die Erhöhung der Sterberate der Schwachen.
Moderne Entwicklungstheorien und
135 Hypothesen wie der „Zirkel der Armut", in
denen das Bevölkerungswachstum als die
Hauptursache der Unterentwicklung angesehen wird, liegen auf der Linie der malthusianischen Argumentation. Diese Theorien
140 stoßen wegen ihrer Einfachheit auf breite
Zustimmung – wenn sie auch einer Prüfung
nicht standhalten. Es besteht die Gefahr,
dass malthusianisches Gedankengut nicht
nur bei theoretischen Erwägungen, sondern
145 auch bei der praktischen Lösung des Bevölkerungsproblems zur Anwendung kommt.
Die Liste der Hemmnisse des Bevölkerungswachstums müsste dann nur um die „ökologischen Checks" erweitert werden. Malthus
150 behielte Recht – aber nicht weil das Bevölkerungsgesetz ein unabänderliches Naturgesetz
ist, sondern weil wir die Entwicklung hinge-
nommen haben.

*Herwig Birg, „...und füllet die Erde". Zur Geschichte
des Bevölkerungsproblems, in: Funkkolleg Human-
ökologie, Studienbrief 3, Weinheim und Basel (Beltz)
1991, S. 106–117.*

*1   Demografie: Untersuchung und Beschreibung von
Zustand und zahlenmäßiger Veränderung der Bevölkerung*

2 Fassen Sie die Bevölkerungstheorie von
Malthus (M2) thesenartig zusammen. Diskutieren Sie, inwieweit es sich um Sach- oder Wert-
urteile handelt.
3 Ordnen sie den Thesen von Malthus die
Kritikpunkte des Bevölkerungswissenschaftlers
Herwig Birg zu (M4). Warum hat seiner Meinung nach die Bevölkerungslehre von Malthus
trotz ihrer Mängel die Diskussion um Bevölke-
rungsfragen bis heute so stark geprägt? Welche
grundsätzlichen Probleme und Gefahren sieht
er darin?

M 5 Der Wissenschaftler Helmut König über Mobilität und Verstädterung im Industriezeitalter, 1992

Die Masse[ngesellschaft] entsteht im Span-
nungsfeld von Kapitalismus, Industrialisierung und Verstädterung, die seit dem letzten
Drittel des 18. Jahrhunderts, von England

M 6 **Mietskasernen, Foto um 1900**

ausgehend, eine grundlegende Veränderung
und Umwälzung der gesellschaftlichen
Strukturen in Europa und Amerika herbeiführen. Den Einschnitt, der dadurch gesetzt
ist, kann man sich gar nicht groß genug vor-
10 stellen, und sicher neigen wir heute spontan
eher dazu, ihn zu unter- als zu überschätzen.
[...] Denn die industrielle Revolution ist mit
einer bis dahin unvorstellbaren Mobilisierung der Bevölkerung verbunden. [...] Hobs-
15 bawm... meint, dass die Zeit um die Mitte
des 19. Jahrhunderts die „größte Völkerwan-
derung in der Geschichte" gewesen ist.

Die Mobilisierung der Bevölkerung war
möglich geworden, weil die traditionellen
20 Beschränkungen der Freizügigkeit im Gefol-
ge der politischen Revolutionen Amerikas
und Frankreichs nach und nach überall in
Mitteleuropa aufgelöst worden waren, und
sie war nötig geworden, weil die neue Pro-
25 duktionsform des Kapitalismus darauf angewiesen war, für die Zwecke der Verwertung
des Werts über die Arbeiter nach Belieben
und ohne Rücksicht auf solche Sentimenta-
litäten wie die Verwurzelung in einem
30 Stückchen Erde oder in einer langen Tradition zu verfügen. [...]

Man darf sich das Ausmaß und die Bedeutung dieser Mobilität nicht zu gering vorstellen. Im gesamten 19. Jahrhundert ist die
35 Wanderung für weite Teile der Bevölkerung
eine zentrale Erfahrung gewesen. Eine riesige

Anzahl von überschüssigen und disponiblen
Menschen wird in Bewegung gesetzt und
neu verteilt, dirigiert von der „unsichtbaren
Hand" des Marktes, der Konjunkturzyklen, 40
der Bewegungen des Kapitals und abhängig
von der geografischen Lage der Energiequellen und Rohstoffe sowie den vorhandenen
Verkehrsmitteln. Der auffälligste Zug an dieser Umschichtung der Bevölkerung ist zwei- 45
fellos die Flucht der Landbewohner aus den
agrarischen Räumen und Berufen in die
Städte und neuen Industrierevieren, namentlich ins Ruhrgebiet. Keineswegs handelt es
sich bei diesen Wanderungen nur um einen 50
einmaligen Wechsel des Wohnorts. Viele
sind gezwungen, nach kurzer Zeit weiterzu-
ziehen und ihr Glück in einer anderen Stadt
zu versuchen. Die Mobilität wird zum Dau-
erschicksal, Sesshaftigkeit die Ausnahme. 55

Um zumindest ein vages Bild von den
Größenordnungen zu zeichnen, gebe ich
einige Beispiele und Zahlen: Zwischen 1885
und 1890, also in einem Zeitraum von nur
fünf Jahren, verlassen in Deutschland rund 60
840 000 Menschen ihre Dörfer. In Bochum
sind 1871 etwa zwei Drittel der Einwohner
Zugewanderte, 1907 sind nur noch 23 Prozent der Arbeitskräfte dieser Stadt auch hier
geboren. [...] In den Jahren zwischen 1880 65
und 1907 kommen 675 000 Menschen in die
Rheinprovinz und 610 000 Menschen in die
Provinz Westfalen. Von diesen stammen im

Jahre 1907 im Rheinland 27,3 Prozent und
in Westfalen 44,8 Prozent aus dem agrarischen Osten Deutschlands. Der gesamte
Bevölkerungsgewinn aus der Binnenwanderung am Ende dieses Zeitraums beträgt für
die Rheinprovinz 335 000 und für Westfalen
315 000 Menschen, denn zur gleichen Zeit
waren auch 340 000 bzw. 300 000 Menschen
wieder abgewandert. Von den Bewohnern
Bochums, die dort im Jahre 1890 leben,
wohnen zehn Jahre später nur noch 44 Prozent, also weniger als die Hälfte, immer noch
in dieser Stadt. [...] Man hat geschätzt, dass
in der Zeit der Hochindustrialisierung jähr-
lich durchschnittlich ein Viertel bis ein Drittel der Gesamtbevölkerung in den deutschen
Mittel- und Großstädten zu- bzw. weggezo-
gen ist. Jeder zweite Deutsche soll zu dieser
Zeit seinen Geburtsort verlassen haben. [...]
Die Städte profitieren aber von der Mobilisierung der Bevölkerung nicht nur, was
ihre Altersstruktur angeht, sondern auch
und vor allem von ihrer Bevölkerungszahl
her. Neben der Eisenbahn ist das Anwachsen
der Städte das sinnfälligste Symbol der
Industrialisierung. In Deutschland gibt es
im Jahre 1871 insgesamt acht Großstädte
(d. h. Städte mit mehr als 100 000 Einwohnern); im Jahre 1910 sind es bereits 48. [...]
Gewiss geben diese Daten nur einen Ausschnitt wieder. Aber sie können vielleicht
doch den Erfahrungshintergrund andeuten,
der die [zeitgenössischen] Urteile über die
amorphe Masse und das moderne Nomaden-

tum der städtischen Bevölkerung motiviert.
[...] Diese Mobilisierung der Bevölkerung
mit dem Begriff der amorphen Masse in Verbindung zu bringen kann sogar für sich geltend machen, dass er ungleich realistischer
als der romantische Begriff der Wanderung
ist, mit dem man bis heute versucht, diese
umfassende und unvergleichliche Mobilisierung der Bevölkerung in die Nähe der Gesel-
lenwanderschaften aus der Zeit der Zünfte
und Gilden oder der Wanderjahre im Prozess
der bürgerlichen Individualbildung zu
rücken. Damit aber hat sie wenig zu tun. Der
subjektive Grund für Ruhelosigkeit und ständiges Weiterziehen ist in den meisten Fällen
nicht die Sehnsucht nach der verlockenden
Fremde und nach Abenteuern, sondern die
nackte Armut. Die Bewegungsform der Masse ist nicht das Wandern, sondern das Hin-
und Herfluten, das Strömen und das Wim-
meln.

*Helmut König, Zivilisation und Leidenschaften. Die
Masse im bürgerlichen Zeitalter, Reinbek (Rowohlt)
1992, S. 70–73.*

4 Nennen Sie Ursachen und Wirkung der
Mobilität im Industrialisierungsprozess (M5).
Worin unterscheiden sich moderne Bevölkerungsbewegungen von vorindustriellen?
5 Beschreiben Sie das Bevölkerungs- und
Städtewachstum in Preußen und Deutschland
im 19. Jh. (M6, 7). Welche Unterschiede und
Parallelen zeichnen sich zwischen Deutschland
und Preußen ab (M7)?

M 7 Bevölkerungs- und Städtewachstum in Preußen/Deutschland 1816–1910

	Jahr	Gesamt-einwohner-zahl absolut (in 1 000)	davon Stadt-bevölke-rung (in %)	davon lebten in Gemeinden mit ...-tausend Einwohnern (in %)				
				unter 2	2 bis 5	5 bis 20	20 bis 100	über 100
Preußen	1816	10 320	27,9	–	–	4,2	4,1	1,8
	1849	16 331	28,1	–	–	8,5	4,8	3,3
	1871	24 640	37,2	62,8	12,3	11,9	7,8	5,4
	1910	40 167	61,5	38,4	10,2	14,1	14,7	22,4
Dt. Reich	1871	41 010	36,1	63,9	12,4	1,2	7,7	4,8
	1910	64 926	60,0	40,0	11,2	14,1	13,4	21,3

Jürgen Reulecke, Geschichte der Urbanisierung in Deutschland, Frankfurt/M. (Suhrkamp) 1985, S. 202.

M 8 **Städtewachstum im Industriezeitalter, 1865 und 1905**

8 a) **Der Plärrer in Nürnberg, Fotografie, 1865**

8 b) **Der Plärrer in Nürnberg, Fotografie, 1905**

6 Untersuchen Sie die Fotografien M8a, b von 1865 und 1905.

7 Verfertigen Sie eine Gegenüberstellung, in der Sie festhalten, was 1865 die Begriffe Straße, Platz und Haus prägte und was man 1905 mit diesen Begriffen verband.

8 Untersuchen Sie den Horizont des Jahres 1865 und den des Jahres 1905. Wodurch wurde das Weichbild der Stadt charakterisiert? Erklären Sie die Unterschiede.

9 Stellen Sie die neuen Elemente der Bebauung bis 1905 zusammen.

10 Erläutern Sie anhand der Fotografien (M8) den Begriff der Urbanisierung. Charakterisieren Sie dabei sowohl den Begriff der Verstädterung als auch den des städtischen Lebensstils.

M 9 Der Historiker Josef Mooser über Arbeiter und bürgerliche Gesellschaft im Industriezeitalter, 2000

Die Jahre 1889/90 bildeten einen stürmischen Wendepunkt in der inneren Geschichte des Deutschen Reiches. Bald nach dem Antritt des neuen Kaisers Wilhelm II. wurde
5 Bismarck entlassen; die Bergarbeiter traten in den größten Streik des 19. Jahrhunderts; die Verlängerung des Sozialistengesetzes und damit die weitere Unterdrückung der sozialdemokratischen Arbeiterbewegung fand
10 keine parlamentarische Mehrheit; bei den Wahlen zum Reichstag stieg die fundamental-oppositionelle SPD zur stärksten Partei auf und im Bürgertum erlebte die Sozialreform einen Frühling. In diesen Zeiten unter-
15 nahm der junge Kandidat der evangelischen Theologie und Generalsekretär des eben gegründeten evangelisch-sozialen Kongresses, Paul Göhre, inkognito eine längere Reise ins Arbeiterleben. In Chemnitz kam Göhre
20 in eine Versammlung des sozialdemokratischen Wahlvereins. Er war tief beeindruckt von der Rednerschule in den Vereinsversammlungen. Man legte großen Wert darauf, dass jeder sich ausspreche, um zu lernen, wie
25 er sich in den „großen Versammlungen" mit den Gegnern messen könne. Neben den gewandten Webern, Schlossern und Handarbeitern standen auch solche, die sich nur in der holprigsten Form, in „einem grauen-
30 haften Gemisch von Wissen und Unwissenheit" zu artikulieren vermochten. Aber auch sie „wurden mit Ruhe und Aufmerksamkeit und fast kindlichem Ernst angehört". […]
   Als „Arbeiterklasse" waren sie mehr als
35 eine weitere Gruppe von Lohnarbeitern in der neuen Industrie, und das nicht nur in den Augen von Karl Marx. Im Kommunistischen Manifest stilisierte Marx die „modernen Proletarier" bekanntlich zum „negati-
40 ven Doppelgänger" der Bourgeoisie. Im herrschaftlichen Produktionsverhältnis mit den Unternehmern sollten sie die globale Revolution des Kapitalismus vorantreiben, um schließlich als dessen „Totengräber" sieg-
45 reich übrig zu bleiben. […] Als Produkt der wirtschaftlichen Modernisierung war diese soziale Klasse besonders in Gestalt der organisierten Arbeiterbewegungen zugleich eine grundlegende Kraft der Veränderung
50 der bürgerlichen Gesellschaft.
   Der Arbeiter war seit der Entstehung einer selbstständigen Arbeiterbewegung in der Revolution 1848 ein Teil und zugleich Widersacher dieser Gesellschaft und in die-
55 ser Funktion eine repräsentative Figur ihrer Selbstbeschreibung wie ihrer Fremd- und Selbstkritik, die nahezu alle Themen der Modernisierung bündelte. In dieser Bedeutung und Funktion dauerte das „lange neun-
60 zehnte Jahrhundert", das man üblicherweise im Ersten Weltkrieg enden lässt, in der Arbeitergeschichte bis in die 1950/60er-Jahre. […]
   Insbesondere der großstädtische und
65 großbetriebliche Industriearbeiter wurde seit der Hochindustrialisierung im späten 19. Jahrhundert zum repräsentativen Typus des Arbeiters, weil er den Wandel in augenfälliger Weise verkörperte. […] Zwei Faktoren
70 stifteten allerdings eine übergreifende Stabilität und Orientierung im vielfältigen Wandel: Familie und Organisation sollten helfen, aus der „Proletarität" herauszutreten. Obwohl die Kultur der Berufsarbeit und
75 Arbeiterpolitik eine männliche war und die Arbeiter wenig Respekt für die weibliche Arbeit kannten, leisteten die Frauen in den Arbeiterfamilien Entscheidendes für die Bewältigung des Arbeiterlebens. Zu dieser
80 unscheinbaren alltäglichen Selbsthilfe trat die spektakuläre Selbsthilfe in Gestalt der Arbeiterbewegungen. Die Vereine, Genossenschaften, Gewerkschaften und Parteien erreichten zwar längst nicht alle, aber nach
85 dem Ausbau zu Massenorganisationen seit den 1890er-Jahren doch Millionen von Arbeitern. Sie vor allem symbolisierten die Anstrengung, die uralte Einheit von Armut und Arbeit zu trennen, leisteten praktische
90 Hilfen und schufen den Typus des Arbeiters, der historisch bislang unbekannt war: den „kleinen Mann" mit Selbstwertgefühl. So lässt sich vielleicht das oft überhöhte Klassenbewusstsein nüchtern verstehen, das
95 Arbeiter auch jenseits der politischen Differenzen einte.
   Diese Differenzen waren nicht gering und manchmal abgrundtief. Nie gab es eine politisch homogene Arbeiterklasse, so wenig wie
100 eine eindeutige Definition des Sozialismus.

M 10 Aufruf eines Arbeiterfortbildungsvereins, Plakat, 1879

Dennoch lassen sich Schnittstellen zwischen den christlich-sozialen und den sozialistischen Arbeiterbewegungen erkennen. Sie klagten die Gerechtigkeit in der Verteilung
105 des Wachstums ein, drängten auf eine demokratische Legitimation und Veränderung der politischen Ordnung im Nationalstaat, auf eine Erweiterung der Staatsaufgaben hin zum Sozialstaat und auf eine Kontrolle über
110 das Privateigentum. [...]
Entscheidend für die Entstehung der Arbeiterbewegungen war ihre politische Autonomie gegenüber den Bürgern. Stilbildend wurde in dieser Autonomie jedoch
115 auch die Aneignung der bürgerlichen Kultur. In einem wichtigen Punkt also war der durch die Arbeiterbewegungen sozialisierte Arbeiter kein negativer, sondern ein positiver Doppelgänger des Bürgers. Beide teilten die
120 Wertschätzung der Arbeit als gestaltende, sozial verbindende und dienende Tätigkeit, die den Menschen erst zum Menschen

mache. Damit verband sich Bildung als fundamentale Leitidee der Arbeiterbewegungen. Der „lesende Arbeiter" oder öffentlich rede- 125 fähige Arbeiter blieb – bei allen Grenzen – keine bloße Illusion. [...]
Die Geschichte der Arbeiter im 19. und 20. Jahrhundert ist von dem gegenwärtigen historischen Interesse weiter entfernt als 130 noch vor einigen Jahrzehnten. Gründe dafür liegen auch im Wandel der Sache selber. Im demokratischen Sozialstaat kann man eine erfolgreiche Selbstaufhebung der Arbeiterbewegungen sehen; im gigantischen wirt- 135 schaftlichen Wandel der letzten Jahrzehnte erfahren Arbeiter eine Marginalisierung als Berufsgruppe, und nach dem Untergang des „real existierenden Sozialismus" durch Selbstzerstörung scheint der Sozialismus aus 140 der Geschichte verschwunden. Angesichts einer gewissen Selbstzufriedenheit über Demokratie, Marktwirtschaft und die Leistungsfähigkeit des Kapitalismus ist es dennoch angebracht, nicht nur an die Leis- 145 tungen der Arbeiterschaft bei der Herausbildung der gegenwärtigen Welt zu erinnern, sondern auch daran, dass diese Leistungen auch aus der Kritik an der alten bürgerlichen Ordnung entsprungen sind. Daraus 150 ist die Demokratie entstanden und davon lebt sie.

Josef Mooser, Widersacher und Doppelgänger, in: Michael Jeismann (Hg.), Das 19. Jahrhundert. Aufbruch in die Moderne, München (C. H. Beck) 2000, S. 44–49.

11 Erläutern Sie die Sonderrolle der „Arbeiter" im geschichtlichen Prozess des 19. und frühen 20. Jahrhunderts (M9).
12 Diskutieren Sie Moosers These, dass die Arbeiterschaft durch ihre „Kritik an der alten bürgerlichen Ordnung" die Demokratie befördert habe.

M 11 Der Arbeiter Karl Fischer über seine Entlassung, 1903

Als der Arbeiter Karl Fischer nach 16 Jahren im Stahlwerk „das Reißen in den Armen" hatte und „es den jungen Kerls mit der Schnelligkeit nicht mehr gleichtun" konnte, vom Meister immer schlechtere Akkorde erhielt und er ihm deshalb

*„überlaut und nicht im guten" die Meinung sag-
te, bekam er die Kündigung.*
Da las ich den Schein, dass mir gekündigt
wäre und dass die Entlassung am 30. Juni
stattfände. Da las ich auch die Unterschrift:
Boos. Die Schockschwerenot, was war denn
5 das? Ich hatte gedacht, der Meister hätte mir
gekündigt und ich brauchte das bloß mit
dem Meister abzumachen, und nun kommt
mir einer dazwischen, den ich gar nicht kenne und kündigt mir. Da kam ich ganz höl-
10 lisch in Witterung, da war alle Ruhe wieder
vorbei. Boos, Boos, so heißt ja wohl der
Direktor … Na der kommt mir gerade recht,
denn den kenne ich ja gar nicht, der kennt
mich ja auch nicht, der hat ja keine Ahnung
15 von mir, dass ich überhaupt auf der Welt bin,
was ist denn das für ein Held, der mir hier
kündigt? […]
    Da eilte ich die Treppe hinunter und trat
ins Bureau, da saß einer vor einem Schreib-
20 tisch auf dem Stuhl und hielt eine Zeitung in
der Hand …, da ging ich näher , da sah er auf,
da trug er eine goldene Brille, da wusste ich
gleich Bescheid, wer es war, und hielt die

M 12 Darstellung eines aufgebrachten
Arbeiters, Ludwig Kraus, Ölgemälde, 1877

Nachfrage für überflüssig. „Herr Direktor, Sie
haben mir vor 14 Tagen gekündigt und ich 25
wollte einmal fragen, weshalb." Da fragte er:
„Wer sind Sie?", da sagte ich, dass ich aus der
Steinfabrik wäre, da fragte er hart: „Warum
haben Sie denn Skandal gemacht?", da sagte
ich: „Ich habe weiter gar keinen Skandal 30
gemacht, aber ich habe nichts verdient"; da
sagte er noch härter: „Sie haben nichts verdient, Sie haben auch die wenigsten Steine
gemacht!", da sagte ich: „Daran ist bloß der
Meister schuld …" Da unterbrach mich der 35
Direktor und rief noch härter: „Na, ich kann
Ihretwegen den Meister nicht entlassen, da
hätten Sie sich beschweren sollen! Abge-
macht." Da rief ich laut: „Nanu!?", da warf er
die Zeitung auf den Tisch und sprang vom 40
Stuhl auf und stellte sich nahe der Tür an die
Wand und zeigte mit beiden Armen nach der
Tür und sah mich dabei durch die goldene
Brille ganz verflucht ernsthaft an. Da blieb
mir nichts anderes übrig, als ihm den Willen 45
zu tun und aus dem Büro zu gehen.
    Aber diese Ausweisung gab mir erst die
rechte Weihe zur Kündigung. […] Da stellte
ich mich draußen vor das Eisenstaket[1], grade
dem Bürofenster gegenüber, da sprach ich 50
mit Donnerstimme das Urteil: „Na, ich bin
draußen, nu komm nur auch heraus aus
deiner Bude! Komm, komm! Du kannst da
drinne doch nicht bleiben! Schere dich doch
lieber beizeiten heraus! Du willst Leuten 55
kündigen, die hier so lange gearbeitet haben,
die du gar nicht kennst. Wer hat dich denn
zum Direktor gemacht! Wer dich zum Direktor gemacht hat, der hat's zu verantworten!"
Sicherlich habe ich noch mehr gerufen, 60
aber … ich weiß bloß noch, wie ich anfing zu
rufen, dass da Herr Boos ganz energisch sich
in der Ecke neben dem Fenster zu tun machte. Wahrscheinlich befand sich in der Ecke
ein Telegraf, durch welchen er Verbindung 65
hatte mit der Polizei, wenn diese missliebige
Leute vom Werke entfernen sollte. Du lieber
Himmel, da wollte mich der Mann bange
machen mit der Polizei, der dachte wohl, ich
käme erst von Muttern. […] Schließlich hör- 70
te ich auf und ging allein von selber weg.
Aber ich hatte auch Beifall erhalten zu meiner Rede, was mich nicht wenig freute, denn
das Hauptbürogebäude stand dicht an der
Hase; dort waren gerade die Maurer und 75

mauerten statt des Zauns eine schöne Back-
steinmauer auf, ... und jedes Mal, wenn ich
ein Kraftwort nach dem Fenster hinüberrief,
und nach jedem Satzschluss stießen sie
80 › immer einen tiefen, aber ganz kurzen Laut
aus, der Ho oder Hau klang, und klappten
dabei jedes Mal mit einem Backstein oder
mit dem Hammer auf dem Pfeiler auf, und
taten das alles, während sie fleißig arbeiteten
85 und ohne nach mir hin zu sehn. Das war
mein Abschied vom Stahlwerk und hat mich
gefreut, dass mir die Maurer noch zuallerr-
letzt zum Abschied haben Beifall gegeben.

Karl Fischer, Denkwürdigkeiten und Erinnerungen
eines Arbeiters, Leipzig (Eugen Diederichs) 1903,
S. 377–390.

1   Gitterzaun

13 Charakterisieren Sie das Verhältnis von
Arbeitern und bürgerlichem Vorgesetzten, wie
es Karl Fischer in seinem autobiografischen
Bericht beschreibt (M11).
14 Stellen Sie die gesellschaftlichen Entwicklungen und Hintergründe dar, die die von
Fischer (M11) beschriebenen Ereignisse verursacht haben. Ziehen Sie dafür auch M9 heran.

**M 13 Karl Marx und Friedrich Engels über
das Verhältnis von Bourgeoisie und Proletariat im 19. Jahrhundert, 1848**

Die Bourgeoisie kann nicht existieren,
ohne die Produktionsinstrumente, also die
Produktionsverhältnisse, also sämtliche
gesellschaftlichen Verhältnisse fortwährend
5 zu revolutionieren. [...] Das Bedürfnis nach
einem stets ausgedehnteren Absatz für ihre
Produkte jagt die Bourgeoisie über die ganze
Erdkugel. Überall muss sie sich einnisten,
überall anbauen, überall Verbindungen her-
10 stellen. [...]
    Die bürgerlichen Produktions- und Ver-
kehrsverhältnisse, die bürgerlichen Eigentumsverhältnisse, die moderne bürgerliche
Gesellschaft, die [durch das Prinzip der „frei-
15 en Konkurrenz"] so gewaltige Produktions-
und Verkehrsmittel hervorgezaubert hat,
gleicht dem Hexenmeister, der die unterirdi-
schen Gewalten nicht mehr zu beherrschen
vermag, die er heraufbeschwor. [...]

    Es genügt, die Handelskrisen zu nennen,   20
welche in ihrer periodischen Wiederkehr
immer drohender die Existenz der ganzen
bürgerlichen Gesellschaft in Frage stellen. In
den Handelskrisen wird ein großer Teil nicht
nur der erzeugten Produkte, sondern der   25
bereits geschaffenen Produktivkräfte regel-
mäßig vernichtet. In den Krisen bricht eine
gesellschaftliche Epidemie aus, welche allen
früheren Epochen als ein Widersinn erschienen wäre – die Epidemie der Überproduk-   30
tion. [...]
    Die Waffen, womit die Bourgeoisie den
Feudalismus zu Boden geschlagen hat, richten sich jetzt gegen die Bourgeoisie selbst.
Aber die Bourgeoisie hat nicht nur die Waf-   35
fen geschmiedet, die ihr den Tod bringen; sie
hat auch die Männer gezeugt, die diese Waffen führen werden – die modernen Arbeiter,
die Proletarier.
    In demselben Maße, worin sich die Bour-   40
geoisie, d. h. das Kapital, entwickelt, in demselben Maße entwickelt sich das Proletariat,
die Klasse der modernen Arbeiter, die nur so
lange Jeben, als sie Arbeit finden, und die
nur so lange Arbeit finden, als ihre Arbeit das   45
Kapital vermehrt. Diese Arbeiter, die sich
stückweise verkaufen müssen, sind eine
Ware wie jeder andere Handelsartikel und
daher gleichmäßig allen Wechselfällen der
Konkurrenz, allen Schwankungen des Mark-   50
tes ausgesetzt. [...]
    Die wachsende Konkurrenz der Bour-
geois unter sich und die daraus hervorgehenden Handelskrisen machen den Lohn
der Arbeiter immer schwankender; die   55
immer rascher sich entwickelnde, unaufhör-
liche Verbesserung der Maschinerie macht
ihre ganze Lebensstellung immer unsicherer;
immer mehr nehmen die Kollisionen zwischen dem einzelnen Arbeiter und dem ein-   60
zelnen Bourgeois den Charakter von Kollisionen zweier Klassen an. Die Arbeiter
beginnen damit, Koalitionen gegen die
Bourgeois zu bilden; sie treten zusammen
zur Behauptung ihres Arbeitslohns. Sie stif- 65
ten selbst dauernde Assoziationen, um sich
für die gelegentlichen Empörungen zu ver-
provantieren. [...]
    Die wesentliche Bedingung für die Exis-
tenz und für die Herrschaft der Bourgeois-   70
klasse ist die Anhäufung des Reichtums in

den Händen von Privaten, die Bildung und
Vermehrung des Kapitals; die Bedingung des
Kapitals ist die Lohnarbeit. Die Lohnarbeit
75 beruht ausschließlich auf der Konkurrenz
der Arbeiter unter sich. Der Fortschritt der
Industrie, dessen willenloser und wider-
standsloser Träger die Bourgeoisie ist, setzt
an die Stelle der Isolierung der Arbeiter
80 durch die Konkurrenz ihre revolutionäre
Vereinigung durch die Assoziation. Mit der
Entwicklung der großen Industrie wird also
unter den Füßen der Bourgeoisie die Grundlage selbst hinweggezogen, worauf sie produ-
85 ziert und die Produkte sich aneignet. Sie produziert vor allem ihren eigenen Totengräber.
Ihr Untergang und der Sieg des Proletariats
sind gleich unvermeidlich.

Karl Marx/Friedrich Engels, Manifest der Kommunis-
tischen Partei (1848), in: MEW, Bd. 4, Berlin 1971,
S. 465 ff.

M 14 Der Soziologe Max Weber über die Begriffe „Klasse" und „Stand", 1920

Wir wollen da von einer „Klasse" reden, wo
1. einer Mehrzahl von Menschen eine spezifische ursächliche Komponente ihrer Lebenschancen gemeinsam ist, soweit 2. diese
5 Komponente lediglich durch ökonomische
Güterbesitz- und Erwerbsinteressen, und
zwar 3. unter den Bedingungen des (Güter-
oder Arbeits-)Markts, dargestellt wird („Klassenlage"). Es ist die allerelementarste ökono-
10 mische Tatsache, dass die Art, wie die Verfügung über sachlichen Besitz innerhalb einer
sich auf dem Markt zum Zweck des Tausches
begegnenden und konkurrierenden Men-
schenvielheit verteilt ist, schon für sich
15 allein spezifische Lebenschancen schafft.
[...] „Besitz" und „Besitzlosigkeit" sind daher
die Grundkategorien aller Klassenlagen, ei-
nerlei, ob diese im Preiskampf oder im Konkurrenzkampf wirksam werden. Innerhalb
20 dieser aber differenzieren sich die Klassenlagen weiter, je nach der Art des zum Erwerb
verwertbaren Besitzes einerseits, der auf dem
Markt anzubietenden Leistungen andererseits. [...] Immer aber ist für den Klassenbe-
25 griff gemeinsam: dass die Art der Chance auf
dem Markt diejenige Instanz ist, welche die
gemeinsame Bedingung des Schicksals der

Einzelnen darstellt. „Klassenlage" ist in diesem Sinn letztlich: „Marktlage". [...]
30 Stände sind, im Gegensatz zu den Klassen,
normalerweise Gemeinschaften, wenn auch
oft solche von amorpher[1] Art. Im Gegensatz
zur rein ökonomisch bestimmten „Klassenlage" wollen wir als „ständische Lage" be-
35 zeichnen jede typische Komponente[2] des
Lebensschicksals von Menschen, welche
durch eine spezifische, positive oder negative, soziale Einschätzung der „Ehre" bedingt
ist, die sich an irgendeine gemeinsame
Eigenschaft vieler knüpft. [...]
40 Inhaltlich findet die ständische Ehre
ihren Ausdruck normalerweise vor allem in
der Zumutung einer spezifisch gearteten
Lebensführung an jeden, der dem Kreise
45 angehören will. Damit zusammenhängend
in der Beschränkung des „gesellschaftlichen", d. h. des nicht ökonomischen oder
sonst geschäftlichen, „sachlichen" Zwecken
dienenden Verkehrs, einschließlich nament-
50 lich des normalen Konnubium[3], auf den
ständischen Kreis bis zu völliger endogener[4]
Abschließung.

Max Weber, Grundriss der Sozialökonomie, III. Abtei-
lung: Wirtschaft und Gesellschaft, 2. Halbband,
Tübingen 1947, S. 632–635.

1 *formlos, gestaltlos*
2 *Bestandteil eines Ganzen*
3 *lat. für Ehe*
4 *aus der eigenen Gruppe heraus entstehend*

15 Erläutern Sie die Gesichtspunkte, nach
denen Marx und Engels die Begriffe „Bourgeoisie" und „Proletariat" definieren. Stellen Sie in
einer Übersicht die Rolle in der kapitalistischen
Gesellschaft dar, die Sie nach Marx und Engels
einnehmen (M13).
16 Erörtern Sie die Unterschiede zwischen
Max Webers Klassenbegriff und seinem Begriff
des „Standes" (M14).
17 Vergleichen Sie den Klassenbegriff von
Marx und Engels mit dem von Weber (M13,
14). Welche Gemeinsamkeiten und Unterschiede können Sie feststellen?

Themen und Methoden

Demografie – Bevölkerungslehre

Die Demografie hat sich die interdisziplinäre Erforschung menschlicher Populationen (Bevölkerungsgruppen oder ganzer Völker) hinsichtlich ihrer sozialen Merkmale und deren historischer Entwicklung zur Aufgabe gemacht. Zum Aufgabenspektrum der Demografie gehören u. a. folgende Punkte:
- Analyse der Bevölkerungsstruktur im Hinblick auf Alter, Abstammung, ethnische Zugehörigkeit, Gesundheit, Bildungsniveau und Beruf,
- Veränderung in der Bevölkerungsstruktur infolge von Geburten (Fertilität) und Sterbefällen (Mortalität),
- Statistiken über Wanderungsbewegungen, ihre Auswirkungen und ihren Zusammenhang mit wirtschaftlichen, sozialen und ökologischen Bedingungen.

Die biologische Zeugungskraft der Lebewesen – die Zahl der biologisch maximal möglichen Nachkommen pro Individuum (= Fekundität) – ist meist wesentlich größer als die Zahl der tatsächlichen Nachkommen (= Fertilität). Käme die Fekundität einer Pflanzen- oder Tierart voll zum Zuge, so würden ihre Nachkommen in kurzer Zeit die gesamte Oberfläche des Planeten bedecken. Dies gilt auch für den Menschen. Als wachstumshemmende Faktoren gelten die Begrenzung durch natürliche Umweltbedingungen, die Begrenzung durch Konkurrenz zwischen den Arten und die Begrenzung durch Konkurrenz zwischen den Individuen der gleichen Art. Bei menschlichen Populationen greifen die drei Regelmechanismen auf viel komplizierter Weise ineinander als bei Pflanzen und Tieren, weil der Mensch in den Wachstumsprozess steuernd eingreifen kann (z. B. durch Technik, Züchtung und neue Anbaumethoden). Die moderne Demografie geht dabei von folgenden Wechselwirkungen aus:

M 15 **System sozioökonomischer und demografisch-ökologischer Wechselwirkungen**

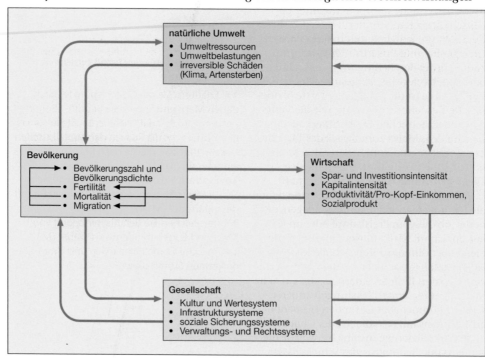

M 16 System demografisch-ökonomischer Wechselwirkungen

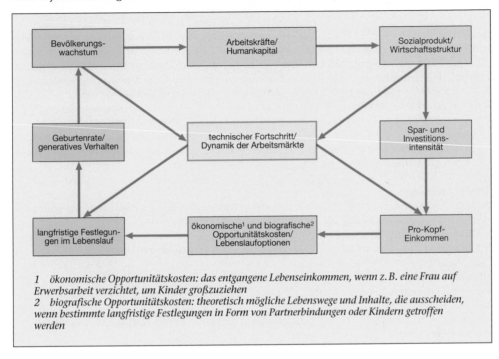

1 *ökonomische Opportunitätskosten: das entgangene Lebenseinkommen, wenn z. B. eine Frau auf Erwerbsarbeit verzichtet, um Kinder großzuziehen*
2 *biografische Opportunitätskosten: theoretisch mögliche Lebenswege und Inhalte, die ausscheiden, wenn bestimmte langfristige Festlegungen in Form von Partnerbindungen oder Kindern getroffen werden*

Seit dem Beginn der Bevölkerungswissenschaft im 18. Jahrhundert bis heute steht immer wieder die Frage im Mittelpunkt, wieviel Menschen die Erde tragen kann. Ein Blick auf die Bevölkerungsgeschichte des 19. Jahrhunderts zeigt, dass diese Frage nicht endgültig beantwortet werden kann.

Arbeitsvorschläge
18 Konkretisieren Sie das obige allgemeine Schema sozioökonomischer und demografischökologischer Wechselwirkungen für die Frühphase der Industrialisierung arbeitsteilig in Gruppenarbeit. Fassen Sie die Ergebnisse in einem Wandbild zusammen.
19 Recherchieren Sie im Internet zur aktuellen Entwicklung des Bevölkerungswachstums und seiner Folgen.
20 Organisieren Sie ein fächerübergreifendes Gemeinschaftsprojekt Ihrer Jahrgangsstufe zum Thema „Wachstum der Weltbevölkerung heute".

Literatur- und Internet-Tipps
Herwig Birg, Die Weltbevölkerung. Dynamik und Gefahren, München (C. H. Beck) 1996.
http://www.inter-nationes.de (dort weitere Links zum Thema Bevölkerungswachstum)
http://demography.anu.edu.au/VirtualLibrary/

Weiterführende Arbeitsanregungen zu Deutschland als Einwanderungsland

Das 19. Jahrhundert war für Deutschland einerseits eine Epoche der Auswanderung. Andererseits herrschte bald – mit zunehmender Geschwindigkeit des Industrialisierungsprozesses nach Gründung des Deutschen Reichs 1871 – in einigen Branchen der Wirtschaft ein Arbeitskräftemangel. So wurden z. B. im großen Stil in den preußischen Ostprovinzen polnische Arbeitskräfte für den Bergbau angeworben. 1908 war jeder dritte Bergmann im Ruhrgebiet polnischer Herkunft.

Auch im 20. Jahrhundert, vor allem in Folge des Zweiten Weltkriegs, kam es zu gewaltigen Bevölkerungswanderungen durch Flucht, Vertreibung und Zwangsumsiedlung. Der wirtschaftliche Aufschwung in der Bundesrepublik in den 50er- und 60er-Jahren führte erneut zur Anwerbung von „Gastarbeitern". In den 90er-Jahren wurde das Wanderungsgeschehen vor allem durch die Einreise von Asylbewerbern, Aussiedlern und Kriegsflüchtlingen bestimmt.

Arbeitsvorschläge

1 Erarbeiten Sie in arbeitsteiliger Gruppenarbeit, in Form von Gruppen- oder Einzelreferaten oder Hausarbeiten die einzelnen Kapitel der Wanderungsbewegungen in Deutschland.

2 Dokumentieren Sie Ihre Ergebnisse auf einer Wandzeitung in Form eines Zeitpfeils.

3 Diskutieren Sie vor diesem Hintergrund die aktuellen Probleme der Einwanderung.

Literaturhinweise

Michel Hubert, Deutschland im Wandel. Geschichte der deutschen Bevölkerung seit 1815, Stuttgart (Steiner) 1998.

Richard A. Murphy, Gastarbeiter im Deutschen Reich. Polen in Bottrop 1891–1933, Wuppertal (Hammer) 1982.

Jan Motte/Rainer Ohliger (Hg.), 50 Jahre Bundesrepublik – 50 Jahre Einwanderung. Nachkriegsgeschichte als Migrationsgeschichte, Frankfurt/M. (Campus) 1999.

Franz Nuscheler, Internationale Migration: Flucht und Asyl, Opladen (Leske + Budrich) 1995.

Klaus J. Bade (Hg.), Migrationsreport 2000. Fakten, Analysen, Perspektiven, Frankfurt/M. (Campus) 2000.

Klaus J. Bade (Hg.), Deutsche im Ausland – Fremde in Deutschland. Migration in Geschichte und Gegenwart, München (C. H. Beck) 1992.

Internet-Tipp

www.bundesauslaenderbeauftragte.de; www.aussiedlerbeauftragter.de

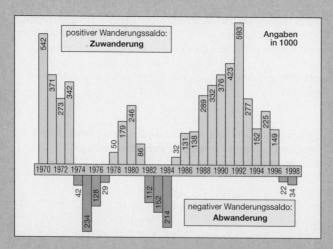

M 17 **Migration von Ausländern**

11 Wandel der Familie und der Geschlechterverhältnisse

Familie und Industrialisierung

Mit der Industrialisierung haben sich die Formen und Funktionen der Familie grundlegend verändert. In der vorindustriellen Zeit verstand man unter **„familia"** weder die Kernfamilie noch das komplizierte Geflecht der Verwandtschaftsbeziehungen, sondern die Gesamtheit der in einem Haus lebenden Personen einschließlich des Gesindes. Dieses „Haus" bildete die Grundlage des gesellschaftlichen Lebens und war eine wirtschaftliche, soziale und rechtliche Einheit. Allein der „Hausvater" war Bürger einer Gemeinde oder Stadt bzw. Mitglied einer Zunft, alle anderen Familienangehörigen waren Teil des „Hauses".

Bis heute hält sich das Vorurteil, die Menschen der vorindustriellen Zeit hätten überwiegend in Großfamilien zusammengelebt, die ihnen ein hohes Maß an sozialer Sicherheit und Geborgenheit vermittelt hätten. Dieses Bild von der Großfamilie, die durch die Industrialisierung zerstört worden sei, ist jedoch eine Idylle, die es so nicht gegeben hat. Vielmehr bestanden ganz unterschiedliche Familienformen nebeneinander. Im Adel und in einem Teil der bäuerlichen Bevölkerung war die **„Drei-Generationen-Familie"** verbreitet, in der Großeltern, Eltern und Kinder in einem Haushalt zusammenlebten. Daneben gab es bei den Bauern, Handwerkern und Händlern die „erweiterte Familie", zu der außer den unverheirateten Verwandten auch alle im Haushalt Beschäftigten gehörten. Diese Familienform setzte allerdings eine bestimmte Mindestgröße des Betriebes voraus. Familien von Kleinhändlern, ländlichen Handwerkern oder ärmeren städtischen Meistern, die sich die Einstellung von zusätzlichen Arbeitskräften nicht leisten konnten, bestanden in der Regel aus Eltern mit ihren Kindern. Das galt auch für viele Heimarbeiterfamilien und die neu entstehenden Fabrikarbeiterfamilien.

Die Industrialisierung hat nicht die Familie zerstört, wie einige – konservative, aber auch sozialistische – Kritiker des Industriekapitalismus im 19. Jahrhundert vermuteten. Im Gegenteil: Die Zahl der Familiengründungen nahm zu, weil viele Menschen, die vorher auf Grund der Heiratsbeschränkungen nicht heiraten durften, nunmehr eine Ehe eingehen und einen eigenen Hausstand gründen konnten. In der bäuerlichen Bevölkerung blieb die Familie zwar weitgehend eine wirtschaftliche und soziale Einheit. Für alle anderen Schichten änderte sich das jedoch mit dem Vordringen der kapitalistisch-industriellen Wirtschaftsweise: Erwerbstätigkeit und Familie, Öffentliches und Privates entwickelten sich immer stärker zu völlig voneinander getrennten Bereichen. Außerdem setzte sich im 19. Jahrhundert ein **neues Leitbild von Ehe und Familie** durch, zuerst im Bürgertum und dann, von da ausgehend, in allen anderen Schichten. Danach sollte die Familie ein Zufluchtsort und Gegengewicht gegen die Versachlichung der zwischenmenschlichen Beziehungen und die Zwänge der kapitalistischen Wirtschaft sein, die durch Leistung und Konkurrenz geprägt war.

Die Entstehung der „Frauenfrage"

Waren die Beziehungen zwischen den Familienangehörigen in der vorindustriellen Welt durch eine relative Nähe der Geschlechter gekennzeichnet, entwickelten sich die Lebensbereiche von Mann und Frau in der Industriegesellschaft mit ihrer **Trennung von Arbeit und Privatsphäre** auseinander. Der Mann hatte sich um die „Außenwelt" zu kümmern: Er war nicht nur der „Ernährer" der Familie, sondern auch für Politik, Kultur und Geselligkeit zuständig. Dagegen lagen die Sorge für den Ehemann sowie das Aufziehen und die Erziehung der Kinder bei den Ehefrauen. Diese ungleiche **Rollen- und Machtverteilung** zwischen den Geschlechtern fand ihre ideologische Absicherung durch die seit dem 18. Jahrhundert entstandene Auffassung von den „Geschlechtercharakteren", nach der „Vernunft", „Kraft" oder „Selbstständigkeit" „natürliche" Eigenschaften des Mannes seien, während die Frau sich durch „Empfindung", „Hingabe", „Abhängigkeit" und „Bescheidenheit" auszeichne. Trotz zunehmender Erwerbstätigkeit von Frauen war die moderne Industriegesellschaft, besonders wenn es um öffentliche Angelegenheiten ging, eine reine Männergesellschaft.

Gegen diese Vorherrschaft der Männer formierte sich jedoch allmählich eine Gegenbewegung. Bereits in der Revolution von 1848/49 gründeten Frauen Vereine und traten öffentlich für ihre Gleichberechtigung in Politik und Gesellschaft ein. Auch in den Sechziger- und dann in den Neunzigerjahren waren es diese politisch aktiven Frauen aus der Revolution, die sich in Frauenverbänden organisierten und emanzipatorische Forderungen erhoben. Eine herausragende Rolle in der entstehenden **Frauenbewegung** nahmen Lehrerinnen ein. Da Frauen der Besuch weiterführender und berufsbildender Schulen, vor allem aber eine Universitätsausbildung, bis weit ins 19. Jahrhundert verwehrt blieb, bot der Lehrerinnenberuf besonders für die Töchter aus bürgerlichen Familien die Chance zu einer qualifizierten beruflichen Bildung wie auch zu beruflicher Selbstständigkeit. Das dadurch gewonnene Selbstbewusstsein fand seinen Ausdruck auch in einem verstärkten politischen Engagement und der Forderung, dass Frauen ihre Fähigkeiten und Leistungen frei entfalten sollten.

Wenn man nach typischen Frauenberufen im 19. Jahrhundert fragt, darf aber auch das **Dienstmädchen** nicht fehlen. Der Historiker Jürgen Kocka hat sogar einmal vom Jahrhundert des Dienstmädchens gesprochen. Ähnlich wie für Töchter aus bürgerlichen Elternhäusern der Lehrerinnenberuf eine Möglichkeit zu einer eigenständigen beruflichen Existenz eröffnete, bot der Beruf des Dienstmädchens vielen jungen Frauen aus Unterschichtenfamilien die Chance sowohl zum Gelderwerb als auch zum Erlernen wichtiger Fähigkeiten, die ihnen bei der Gründung einer eigenen Familie nützlich sein konnten. Allerdings war der Preis für den Aufstieg der Töchter aus unbemittelten Familien oft sehr hoch, da ihre Freizügigkeit und Freiheit zum Teil extrem eingeschränkt blieben.

M 1 **Sozialdemokratische Frauenversammlung in Berlin 1890,**
zeitgenössischer Holzstich

Hinweise zur Arbeit mit den Materialien

Die politische und wissenschaftliche Diskussion über die Entwicklung der Familie seit dem Beginn der Industrialisierung war lange Zeit durch die Annahme bestimmt, die Industrialisierung habe die traditionelle Großfamilie zerstört und damit grundsätzlich ein harmonisches Familienleben erschwert. Die Quellentexte M2, M3 bieten die Gelegenheit, diese These anhand der neueren geschichtswissenschaftlichen Forschung zu überprüfen.

Mit der Industrialisierung veränderten sich Leben und Arbeit der Frauen. Tradierte Geschlechterrollen wurden dadurch in Frage gestellt. Friedrich Schillers „Lied von der Glocke" (M4) ist ein sehr anschaulicher Text über das bürgerliche Familienideal und die Geschlechterrollen im 19. Jahrhundert. Der von Schillers Ballade ausgehende Text des Historikers Jürgen Kocka (M5) stellt einige Interpretationshilfen und weiterführende Überlegungen über diese Thematik zur Verfügung. Der Bericht eines Dienstmädchens und einer Textilarbeiterin (M7, M8) soll zur Auseinandersetzung mit dem im 19. Jahrhundert weit verbreiteten Schicksal von jungen Frauen aus der Unterschicht anregen. Dass sich Frauen bereits im 19. Jahrhundert keineswegs kampflos mit ihrer untergeordneten Rolle in Politik und Gesellschaft abfanden, sondern sich organisierten und für ihre Rechte eintraten, dokumentieren M10–11; diese Quellen geben Auskunft über die Ziele der Frauenbewegung im Industriezeitalter.

M2 Der Historiker Pohlmann über die Verbreitung der Großfamilie in Europa, 1997

Die Kernfamilie ist keineswegs ein Produkt der Industrialisierung, sondern sie ist auch im vorindustriellen Europa häufig zu finden, und ihre Bedeutung nimmt im Westen
5 und Norden Europas und zugleich auf den unteren Rängen der ständischen Ordnung zu. Industrialisierungsbedingt waren im Wesentlichen zwei Prozesse: erstens die Verallgemeinerung der Kernfamilie zur fast alleinigen Familienform in Europa und zweitens
10 – und das ist wesentlich – tief gehende Wandlungen innerhalb des kernfamilialen Grundzusammenhangs, welche die eigentliche Entwicklung zur modernen Familie
15 kennzeichnen.

Friedrich Pohlmann, Die europäische Industriegesellschaft, Opladen (UTB) 1997, S. 148–150.

M3 Der Historiker Michael Mitterauer über die Auswirkungen der Industrialisierung auf die Familienstruktur, 1977

In vorindustrieller Zeit war die fast ausschließliche Produktionsgemeinschaft die Familie selbst. Das gilt in gleicher Weise für die Landwirtschaft wie für das Handwerk.
5 Großbetriebliche Formen der Arbeitsorganisation gab es im Wesentlichen nur im Montanwesen und im Baugewerbe. Als Familien ohne Produktionsfunktion sind freilich bis weit zurück in vorindustrielle Zeit die vielen ländlichen und städtischen Tagelöhner zu
10 bedenken. Durch die Entstehung industrieller Großbetriebe wurden Familien ohne Produktionsfunktion eine Massenerscheinung.

In die gleiche Richtung wirkte auch die zunehmende Bürokratisierung. Die Familie
15 als Produktionsgemeinschaft wurde von der Regel zur Ausnahme. Für ihre Zusammensetzung war diese Entwicklung von entscheidender Bedeutung. Die durch die Rollenverteilung in der gemeinsam geleisteten Arbeit
20 gegebenen Bindungen fielen nun weg. Das betraf vor allem die Notwendigkeit der Heirat bei Übernahme des Haushalts bzw. der Wiederverehelichung nach dem Tod des Partners. Besonders im Bauernhaus, weitge-
25 hend aber auch im Handwerkerhaus, mussten die beiden zentralen Positionen des Hausherrn und der Hausfrau stets besetzt sein. Witwer und Witwen als Haupt der Familie waren selten. Witwenhaushalte fin-
30 den sich hauptsächlich in Städten. [...] Das verheiratete Paar als Kernstück – und damit ein Grundbestand von zwei Personen – war in den Haus besitzenden Familien der vorindustriellen Epoche im Allgemeinen gegeben.
35 Die heute so verbreiteten Einzelhaushalte fehlten weitgehend. [...]

Für familienwirtschaftliche Ordnungen – vor allem der Agrargesellschaft, zum Teil
40 aber auch im städtischen Milieu – ist es charakteristisch, dass zumindest ein Kind als Erbe im Haus bleibt. Eltern-Kind-Gruppen erscheinen bei solchen Produktionsverhältnissen als die vorherrschende
45 Familienkonstellation. Individuelle außerhäusliche Erwerbstätigkeit hat hingegen zur Folge, dass alle Kinder das Elternhaus verlassen – insbesondere dann, wenn entsprechende Möglichkeiten zu neolokaler
50 Ansiedlung gegeben sind. Mit steigender Lebenserwartung verlängert sich für die Eltern die Phase des Zusammenlebens ohne Kinder. Auch die quantitative Zunahme solcher Ehepaare als „Restfamilien" ist ein
55 bezeichnendes Charakteristikum der Familienentwicklung in neuerer Zeit, das u. a. auch mit dem Prozess der Industrialisierung zusammenhängt.
Ein anderer Aspekt des Verlusts der Pro-
60 duktionsfunktionen ist der Rückgang bzw. Wegfall des Gesindes. Solange die Familie als Gemeinschaft bestimmte Arbeitsleistungen zu bewältigen hatte, war eine gewisse Konstanz der eingesetzten Arbeitskräfte erfor-
65 derlich, die durch die Kinder des Hauses einerseits, die Knechte und Mägde andererseits sichergestellt wurde.

Michael Mitterauer, Der Mythos der vorindustriellen Großfamilie, in: Heidi Rosenbaum (Hg.), Seminar: Familie und Gesellschaftsstruktur, Frankfurt/M. (Suhrkamp) 1978, S. 146 f.

1 „Bei allen Unterschieden ... ist den soziologischen Theorien über die Entwicklung der Familie eines gemeinsam" schreibt der Historiker Michael Mitterauer über die ältere Forschung. Die „Annahme einer generellen Grundtendenz von zahlenmäßig umfassenderen zu kleineren Familienformen. Als der für diese Veränderungen entscheidende Faktor wird der Prozess der Industrialisierung angesehen. Eine solche Dichotomisierung [= Gegenüberstellung] zwischen vorindustrieller Großfamilie und moderner Kleinfamilie beherrscht weithin die diesbezüglichen Darlegungen in soziologischen Handbüchern."
Diskutieren Sie die von Mitterauer beschriebene Auffassung mit Hilfe von M2 und 3. Formulieren Sie, wenn nötig, eine Gegenthese.

M 4 **Der Dichter Friedrich Schiller über das bürgerliche Ideal der Geschlechterrollen, 1799/1800**

*Der Mann muss hinaus
Ins feindliche Leben,
Muss wirken und streben
Und pflanzen und schaffen,
Erlisten, erraffen,* 5
*Muss wetten und wagen,
Das Glück zu erjagen.
Da strömet herbei die unendliche Gabe,
Es füllt sich der Speicher mit köstlicher Habe,
Die Räume wachsen, es dehnt sich das Haus.* 10

*Und drinnen waltet
Die züchtige Hausfrau,
Die Mutter der Kinder,
Und herrschet weise
Im häuslichen Kreise,* 15
*Und lehret die Mädchen
Und wehret den Knaben,
Und reget ohn Ende
Die fleißigen Hände,
Und mehrt den Gewinn* 20
*Mit ordnendem Sinn.
Und füllet mit Schätzen die duftenden Laden,
Und dreht um die schnurrende Spindel den
[Faden,
Und sammelt im reinlich geglätteten Schrein* 25
*Die schimmernde Wolle, den schneeigten
[Lein,
Und füget zum Guten den Glanz und den
[Schimmer,
Und ruhet nimmer.* 30

Friedrich Schiller, Das Lied von der Glocke, in: Karl Otto Conrady (Hg.), Das große deutsche Gedichtbuch, Königstein/Ts. (Athenäum) 1978, S. 319 f.

M 5 **Der Historiker Jürgen Kocka über Schillers „Lied von der Glocke" und Geschlechterrollen im 19. Jh., 1990**

Was diese ... Ballade Friedrich Schillers, die 1800 veröffentlicht wurde, ausdrückte und in der Zukunft zu verfestigen mithalf, war eine Vorstellung von der richtigen Arbeitsteilung zwischen den Geschlechtern, eine 5
Vorstellung, die sich im 19. Jahrhundert siegreich durchsetzte. Die sozialen Wunsch-

attribute von Mann und Frau differenzierten
sich schärfer als früher. Eine ideologische
10 Aufwertung von Haus und Heim, von
Familie und Frauenrolle war damit ebenso
verknüpft wie die Rechtfertigung der Ausgrenzung von Frauen aus dem als kämpfe-
risch, hart und männlich geschilderten
15 Erwerbs- und Öffentlichkeitsleben. Realisiert
wurde diese Norm am ehesten im Bürgertum, in den unteren Schichten hatte sie
wenig Chancen, aber wahrscheinlich ihre
Bedeutung als Wunsch und Traum.
20   Dass häuslicher Dienst vor allem Frauen-
sache sei, setzte sich als selbstverständliche
Vorstellung bei den Gesinde einstellenden
Frauen und Männern des Bürgertums wie bei
den Stellung suchenden Mädchen und Frau-
25 en der Unterschichten durch, denen sich
überdies – außer der landwirtschaftlichen
Arbeit und der Heimarbeit, später der Fabrikarbeit – wenig Alternativen boten; auch bei
den Söhnen und Männern der Unterschich-
30 ten, die sich nicht zuletzt deshalb lieber
andere Stellungen suchten, als in den zunehmend als weiblich empfundenen häuslichen
Dienst zu drängen. Bevor sich Haus und
Gewerbe, Haus und Öffentlichkeit so scharf
35 geschieden hatten, war das anders gewesen;
wo sie noch in enger Verknüpfung verharr-
ten wie in der Landwirtschaft, blieb es auch
anders. […]
       In den 70er-Jahren arbeitete etwa ein
40 Drittel der überhaupt erwerbstätigen Frauen
in diesem Bereich. Dies entsprach ungefähr
dem Anteil aller erwerbstätigen Mädchen
und Frauen, die als landwirtschaftliches
Gesinde und Tagelöhnerinnen der verschie-
45 densten Art in der Landwirtschaft beschäftigt waren, und überstieg ein wenig die Zahl
der in Gewerbe, Handel und sonstigen
Dienstleistungen beschäftigten weiblichen
Erwerbstätigen. Bis 1907 verschob sich diese
50 Relation: Die „persönlichen Dienste"
beschäftigten dann nur noch ein Viertel der
überhaupt erwerbstätigen Frauen; ein gutes
weiteres Viertel arbeitete in der Landwirtschaft; und knapp die Hälfte der erwerbs-
55 tätigen Frauen hatte Arbeitsplätze in den
expandierenden Bereichen des Gewerbes,
des Handels und der sonstigen Dienstleistungen gefunden. […]
       Zum Typus des Lohnarbeiters gehört im

M6 **Familie um 1900, Fotografie**

Prinzip seine Lebenslänglichkeit. Dienst-   60
mädchen aber war man um 1875 meist
nur für einige Jahre, zumeist wohl für etwa
ein Jahrzehnt. Eindeutiger noch als zu Jahr-
hundertbeginn stellte der häusliche Dienst
lebensgeschichtlich eine Übergangsstufe, ein   65
Übergangsphänomen dar, … in der überwie-
genden Zahl der Fälle eine Durchgangsposi-
tion für ledige junge Frauen. […]
       Was die soziale Herkunft betrifft, über-
wogen die Töchter von Bauern, Kleinbauern   70
und Tagelöhnern der verschiedensten Art,
von Arbeitern und Handwerkern. […]
       Was die Dienstmädchen taten, nachdem
sie ihre letzte Stellung verließen, ist weniger
klar. Viele von ihnen heirateten, zumeist   75
Männer mit Berufen im gewerblich-städti-
schen Bereich. Heirateten sie „nach oben"?
Dafür spricht manches.

Jürgen Kocka, Arbeitsverhältnisse und Arbeiter-
existenzen. Grundlagen der Klassenbildung im
19. Jahrhundert, Bonn (J. H. W. Dietz Nachf.) 1990,
S. 122–135.

2 Arbeiten Sie heraus, welche Lebensbereiche
den Geschlechtern jeweils zugeordnet wurden
(M4).
3 Diskutieren Sie, welche Konsequenzen dies
für die Handlungs- und Freiheitsräume von
Männern und Frauen in Familie, Beruf und Freizeit hatte (M4, M5)
4 Untersuchen Sie, inwieweit in der Familien-
darstellung M6 dieses traditionelle Rollenver-
ständnis zum Ausdruck kommt.

**M 7 Aus dem Bericht eines Dienst-
mädchens, um 1900**

Ich ging, … noch nicht 14 Jahre alt, in Stellung, war ein gesundes kräftiges Mädchen
und hing mit ganzer Seele an meinem Beruf.
Ich kam mit 15 Jahren auf eine Stelle als
5 Mädchen für alles. Ich hatte ein kleines Kind
zu besorgen, zu kochen und sämtliche Hausarbeit. Nachmittags musste ich mit dem
Kind ausgehen, sodass alles für den Abend
liegen blieb. Die große Wäsche hatte ich
10 allein zu besorgen, und zwar die Nacht
durch, und als nach einer solchen die Herr-
schaften eingeladen waren und nachts 3 Uhr
nach Hause kamen und mich schlafend fanden, da hagelte es Vorwürfe über Unzuverläs-
15 sigkeit und was noch alles, und als ich mir
erlaubte zu sagen, ich hätte doch vorige
Nacht gar nicht geschlafen, da hieß es: Solch
eine Frechheit! Sie sollen aber auch ein Zeug-
nis dafür bekommen und das habe ich,
20 nachdem ich 1 ¼ Jahre da war, auch erhalten. Auf der Polizei aber wurde erwidert: „Sie
werden es wohl verdient haben."

*Jürgen Kocka, Arbeitsverhältnisse und Arbeiterexisten-
zen. Grundlagen der Klassenbildung im 19. Jh., Bonn
(J. H. W. Dietz Nachf.) 1990, S. 136 f.*

5 Beschreiben Sie anhand der Texte M5, M7
das „typische" Dienstmädchen im 19. Jahrhundert (Herkunft, Arbeit, Werdegang).

6 Erläutern Sie die Unterschiede zwischen der
Arbeit eines Dienstmädchens und der einer
Textilarbeiterin (M8). Erörtern Sie die jeweili-
gen Vor- und Nachteile.

**M 8 Der Arbeitstag einer Textilarbeiterin,
1909**

Wenn der Morgen grau heraufdämmert, so
eilen wir Spulerinnen mit unseren kleinen
Kindern in Scharen durch die Gassen, um
die Kleinen tagsüber unterzubringen. Da
trägt eine Mutter zwei Kinderchen in einem 5
Bett verpackt, eine andere fährt einen Kar-
ren, aus dem ein paar verschlafene Köpfchen
hervorgucken; da läuft neben der Frau, die
das Jüngste auf dem Arm hat, der Mann,
dem zwei ältere Sprösslinge auf den Schul- 10
tern hocken. Man könnte meinen, die Kinder werden zum Verkauf auf den Markt
gebracht. Die aus dem Schlaf gerissenen
Kleinen schreien und jammern oft herz-
brechend, die Mütter seufzen, manch eine 15
schilt wohl auch, wenn das Weinen zu laut
wird, obgleich ihr selbst die Tränen nahe
sind.

Sind die Kinder versorgt, so laufen die
Mütter hastig zur Fabrik, um an surrenden 20
Maschinen ein Stück Brot zu verdienen.
Kaum haben wir den Fabriksaal betreten, so
heißt es: schuften! […]

**M 9 Der Arbeitstag einer
Industriearbeiterin, Karikatur, ca. 1920**

Um halb zwölf Uhr mittags geht es im
25 Laufschritt, marsch, marsch nach Hause, um
das berühmte Proletarieressen, Kartoffeln
und Hering, zu richten. […] Um halb ein Uhr
geht es dann wieder im Trab in die Fabrik,
wo wir müde und gehetzt bis halb sechs oder
30 halb sieben schanzen. […] Nach Arbeits-
schluss eilen wir aufs neue durch die Gassen,
um unsere Kinder zusammenzuholen.

Sind alle daheim, so wird für die ganze
Familie eine Brühe zurechtgemacht, die mit
35 Kaffee nur den Namen gemein hat; vielleicht
ist für den Mann ein Stück Hering oder ein
Teller Suppe vom Mittagessen übrig geblie-
ben. Sobald wir gegessen haben und die Kin-
der zu Bett gebracht sind, beginnt für uns
40 Frauen die Quälerei von neuem. Mit einem
Eimer auf dem Kopf, einem anderen in der
Hand, hasten wir eine viertel oder eine halbe
Stunde weit an den Bach, um zu waschen.
Gar manchmal wird es zwölf Uhr und noch
45 später, bis wir damit fertig sind.
Der Textilarbeiter, Nr. 6, 1909.

7 Beschreiben Sie den Arbeitstag einer Textilarbeiterin (Aufgaben, Belastungen) (M8).
8 Vergleichen Sie die Doppelbelastung von
Frauen in Haushalt und Betrieb um die Jahrhundertwende und heute (M9).

**M 10 Die Frauenrechtlerin Helene Lange
über die Entstehung der bürgerlichen
Frauenbewegung, 1922**

*Die deutsche bürgerliche Frauenrechtlerin
Helene Lange (1848–1930) gründete 1889 den
„Allgemeinen Deutschen Lehrerinnen-Verein",
ab 1893 gab sie die Zeitschrift „Die Frau" heraus. Sie trat für eine ungehinderte höhere
Mädchen- und Frauenbildung ein, für die Zulas-
sung von Frauen zum Studium und für das Frauenwahlrecht. Zusammen mit Gertrud Bäumer
erzielte sie eine große öffentliche Wirkung, nicht
zuletzt als Führerin des „Allgemeinen Deutschen
Frauenvereins" (seit 1902). Politisch engagierte
sie sich in linksliberalen Parteien. Während des
Krieges und noch danach wirkte sie von 1917 bis
1920 an der Sozialen Frauenschule in Hamburg.
Neben ihren „Lebenserinnerungen" von 1902,
aus denen der nachfolgende Text entnommen
wurde, verfasste sie 1908 „Die Frauenbewegung*

*in ihren modernen Problemen". Gemeinsam mit
Gertrud Bäumer gab sie von 1901 bis 1906 das
„Handbuch der Frauenbewegung" heraus.*
Es war nicht nur die Lehrerinnenfrage, die
anfangs der Neunzigerjahre zu Neugestal-
tungen drängte: das ganze Gebiet der Frauenfrage war unter andere Bedingungen
gestellt als bisher. Bis Anfang der Neunziger- 5
jahre waren die Erfolge der Frauenbewegung
in Deutschland praktisch wie geistig gering.
Die Frauen wurden auf die neuen Ziele hingewiesen, dafür erwärmt; der geistig-sittliche
Hintergrund der ganzen Bewegung wurde 10
ihrem Bewusstsein nahe gebracht. Das war,
was sie selbst wollten; das bestimmte auch
die Wahl der Themen. „Was wir wollen und
warum wir es wollen" – „Die Frauenfrage –
eine Menschheitsfrage" – „Darf die Frau 15
denken?" – „Pflicht und Notwendigkeit der
Selbsthilfe" – „Weibliche Charakterbildung"
– „Frauenfrage und Männerbedenken" –
das sind Themen aus den Achtzigerjahren.
[…] 20
Die Neunzigerjahre werten das alles in
einer uns jetzt sehr plötzlich erscheinenden
Entwicklung um. […] In weit größerem Umfang und in größerer Deutlichkeit erkannt,
nehmen Schutzfragen, Ausbildungs-, Lohn- 25
und Organisationsfragen, die Beziehungen
zwischen männlicher und weiblicher Lohnarbeit, das Problem von Beruf und Mutter-
schaft die Aufmerksamkeit in Anspruch. Die
einzelnen Berufe fordern Lösungen für ihre 30
Sonderprobleme; „Richtungen" entstehen.
Die Themen „fürs Herz" werden selten;
nüchtern und konkret heißt es nun: „Die
Nachtarbeit der Frau" – „Das Leben der
Fabrikmädchen" – „Die Besoldungsverhält- 35
nisse der Lehrerinnen" – „Die Kasernierung
der Prostitution" – „Der Mutter- und Säug-
lingsschutz in der Reichsversicherungsord-
nung" – „Weibliche Vormundschaft" – „Der
Geburtenrückgang" – „Das Stimmrecht der 40
Frau in Gemeinde, Kirche und Staat".
Diese Fülle der Probleme war nicht mehr
durch eine Organisation zu bewältigen. Es
entstanden die großen Berufsvereine; wie die
Lehrerinnen, so schlossen sich auch die 45
Künstlerinnen, die kaufmännischen Angestellten und andere zusammen. Auch für die
einzelnen Fragen der Frauenbewegung mussten Sonderorganisationen geschaffen wer-

50 den, wollte man sie aus dem Stadium der
theoretischen Erörterung in das der Tat, der
umgestaltenden Arbeit überführen. So bildeten sich die Vereine Frauenbildung – Frauen-
studium, die Sittlichkeitsvereine, die Rechts-
55 schutzvereine.

Und das einfache Programm der Frauenbewegung musste sich spezialisieren; wie es
erst aus der Theorie entstanden war und die
Praxis geschaffen hatte, so zwang es die Fülle
60 flutenden Lebens nun ihrerseits zur Aufnahme immer neuer Forderungen, die aber
immer wieder von einem geistigen Zentrum
aus beherrscht und gestaltet werden mussten, sollten sie den Charakter der ersten
65 geistig befruchtenden Bewegung dauernd
bewahren.

Es entsprach dem Geist des Allgemeinen
Deutschen Frauenvereins, dass er sich dieses
ersten Ursprungs immer bewusst blieb und
70 ihm nach wie vor die Bildungsfragen als das
Zentrale erschienen.

*Helene Lange, Lebenserinnerungen, Berlin (Herbig)
1922, S. 196 f.*

M 11 Die Sozialistin Ottilie Baader
über die proletarische Frauenbewegung,
1931

Die Frauenbewegung nahm einen frischen
Aufschwung. Bald nach dem Parteitag in
Halle, im Herbst 1890, wurde, wie schon
erzählt, durch Emma Ihrer, die Vorgängerin
5 der „Gleichheit", die „Arbeiterin" ins Leben
gerufen. Alle Mitarbeit daran war unent-
geltlich …

Der nun einmal geweckte Drang nach
Erkenntnis der sozialen und politischen
10 Zusammenhänge, der unter dem Sozialistengesetz nur unter den größten Schwierigkeiten hatte befriedigt werden können,
machte sich jetzt ungestüm geltend. Frauen-
bildungsvereine wurden an vielen Orten
15 ins Leben gerufen, für die politische Aufklärung schuf man Frauenagitationskom-
missionen.

Aber die Frauen durften sich bekanntlich
sowohl nach den preußischen wie den Ver-
20 einsgesetzen anderer deutscher Staaten in
Vereinen nicht mit Politik beschäftigen,
durften auch nicht Mitglieder politischer

Vereine sein. Und trotz all dieser Beschränkungen verstanden es die Genossinnen, sich
Einrichtungen zu schaffen, um unter den   25
Frauen politisches Wissen und Aufklärung
über die sozialen Zusammenhänge zu verbreiten. Das war nicht so ganz leicht. Es fehlte ja den Frauen in der Hauptsache noch an
den allereinfachsten Begriffen über allgemei- 30
ne Wirtschaftsfragen. Es kostete z. B. viel
Mühe, den Frauen klar zu machen, dass eine
verkürzte Arbeitszeit neben dem Zeitgewinn
für Hauswesen und Familie nicht nur keine
Lohnkürzung, sondern eher eine Aufbesse-   35
rung für sie bedeuten würde. Als dann im
Jahre 1893 der elfstündige Arbeitstag für die
erwachsenen Fabrikarbeiterinnen eingeführt
wurde, erkannten sie erst die Richtigkeit dieser Forderung und empfanden schon die nur 40
um eine Stunde gekürzte Arbeitszeit als eine
Wohltat für sich und ihre Angehörigen. Für
spätere weitere Verkürzungen der Arbeitszeit
erleichterte dies die Agitation unter den
Arbeiterinnen sehr.   45

*Ottilie Baader, Ein steiniger Weg. Lebenserinnerun-
gen, Berlin 1921, S. 32 f.*

9 Beschreiben Sie die Entwicklung der bürgerlichen Frauenbewegung (M10).
10 Erläutern Sie, welche zusätzlichen Probleme Arbeiterinnen im Vergleich zu ihren männli-
chen Kollegen hatten (M11).
11 Stellen Sie die Berührungspunkte und Differenzen zwischen bürgerlicher und proletari-
scher Frauenbewegung heraus (M10–11).

Das Schauspiel als historische Quelle: „Der Biberpelz" von Gerhart Hauptmann, 1892/93

Der Dramatiker Gerhart Hauptmann (1862–1946) gehörte zu einer Gruppe von Schriftstellern, die sich in den letzten zwei Jahrzehnten des 19. Jahrhunderts zum Programm des Naturalismus bekannten. Sie machten die in den Großstädten entstandenen Elendsquartiere, das Milieu der Fabriken, Hinterhöfe und Kneipen zum Hauptgegenstand ihrer literarischen Richtung. „Kunst = Natur minus x", lautete die Parole des Naturalismus. Mit „x" war der Faktor der subjektiven künstlerischen Gestaltung gemeint. Die Wirklichkeit sollte also so genau wie möglich wiedergegeben werden; angestrebt war eine Deckungsgleichheit von Realität und Abbild, Umgangssprache und Dialekt hielten Einzug in die Literatur.

Eines der bekanntesten Stücke Hauptmanns ist die 1892/93 geschriebene Komödie „Der Biberpelz". Im Mittelpunkt steht die Waschfrau Wolff, die versucht, die Existenz ihrer Familie zu sichern.

M 12 „Der Biberpelz": Anfang des 1. Aktes

Ort des Geschehens: irgendwo um Berlin.
Zeit: … gegen Ende der Achtzigerjahre.

ERSTER AKT

Kleiner, blau getünchter, flacher Küchenraum mit
5 *niedriger Decke; ein Fenster links; eine roh gezim-*
merte Tür ins Freie führend rechts; eine Tür mit
ausgehobenem Flügel mitten in der Hinterwand.
– Links in der Ecke der Herd, darüber an der Wand
Küchengerät am Rahmen, rechts in der Ecke
10 *Ruder und Schiffereigerät; gespaltenes Holz, so*
genannte Stubben, unter dem Fenster in einem
Haufen. Eine alte Küchenbank, mehrere Schemel
usw. usw. – Durch den leeren Türrahmen der Hin-
terwand blickt man in den zweiten Raum. Darin
15 *steht ein hoch gemachtes, sauber gedecktes Bett,*
darüber hängen billige Fotografien in noch billige-
ren Rahmen, Öldruckköpfe[1] in Visitenkartenfor-
mat usw. Ein Stuhl aus weichem Holz ist mit der
Lehne gegen das Bett gestellt. – Es ist Winter, der
20 *Mond scheint. Auf dem Herd in einem Blech-*
leuchter steht ein brennendes Talglicht. Leontine
Wolff ist auf einem Schemel am Herd, Kopf und
Arme auf der Herdplatte, eingeschlafen. Sie ist ein
siebzehnjähriges, hübsches, blondes Mädchen in
25 *der Arbeitstracht eines Dienstmädchens. Über die*
blaue Kattunjacke hat sie ein dickes, wollenes
Brusttuch gebunden. – Einige Sekunden bleibt es
still, dann hört man, wie jemand bemüht ist, von
außen die Tür aufzuschließen, in der jedoch von
30 *innen der Schlüssel steckt. Nun pocht es.*

FRAU WOLFF, *unsichtbar von außen.*
  Adelheid! Adelheid!
  Stille; dann wird von der anderen Seite ans
  Fenster gepocht.
  Wirschte gleich uffmachen! 35
LEONTINE, *im Schlaf.*
  Nein, nein, ick lass mir nich schinden!
FRAU WOLFF.
  Mach uff, Mädel, sonste komm ich durchs
  Fenster. 40
  Sie trommelt sehr stark ans Fenster.
LEONTINE, *aufwachend.*
  Ach, du bist's, Mama! Ick komme ja
  schon!
  Sie schließt auf. 45
FRAU WOLFF, *ohne einen Sack, welchen sie auf*
  der Schulter trägt, abzulegen.
  Was willst'n du hier?
LEONTINE, *verschlafen.*
  'n Abend, Mama! 50
FRAU WOLFF.
  Wie bist'n du reingekommen, hä?
LEONTINE.
  Na, übern Ziejenstall lag doch der Schlüs-
  sel. 55
Kleine Pause.
FRAU WOLFF.
  Was willste denn nu zu Hause, Mädel?
LEONTINE, *läppisch maulend.*
  Ich soll woll man jar nich mehr bei euch 60
  komm?
FRAU WOLFF.
  Na, sei bloß so gut und tu dich a bissel[2].
  Das hab ich zu gerne.

143

Themen und Methoden

65 *Sie läßt den Sack von der Schulter fallen.*
Du weeßt woll noch gar nich, wie spät
dass schonn is? Mach bloß, dasste fort-
kommst zu deiner Herrschaft.
LEONTINE.
70 Wenn ick da man ooch wer mal 'n bissken
zu spät komm!
FRAU WOLFF.
Nu nimm dich in Obacht, hast de verstan-
den! Und sieh, dasste fortkommst, sonst
75 haste verspielt.
LEONTINE, *weinerlich, trotzig.*
Ick jeh nich mehr bei die Leute, Mama!
FRAU WOLFF, *erstaunt.*
Du gehst nich …
80 *Ironisch.*
Ach wo, das ist ja was ganz Neues.
LEONTINE.
Na, brauch ick mir immer lassen schin-
den?
85 FRAU WOLFF *war bemüht, ein Stück Rehwild*
aus dem Sack hervorzuziehen.
I, schinden tun se dich also bei Kriegers?
Nee, so a armes Kind aber ooch! – Mit so
was komm mer ock uffgezogen! A Frauen-
90 zimmer wie a Dragoner[3] …!
Na, nu fass an, dort unten a Sack!
Du kannst dich woll gar nich tälscher[4]
anstellen? Bei mir haste damit kee Glicke
nich! 's Faullenzen lernste bei mir erscht
95 recht nich!
Beide hängen den Rehbock am Türpfosten
auf.
Nu sag ich dersch aber zum letzten
Male…
100 LEONTINE.
Ick jeh nich mehr bei die Leute hin.
Denn jeh ick lieber int Wasser, Mama!
FRAU WOLFF.
Na, dasste ock bloß keen'n Schnuppen
105 krigst.
LEONTINE.
Ick spring int Wasser!
FRAU WOLFF.
Da ruff mich ock, heerschte! Ich wer der
110 an Schubs geben, dass de ooch ja – und
fliegst nich daneben.
LEONTINE *schreit heftig.*
Na, brauch ick mir das woll jefallen zu
lassen, det ick abens muss Holz rinräu-
115 men zwee Meter?

FRAU WOLFF *tut erstaunt.*
Nee, 's is woll nich meeglich! Holz sollst
de reinschleppen! Nee, ieber die Leute
aber ooch!
LEONTINE. 120
…un zwanzich Daler[5] uffs janze Jahr?
Denn soll ick mir ooch noch die Poten
verfrieren? Un nich ma satt Kartoffel und
Häring?!
FRAU WOLFF. 125
Da red erscht nich lange, tummes Mädel.
Da hast a Schlissel, geh, schneid d'r Brot
ab. Un wenn de satt bist, scheer dich, ver-
standen?! 's Flaummus steht in der ober-
schten Reihe. 130
LEONTINE *nimmt aus der Schublade ein großes*
Brot und schneidet davon.
Die Juste von Schulzens kriecht vierzig
Daler un …
FRAU WOLFF. 135
Renn du bloß mit'n Kopp durch de Wand!
– Du wirscht bei da Leuten nich ewig blei-
ben. Du bist ni vermit't fir ewige Zeiten. –
Meinswegen zieh du zum erschten April.
– So lange bleibste an Ort und Stelle! – 140

M 13 Arbeiterwohnung in Berlin, 1908

144

's Weihnachtsgeschenk in der Tasche,
gelt, nu mechste fortloofen? Das is keene
Mode! – Ich geh bei da Leuten aus und
ein. Das wer ich woll uff mir sitzen lassen!

145 LEONTINE.
Det bisschen Lumpe, det ick da anhabe?
FRAU WOLFF.
's baare Geld vergisste woll ganz?
LEONTINE.

150 Jawoll doch! Janze Märker sechse!
FRAU WOLFF.
I, Geld is Geld! Das lass du gutt sein!
LEONTINE.
Na, wenn ick aber kann mehr verdien'n!?

155 FRAU WOLFF.
Mit'n Maule!
LEONTINE.
Nee, mit de Nähmaschine. Ick jeh nach
Berlin und nähe Mäntel. Stechowns Emi-

160 lie jeht ooch seit'n Neujahr!
FRAU WOLFF.
Komm du m'r bloß mit der Schlumpe[6]
gezogen! Die soll mer ock unter de Finger
loofen! Dem Balge[7] will ich a Talglicht uff-

165 stecken! Das wär so a Awasemeng[8] fer
dich, gelt? Mit a Kerl'n de Nächte ver-
schwiemeln[9]. Nee, Mädel, wenn ich bloß
da dran denke: ich hau dich, dasste
schonn gar nich mehr uffstehst. – Nu

170 kommt Papa, jetzt nimm dich in Obacht!
LEONTINE.
Wenn Papa mir verpaukt[10], denn loof ick
fort; denn wer ick schon sehn, wo ick bleiben du.

175 FRAU WOLFF.
Jetzt maul nich! Geh und futter de Ziegen.
Se sind ooch noch nich gemolken den
Abend. Un gib a Karnickeln 'ne Hamv'll[11]
Heu.

180 LEONTINE
sucht schnell hinauszukommen, trifft aber in
der Tür auf ihren Vater, sagt flüchtig:
'n Abend
und wischt an ihm vorüber hinaus.

185
Julius Wolff, der Vater, ist Schiffszimmermann,
von langer Figur, mit blöden[12] Augen und trägen
Bewegungen, etwa dreiundvierzig Jahr alt. –
Er stellt zwei lange Ruder, die er auf der Schulter

190 *getragen, in die Ecke und wirft sein Schiffszim-*
mergerät schweigend ab. [...]

1 *billige, massenhaft hergestellte Kleinporträts*
2 *reiß dich zusammen*
3 *hier: Ausdruck für eine besonders robuste Frau*
4 *dümmer*
5 *Taler: deutsche Silbermünze, die auch nach der*
Währungsreform 1871 neben der Mark bis 1908 gül-
tig blieb (1 Taler = 3 Mark)
6 *Schlampe*
7 *freches Kind*
8 *avancement (frz.): Aufstieg, Fortschritt*
9 *durchmachen*
10 *verhaut*
11 *Handvoll*
12 *hier: schlecht, schwach*

12 Beschreiben Sie die Lebensverhältnisse der
Familie Wolff. Wie versucht sie sich über Wasser
zu halten?

13 Welche sozialen Beziehungen und Konflikte
werden angedeutet?

14 Verfassen Sie ein Referat über das Stück.
Stellen Sie darin die Handlung vor, charakterisieren Sie die auftretenden Personen und
ordnen Sie sie den verschiedenen gesellschaftlichen Gruppen zu. Achten Sie dabei auch auf
die Unterschiede in der Sprache! Welche Aussagen lassen sich anhand des Stücks über die
damalige Gesellschaft machen?

15 Die Lebensverhältnisse und Probleme der
Unterschichten werden zum Gegenstand der
Literatur und des Theaters. – Diskutieren Sie die
Bedeutung dieses Vorgangs.

16 Der Nutzen literarischer Texte als Ge-
schichtsquelle liegt weniger in den geschilderten Fakten, Figuren und Handlungen. Dies gilt
unabhängig davon, ob diese rein fiktiv oder
historisch sind. Denn auch in letzterem Fall sind
sie durch literarische Techniken und Konventio-
nen in so großem Maß überformt und verändert, dass eigentlich nur die Art und Weise der
Bearbeitung des Stoffs eine authentische Mit-
teilung über die Vergangenheit enthält. Sie
zeigt nämlich, wie der Autor als Vertreter seiner
Zeit die in seinen Werken dargestellten Probleme und Entwicklungen wahrgenommen und
implizit oder explizit bewertet hat. Literatur
enthält also immer Informationen über den –
gerade auch unbewussten – Erwartungs- und
Denkhorizont ihrer Entstehungszeit.
Diskutieren Sie, ausgehend von Gerhart Hauptmanns Stück „Der Biberpelz", diese These.
Erörtern Sie dabei vor allem die Frage nach
dem Quellenwert literarischer Texte.

Weiterführende Arbeitsanregungen zum Bild der Frau in der Werbung

Die Geschichte der Werbung ist eng verknüpft mit der Geschichte der Industrialisierung: In deren Verlauf entwickelte sie sich von der frühen Kleinanzeige in der Tageszeitung bis hin zu den großen, spektakulären Kampagnen von Benneton oder Calvin Klein.

Dabei ist zu beachten: Die Werbung ist nicht nur ein zentrales Marketing-Instrument zur Förderung des Abverkaufs. Sie ist ein Spiegelbild unserer Träume und – aus der zeitlichen Distanz betrachtet – unserer Unzulänglichkeiten. Sie dokumentiert Zeitgeist und politischen Mainstream, von daher kann sie als Quelle für den Historiker sehr ergiebig sein.

Arbeitsvorschlag

Analysieren Sie Werbeanzeigen aus unterschiedlichen Epochen:

1 Welches Bild der Frau wird jeweils vermittelt?

2 Prüfen Sie, inwieweit dieses Bild der jeweiligen historischen und gesellschaftlichen Realität entspricht.

3 Lassen sich Rückschlüsse auf die gesellschaftliche Stellung der Frau ziehen?

M 14 **Werbeanzeige von 1912**

Literaturhinweise

Peter Borscheid/Clemens Wischermann, Bilderwelt des Alltags. Werbung in der Konsumgesellschaft des 19. und 20. Jahrhunderts, Stuttgart (Steiner) 1995.

Michael Kriegeskorte, 100 Jahre Werbung. Eine Reise durch die deutsche Vergangenheit, Köln (DuMont) 1995.

12 Ökologische Herausforderungen in der Industriegesellschaft

Tschernobyl – Symbol für die ökologische Herausforderung?

Kein Ereignis hat das Bewusstsein der Menschen für die Gefährdungen der Umwelt durch die moderne Technik stärker geschärft als der Reaktorunfall im ukrainischen **Tschernobyl**. Seit dem 26. April 1986, als es in dem Atomkraftwerk der Stadt nördlich von Kiew zum bisher größten Kernreaktorunfall in der Geschichte kam, gilt ihr Name als Symbol für die Unfähigkeit des Menschen, die Nukleartechnik ohne Restrisiko zu beherrschen. Die Region um Tschernobyl herum wurde radioaktiv verstrahlt, weite Teile Europas radioaktiv belastet. Ist der Reaktorunfall von Tschernobyl typisch für die Umweltgefahren, die in der Industriegesellschaft von wissenschaftlich-technischen Neuerungen ausgehen? Diese Frage wird bis heute kontrovers diskutiert. Den einen erscheint der Super-GAU in diesem Atomkraftwerk als unwiderleglicher Beweis dafür, dass der wissenschaftlich-technische Fortschritt in der modernen Industriezivilisation für die Menschen immer weniger beherrschbar wird.

Die „ökologische Revolution" – Wald und Boden

Seit der Industrialisierung veränderte sich der Umgang des Menschen mit Wald, Boden, Luft und Wasser grundlegend. Die **„ökologische Revolution"** bestand darin, dass sie die Ausbeutung der Natur mit wissenschaftlichen Methoden vorantrieb und die Naturaneignung ökonomisch berechenbar machen wollte. Allerdings wurde schon recht früh sichtbar, dass eine intensive Nutzung der natürlichen Ressourcen auch zu Raubbau führen konnte, der Mensch und Natur schadete. Diese Veränderungen zeigten sich zuerst beim Wald.

In der vorindustriellen Zeit war der Wald von so überragender Bedeutung für den Menschen, dass der Historiker Werner Sombart sogar vom **„hölzernen Zeitalter"** sprach. Der Wald diente als Weide für das bäuerliche Vieh, als Humuslieferant für die Äcker und als Vorratslager sowohl für den Baustoff als auch für das Brennmaterial Holz. Mit dem starken Bevölkerungswachstum im ausgehenden 18. Jahrhundert nahm der Holzverbrauch derart zu, dass sich die Klagen über Holzmangel häuften – ein Zeichen dafür, dass bereits den Zeitgenossen die Umweltabhängigkeit des Wirtschaftslebens bewusst war. Politik und Forstleute empfanden die Holzverknappung als Krise und reagierten darauf mit der wissenschaftlichen Erfassung des Waldbestandes. Die Einsicht, dass ein verantwortungsvoller Umgang mit dem Wald nicht länger nur auf Erfahrung und Augenmaß, sondern auf genauer wissenschaftlicher Kalkulation beruhen müsse, führte zur Formulierung des Prinzips der Nachhaltigkeit. Danach sollte aus den vorhandenen Waldbeständen nicht mehr Holz entnommen werden, als bei guter Bewirtschaftung nachwuchs. Dieser aus der Forstwirtschaft stammende Grundsatz der Nachhaltigkeit bestimmt immer stärker auch die gegenwärtige Umweltdiskussion.

Die Bevölkerungsexplosion erzwang auch bei der Bewirtschaftung des Bodens ein Umdenken. Die Landwirtschaft musste immer mehr Menschen ernähren. Da nach der traditionellen Landwirtschaft bestellte und abgeerntete Böden sich erst eine Zeit lang erholen mussten, bevor sie wieder genutzt werden konnten, wurden schon sehr bald Wachstumsgrenzen und drohende Erschöpfung des Produktionsfaktors Boden deutlich. Die Gefahr einer Auslaugung der Böden konnte nur durch **neue Bewirtschaftungsmethoden** gebannt werden. Einer der bekanntesten Reformer der Landwirtschaft, der der wissenschaftlichen Bodenkunde und einer betriebswirtschaftlich orientierten Landwirtschaft zum Durchbruch verhalf, war Albrecht Daniel Thaer. Auf seinen Versuchsgütern erforschte er effektivere Methoden für eine intensive und wettbewerbsfähige Landwirtschaft. Eine der zentralen Lehren Thaers, dass Mineralstoffe besser als Humus zur Düngung der Böden geeignet seien, wurde von dem Chemiker Justus Liebig aufgegriffen, weiterentwickelt und verbreitet.

Die **Verwissenschaftlichung der Landwirtschaft** und nicht zuletzt die Erprobung und Einführung neuer landwirtschaftlicher Maschinen und Werkzeuge bewirkten nicht nur das Ende von Hungerkrisen und Unterernährung, sondern auch einen grundlegenden Mentalitätswandel in der bäuerlichen Bevölkerung: Sie erlebte die Natur nicht länger als mystischen Bestandteil des Lebens; der Landwirt gewann vielmehr zunehmend die Herrschaft über den Boden und entwickelte sich zu einer Art Fabrikant, der mit seinem chemischen Wissen und moderner Technologie die entzauberte Natur kontrollierte.

Industrialisierung und Umweltverschmutzung: Wasser und Luft

Die bisher beschriebenen Umweltprobleme bei der Bewirtschaftung des Waldes und des Bodens im frühen 19. Jahrhundert entstanden hauptsächlich durch den großen Bevölkerungsanstieg, weniger durch die Industrialisierung. Erst seit der Mitte des Jahrhunderts nahmen die von der Industrie ausgehenden Umweltbelastungen zu. Eine Folge der Industrialisierung war auch die zunehmende **Wasserverschmutzung** durch industrielle Abwässer, die von den Zeitgenossen wahrgenommen und diskutiert wurde. Ein eindrucksvolles Beispiel dafür ist das 1884 erschienene Buch von Wilhelm Raabe „Pfisters Mühle", das als erster deutscher Umweltroman gelten darf. Raabe beschreibt den Kampf des Lehrers Ebert Pfister gegen eine Zuckerrübenfabrik, die das bis dahin klare Wasser seiner ererbten Mühle verschmutzt. Einer der Kernsätze des Romans lautet, dass die Verunreinigung der Gewässer „eine von den größeren Fragen der Zeit" sei.

Wer heute über Luftverschmutzung redet, denkt nicht nur an Industrieemissionen, sondern vor allem an die Abgase des Massenverkehrsmittels Auto. Bis 1914 war Deutschland jedoch ein weitgehend autofreies Land, sodass Klagen über den Gestank der Auspuffgase und deren Auswirkungen auf die Atmosphäre erst im 20. Jahrhundert die Umweltdiskussion beherrschten. Umso mehr beschäftigten sich die Menschen während der Industriellen Revolution mit der **Luftverschmutzung** durch Rauchschäden, die durch den Einsatz der Kohle zunahmen. Die zeitgenössische Medizin und Naturwissenschaft wusste schon lange, dass Rauch Krankheiten verursachte und die Natur schädigte. Die Behörden bemühten sich in einigen Fällen, die Luftverschmutzung mit verschiedenen Mitteln zu verringern. Filter sollten verhindern, dass Schadstoffe in die Luft gelangten. Vor allem aber baute man möglichst hohe Schornsteine, um den Rauch weitflächig zu verteilen und die Schadstoffe zu verdünnen. Dadurch wurde das Problem nicht gelöst, sondern allenfalls auf andere Regionen verteilt.

Naturschutz oder Industrieschutz?

Bei Konflikten über den Vorrang von Naturschutz oder Industrieschutz trug oft die Industrie den Sieg davon. Denn **qualmende Schornsteine** galten im 19. Jahrhundert auch als Zeichen für wirtschaftlichen Fortschritt und Wohlstand. Heute dient das Argument der Arbeitsplatzsicherung vielfach dazu, wirtschaftliche gegen ökologische Interessen auszuspielen. Dass in der öffentlichen Debatte bis weit in das 20. Jahrhundert hinein Industrieschutz einen höheren Wert als der Naturschutz genoss, sagt aber auch viel über die Ziele der mächtigsten Oppositionsbewegung in der Industriegesellschaft aus. Das war im 19. Jahrhundert die Arbeiterbewegung, die alles andere als industriefeindlich eingestellt war. Sie wollte die Unterschiede zwischen Arm und Reich beseitigen und die Arbeiter und ihre Organisationen an der Herrschaft in Staat und Gesellschaft beteiligen. Der Raubbau an der Natur war für sie nur ein Nebenthema. Für die um 1900 gegründete sozialistische Naturfreunde-Bewegung galt dies ebenso: Ihr Hauptthema war der Protest gegen die private Verfügungsgewalt über Produktionsmittel.

Dürfen Menschen alles tun, was machbar ist? – Das Beispiel der Gentechnik

Mit der modernen rationalen wissenschaftlich-technischen Zivilisation und der Industrialisierung entstand eine konkurrierende Vorstellung vom Verhältnis zwischen Mensch und Natur. Die Verwissenschaftlichung des gesamtgesellschaftlichen Lebens gab der Hoffnung Auftrieb, dass die Natur ein Objekt sei, das sich der Mensch unterwerfen könne. Ihm schienen alle Möglichkeiten offen zu stehen, nicht nur die Rohstoffe der Erde auszubeuten, sondern auch die Welt nach seinen Wünschen zu verändern. Die Natur stellte sich nicht länger als Urgewalt dar, die dem Menschen ein bestimmtes Leben aufzwingt.

Zwischen diesen beiden Polen bewegt sich seit dem 19. Jahrhundert die Diskussion über das **Verhältnis zwischen Mensch und Natur**. Beide Positionen lassen sich nicht einfach gegeneinander ausspielen. Man wird von Fall zu Fall sorgsam abwägen müssen, inwieweit die Natur beherrschbar ist, wie weit der Mensch in die Natur eingreifen darf und welche Folgen diese Eingriffe für das menschliche Zusammenleben haben. Diese Diskussion verlangt auch eine intensive Auseinandersetzung über die moralisch-ethischen Grundsätze, nach denen der Mensch handelt. Das zeigt sich nirgends deutlicher als bei der modernen **Gentechnik**. Dürfen Menschen alles tun, was wissenschaftlich machbar ist?

Die moderne Gentechnik verlangt überdies eine neue Debatte darüber, ob die Menschen eher durch „**Anlage**" oder eher durch „**Umwelt**" geprägt werden. Beide Positionen beruhen auf zwei Vorannahmen. Die eine lautet, dass die Menschen als umweltbedingte, kulturell lernfähige Wesen sich ändern und geändert werden können. Nach der anderen Auffassung müssen die Menschen als Träger eines genetischen Erbes akzeptieren, wie sie sind. Mit den Fortschritten in der Gentechnik sind diese Überzeugungen nicht mehr gültig. Da Gene veränderbar sind, vielleicht sogar leichter als Gesellschaften und Kulturen, bleiben die Menschen nicht länger Gefangene ihrer Erbanlagen. Verlagert sich damit die Gestaltungsmacht über den Menschen von der Politik auf die Labors der Naturwissenschaftler?

Brauchen wir eine neue – eine „ökologische" – Ethik ?

Die Frage nach dem Verhältnis von Mensch und Natur ist nicht nur ein zentrales Problem der Politik, sondern wirft auch eine Fülle von theoretischen Fragen auf. Dazu gehört neben fachwissenschaftlichen Fragen der Biologie, Chemie oder Physik, der Wirtschafts-, Sozial- oder Rechtswissenschaften eine Reihe wichtiger philosophischer Probleme. Seit ungefähr zwei Jahrzehnten haben diese Fragen ein erhebliches Gewicht in der weltweiten philosophischen Diskussion gewonnen. Die in diesem Zusammenhang entstandene Spezialdisziplin der Ethik – die „**ökologische Ethik**" – beschäftigt sich in erster Linie mit zwei Problemkreisen. Zum einen geht es um die ethische Bewertung bestimmter Handlungsmöglichkeiten oder Institutionen im Hinblick auf ihre ökologische Relevanz; zum anderen um den moralischen Stellenwert von Natur überhaupt. Die Überlegungen auf dieser zweiten, grundsätzlichen Ebene sind in der Regel eng verbunden mit historischen oder systematischen Auseinandersetzungen mit den Grundorientierungen des neuzeitlichen Weltbildes. Dies ergibt sich aus der Vermutung, dass die ökologische Krise unserer Zeit letzten Endes auf tief verwurzelte Denkstrukturen zurückgeführt werden muß, die das moderne Bewusstsein beherrschen.

Genannt wird in diesem Zusammenhang immer wieder das für das christlich-abendländische Denken typische **anthropozentrische Weltbild** (abgeleitet vom altgriechischen anthropos = Mensch), d. h. die Auffassung, dass der Mensch den Mittelpunkt der Natur bilde und dass aus dieser Mittelpunktstellung gewisse Vorrechte gegenüber anderen Naturwesen resultieren. Einige der einflussreichsten Theoretiker der ökologischen Ethik haben in diesem anthropozentrischen Denken die letzte Ursache für den zerstörerischen Umgang mit der Natur ausgemacht und haben in der Überwindung dieser Denkweise den entscheidenden Ansatz zur Lösung der globalen Umweltkrise gesehen.

Hinweise zur Arbeit mit den Materialien

In den Siebzigerjahren des 20. Jahrhunderts trat die Umweltproblematik stärker ins allgemeine Bewusstsein. Die Materialien M1a–c verdeutlichen, dass die Industrialisierung vielfältige Umweltbelastungen mit sich brachte. Der Text von Ulrich Beck über die Risikogesellschaft (M2) zeigt, ausgehend von den Umweltgefahren des späten 20. Jahrhunderts, eine grundlegende Veränderung der Sozialstruktur und des gesellschaftlichen Bewusstseins auf. Becks Thesen bieten aber nicht nur die Möglichkeit für eine intensive Diskussion über die Umweltgefahren in der modernen Welt, sondern schärfen darüber hinaus auch den Blick für den Wandel, den die bürgerlich-industrielle Klassengesellschaft vom 19. bis ins 20. Jahrhundert durchmachte.

Der Begriff der „Nachhaltigkeit", der im Zusammenhang mit der Waldbewirtschaftung und mittlerweile über diese hinaus zu einem „Leitbild" geworden ist, wird in M3 vorgestellt und diskutiert. Die Materialien M4–10 sowie die Methodenseite (S. 160) beschäftigen sich dagegen mit den durch die Industrialisierung hervorgerufenen Belastungen von Luft und Wasser, die den Menschen bereits damals bewusst waren und gegen die sie sich, allerdings mit geringem Erfolg, auflehnten.

Während heute Umweltpolitik zum Programm jeder Regierung gehört, waren im 19. Jahrhundert ökologische Forderungen schwer durchzusetzen. Die Gründe dafür werden in M6 erläutert. Die Frage nach dem Verhältnis von Mensch und Natur lässt sich am ehesten im Rahmen eines fächerverbindenden Unterrichts erörtern. In diesem Falle sollten Geschichte und Ethik/Philosophie eng miteinander zusammenarbeiten. Die Materialien M8–10 bieten sich dafür geradezu an, da sie zentrale Gesichtspunkte und Einstellungen in der kontroversen Debatte über eine „ökologische Ethik" aufzeigen.

M1 **Umweltgefahren gestern und heute**

1a) Die „Neusser Hütte" am Rhein, Gemälde von Andreas Achenbach, 1860/67

Die Zukunft gehört dem Auto

Eine Gemeinschaftswerbung der europäischen Automobilindustrie

1 b) **Auto und Umwelt, Klaus Staeck, Plakat, 1984**

1 Beschreiben Sie die Bilder (M1a–c) unter dem Aspekt, welche Umweltgefahren bzw. Umweltbelastungen dargestellt werden. Untersuchen Sie dabei auch Unterschiede oder Gemeinsamkeiten und erklären Sie diese vor dem Hintergrund der Zeit, in der die Bilder entstanden.

2 Diskutieren Sie anhand dieser Bilder (M1b, c) über die Umweltgefahren in der Gegenwart. Stellen Sie dabei die Umweltgefahren zusammen, die nach Ihrer Ansicht charakteristisch sind für die heutige Welt. Berücksichtigen Sie dafür auch den einleitenden Darstellungstext über Tschernobyl und die kontroverse Diskussion über den Stellenwert dieses Reaktorunfalls.

M2 **Der Soziologe Ulrich Beck über die Risikogesellschaft der Gegenwart (1986)**

In der fortgeschrittenen Moderne geht die gesellschaftliche Produktion von Reichtum systematisch einher mit der gesellschaftlichen Produktion von Risiken. Entsprechend werden die Verteilungsprobleme und -konflikte der Mangelgesellschaft überlagert durch die Probleme und Konflikte, die aus der Produktion, Definition und Verteilung wissenschaftlich-technisch produzierter Risiken entstehen. 5 10
    Dieser Wechsel von der Logik der Reichtumsverteilung in der Mangelgesellschaft zur Logik der Risikoverteilung in der entwickelten Moderne ist historisch an (mindestens) zwei Bedingungen gebunden. Er vollzieht sich – wie heute erkennbar – erstens dort und in dem Maße, in dem durch 15

1 c) **Vor und nach dem Waldsterben, Oberharz ca. 1960 und 1983, Fotografien**

151

das erreichte Niveau der menschlichen und technologischen Produktivkräfte sowie der
20 rechtlichen und sozialstaatlichen Sicherungen und Regelungen echte materielle Not objektiv verringert und sozial ausgegrenzt werden kann. Zweitens ist dieser kategoriale Wechsel zugleich davon abhängig, dass im
25 Zuge der exponentiell wachsenden Produktivkräfte im Modernisierungsprozess Risiken und Selbstbedrohungspotenziale in einem bis dahin unbekannten Ausmaße freigesetzt werden. […]
30 Systematisch argumentiert, beginnen sich gesellschaftsgeschichtlich früher oder später in der Kontinuität von Modernisierungsprozessen die sozialen Lagen und Konflikte einer „reichtumsverteilenden" mit denen
35 einer „risikoverteilenden" Gesellschaft zu überschneiden. In der Bundesrepublik stehen wir – das ist meine These – spätestens seit den Siebzigerjahren am Beginn dieses Übergangs. Das heißt: Hier überlagern sich
40 beide Arten von Themen und Konflikten. Wir leben noch nicht in einer Risikogesellschaft, aber auch nicht mehr nur in Verteilungskonflikten der Mangelgesellschaften. In dem Maße, in dem dieser Übergang voll-
45 zogen wird, kommt es dann wirklich zu einem Gesellschaftswandel, der aus den bisherigen Kategorien und Bahnen des Denkens und Handelns herausführt.
Trägt der Begriff des Risikos die gesell-
50 schaftsgeschichtliche Bedeutung, die ihm hier zugemutet wird? Handelt es sich nicht um ein Urphänomen menschlichen Handelns? Sind Risiken nicht gerade ein Kennzeichen der industriegesellschaftlichen Epo-
55 che, gegen die sie hier abgegrenzt werden sollen? Gewiss, Risiken sind keine Erfindung der Neuzeit. Wer – wie Kolumbus – auszog, um neue Länder und Erdteile zu entdecken, nahm „Risiken" in Kauf. Aber dies waren
60 persönliche Risiken, keine globalen Gefährdungslagen, wie sie durch Kernspaltung oder die Lagerung von Atommüll für die ganze Menschheit entstehen. Das Wort „Risiko" hatte im Kontext dieser Epoche den Beiklang
65 von Mut und Abenteuer, nicht den der möglichen Selbstvernichtung des Lebens auf der Erde.
Auch die Wälder sterben schon viele Jahrhunderte lang – zunächst durch ihre Ver-

wandlung in Äcker, dann durch rücksichts- 70 lose Abholzungen. Aber das heutige Waldsterben erfolgt global, und zwar als implizite Konsequenz der Industrialisierung – mit völlig anderen sozialen und politischen Konsequenzen. Davon sind z. B. auch und gerade 75 waldreiche Länder (wie Norwegen und Schweden) betroffen, die selbst kaum über schadstoffintensive Industrien verfügen, aber die Schadstoffbilanzen anderer hoch industrialisierter Länder mit sterbenden 80 Wäldern, Pflanzen- und Tierarten bezahlen müssen. […]
Nun sind Risiken industrieller Entwicklung sicherlich so alt wie diese selbst. Die Verelendung großer Teile der Bevölkerung – 85 das „Armutsrisiko" – hat das 19. Jahrhundert in Atem gehalten. „Qualifikationsrisiken" und „Gesundheitsrisiken" sind seit langem Thema von Rationalisierungsprozessen und darauf bezogenen sozialen Konflikten, Siche- 90 rungen (und Forschungen). Dennoch kommt den Risiken, die im Folgenden im Zentrum stehen und seit einigen Jahren die Öffentlichkeit beunruhigen, eine neue Qualität zu. Sie sind in den Betroffenheiten, die 95 sie produzieren, nicht mehr an den Ort ihrer Entstehung – den Betrieb – zurückgebunden. Ihrem Zuschnitt nach gefährden sie das Leben auf dieser Erde, und zwar in all seinen Erscheinungsformen. […] 100
Die soziale Architektur und politische Dynamik derartiger zivilisatorischer Selbstgefährdungspotenziale steht hier im Zentrum. Die Argumentation sei vorweg in fünf Thesen umrissen: 105
(1) Risiken, wie sie in der fortgeschrittensten Stufe der Produktivkraftentwicklung erzeugt werden – damit meine ich in erster Linie die sich dem unmittelbaren menschlichen Wahrnehmungsvermögen vollstän- 110 dig entziehende Radioaktivität, aber auch Schad- und Giftstoffe in Luft, Wasser, Nahrungsmitteln und damit einhergehende Kurz- und Langzeitfolgen bei Pflanze, Tier und Mensch –, unterscheiden sich wesent- 115 lich von Reichtümern. Sie setzen systematisch bedingte, oft irreversible Schädigungen frei, bleiben im Kern meist unsichtbar, basieren auf kausalen Interpretationen, stellen sich also erst und nur im …Wissen 120 um sie her, können im Wissen verändert,

verkleinert oder vergrößert, dramatisiert oder verharmlost werden und sind insofern im besonderen Maße offen für soziale
125 Definitionsprozesse. Damit werden Medien und Positionen der Risikodefinition zu gesellschaftlich-politischen Schlüsselstellungen.

(2) Mit der Verteilung und dem Anwach-
130 sen der Risiken entstehen soziale Gefährdungslagen. Diese folgen zwar in einigen Dimensionen der Ungleichheit von Schicht- und Klassenlagen, bringen jedoch eine wesentlich andere Verteilungslogik zur Gel-
135 tung: Modernisierungsrisiken erwischen früher oder später auch die, die sie produzieren oder von ihnen profitieren. Sie enthalten einen Bumerangeffekt, der das Klassenschema sprengt. Auch die Reichen und Mächti-
140 gen sind vor ihnen nicht sicher. Dies nicht nur als Gesundheitsgefährdungen, sondern auch als Gefährdungen von Legitimation, Besitz und Gewinn: Mit der sozialen Anerkennung von Modernisierungsrisiken sind
145 ökologische Entwertungen und Enteignungen verbunden, die vielfältig und systematisch in Widerspruch zu den Gewinn- und Besitzinteressen treten, die den Industrialisierungsprozess vorantreiben. Gleichzeitig
150 produzieren Risiken neue internationale Ungleichheiten, einerseits zwischen Dritter Welt und Industriestaaten, andererseits zwischen den Industriestaaten untereinander. Sie unterlaufen das nationalstaatliche Kom-
155 petenzgefüge. Angesichts der Universalität und Übernationalität des Schadstoffverkehrs wird das Leben des Grashalms im Bayerischen Wald letztlich vom Schließen und Einhalten internationaler Abkommen
160 abhängig.

(3) Dennoch brechen die Verbreitung und Vermarktung von Risiken keineswegs mit der kapitalistischen Entwicklungslogik, sondern heben diese vielmehr auf eine neue Stufe.
165 Modernisierungsrisiken sind big business. Sie sind die von den Ökonomen gesuchten unabschließbaren Bedürfnisse. Hunger kann man stillen, Bedürfnisse befriedigen. Zivilisationsrisiken sind ein Bedürfnisfass ohne
170 Boden, unabschließbar, unendlich, selbst herstellbar. Mit Risiken … wird die Wirtschaft … unabhängig von der Umwelt menschlicher Bedürfnisbefriedigungen.

Das aber heißt: Die Industriegesellschaft pro-
175 duziert mit der wirtschaftlichen Ausschlachtung der durch sie freigesetzten Risiken die Gefährdungslagen und das politische Potenzial der Risikogesellschaft.

(4) Reichtümer kann man besitzen, von
180 Risiken ist man betroffen; sie werden gleichsam zivilisatorisch zugewiesen. Zugespitzt und schematisch gesprochen: In Klassen- und Schichtlagen bestimmt das Sein das Bewusstsein, während in Gefährdungslagen
185 das Bewusstsein das Sein bestimmt. Das Wissen gewinnt eine neue politische Bedeutung. Entsprechend muss das politische Potenzial der Risikogesellschaft in einer Soziologie und Theorie der Entstehung und Verbreitung des
190 Wissens um Risiken entfaltet und analysiert werden.

(5) Sozial anerkannte Risiken, wie dies am Beispiel der Auseinandersetzungen um das Waldsterben zum ersten Mal deutlich her-
195 vortritt, enthalten einen eigentümlichen politischen Zündstoff. Das, was bislang als unpolitisch galt, wird politisch – die Beseitigung der „Ursachen" im Industrialisierungsprozess selbst. […] In der Risikogesellschaft
200 entsteht so in kleinen und in großen Schüben – im Smogalarm, im Giftunfall usw. – das politische Potenzial von Katastrophen. Deren Abwehr und Handhabung kann eine Reorganisation von Macht und Zuständig-
205 keit einschließen. Die Risikogesellschaft ist eine katastrophale Gesellschaft. In ihr droht der Ausnahmezustand zum Normalzustand zu werden.

Ulrich Beck, Risikogesellschaft. Auf dem Weg in eine andere Moderne, Frankfurt/M. (Suhrkamp) 1986, S. 25–31.

1   hier: die Gesamtheit aller Auffassungen, die eine bestimmte Disziplin, eine Gruppe oder eine Gesellschaft beherrschen

3 Klären Sie die Begriffe „Mangelgesellschaft" und „Risikogesellschaft". Wie ordnet sie Ulrich Beck in den historischen und weltgesellschaftlichen Zusammenhang ein (M2)?
4 Arbeiten Sie die unterschiedlichen Qualitäten des Begriffs „Risiko" heraus, die Beck in seinem Text entwickelt (M2).
5 Erläutern und diskutieren Sie die fünf Thesen, die am Schluss des Textes aufgestellt werden (M2).

M 3 Der Begriff der „nachhaltigen Entwicklung", 1999

Der Begriff der Nachhaltigkeit geht auf Georg Ludwig Hartig, den Begründer der deutschen Forstwirtschaft zu Beginn des 19. Jahrhunderts, zurück. Hartig verstand
5 unter der nachhaltigen Nutzung eines Waldes ein betriebswirtschaftliches Modell, das auf zwei Grundsätzen beruhte: die Bäume auswachsen zu lassen und jedes Jahr nicht mehr Holz zu schlagen als nachwächst. Die-
10 ses Modell hat mit Ökologie noch wenig zu tun, denn es lässt sich am besten durch Kahlschlagwirtschaft im gleichförmigen Altersklassenwald umsetzen.

1980 wurde die Idee der nachhaltigen
15 Waldnutzung in der von der Internationalen Naturschutz Union erarbeiteten „Weltstrategie zur Erhaltung der Natur" zum Prinzip des „sustainable development" erweitert. Politische Bedeutung erhielt der Begriff erstmals
20 1987 in der so genannten Brundtland-Kommission (benannt nach der norwegischen Vorsitzenden der UN-Kommission für Umwelt und Entwicklung, Gro Harlem Brundtland).
25 Hier findet sich die inzwischen klassisch gewordene Definition:

„Dauerhafte Entwicklung, die den Bedürfnissen der heutigen Generation entspricht, ohne die Möglichkeiten künftiger Generatio-
30 nen zu gefährden, ihre eigenen Bedürfnisse zu befriedigen und ihren Lebensstil zu wählen."

Diese Begriffsdefinition liegt auch der auf der UN-Konferenz über Umwelt und Ent-
35 wicklung 1992 in Rio de Janeiro beschlossenen „Agenda 21" zu Grunde.

Für die Übersetzung des Begriffs „sustainable" bot sich im deutschen Sprachraum das alte Wort „nachhaltig" an. Das legt aller-
40 dings die Konfusion mit dem überholten forstbetriebswirtschaftlichen Konzept Hartigs nahe. Besser wäre wohl die wörtliche Übersetzung „durchhaltbar". Es geht darum, eine sowohl ökonomisch und sozial als auch
45 ökologisch durchhaltbare Richtung der menschlichen Entwicklung auf lokaler, regionaler und globaler Ebene ausfindig zu machen.

Deshalb versteht der Abschlussbericht „nachhaltige Entwicklung" nicht als Real-
50 modell, sondern als Leitbild, als „regulative Idee" im Sinne des Philosophen Kant, d. h. als erkenntnistheoretisches Konstrukt, das dem menschlichen Verstand bei Such- und Lernprozessen eine Richtung weist.
55

Landeszentrale für politische Bildung Baden-Württemberg, Agenda 21. Aspekte einer nachhaltigen Entwicklung, Politik und Unterricht 4/99, S. 7.

6 Der Begriff „Nachhaltigkeit" wurde in den letzten Jahren stark erweitert (M3). Aus welchen Gründen kann er heute nicht mehr als Realmodell, sondern nur als Leitbild dienen?
7 In den letzten Jahrzehnten wurde dem Waldsterben in Deutschland in der öffentlichen Debatte besonders viel Aufmerksamkeit geschenkt. Der Begriff „Waldsterben" wurde in andere Sprachen übernommen.
Diskutieren Sie: Haben die Deutschen ein besonderes Verhältnis zum Wald?

M 4 Der Schriftsteller Wilhelm Raabe beschreibt in seinem Roman „Pfisters Mühle" die ökologischen und sozialen Auswirkungen der Industrialisierung, 1884

Deutlicher als viele Zeitgenossen erkannte der Schriftsteller Wilhelm Raabe (1831–1910) die ökologischen und sozialen Probleme, die mit der wachsenden Industrialisierung und dem wirtschaftlichen Aufschwung der Gründerjahre entstanden, und thematisierte sie in seinen Romanen:

Aus dem lebendigen, klaren Fluss, der wie der Inbegriff alles Frischen und Reinlichen durch meine Kinder- und ersten Jugendjahre rauschte und murmelte, war ein träge schlei-
5 chendes, schleimiges, weißbläuliches Etwas geworden, das wahrhaftig niemand mehr als Bild des Lebens und des Reinen dienen konnte. Schleimige Fäden hingen um die von der Flut erreichbaren Stämme des Ufer-
10 gebüsches und an den zu dem Wasserspiegel herabreichenden Zweigen der Weiden. Das Schilf war vor allem übel anzusehen, und selbst die Enten, die doch in dieser Beziehung vieles vertragen können, schienen um
15 diese Jahreszeit immer meines Vaters Gefühle in betreff ihres beiderseitigen Haupt-

M 5 Arbeitsplätze schaffen, Zeichnung von Horst Haitzinger, 1981

Lebenselementes zu teilen. Sie standen ange-
ekelt um ihn herum, blickten melancholisch
von ihm auf das Mühlwasser und schienen
20 leise gackelnd wie er zu seufzen:
  Und es wird von Woche zu Woche
schlimmer, und von Jahr zu Jahr natürlich
auch! […]
  Guck, da kommen wiederum ein paar Bar-
25 sche herunter, den Bauch nach oben; und
dass man einen Aal aus dem Wasser holt, das
wird nachgerade zu einer Merkwürdigkeit
und Ausnahme. Kein Baum wird denen am
Ende zu hoch, um auf ihm dem Jammer zu
30 entgehen; und ich erlebe es noch, dass demnächst noch die Hechte ans Stubenfenster
klopfen und verlangen, reingenommen zu
werden, wie Rotbrust und Meise zur Winters-
zeit. Zum Henker, wenn man nur nicht all-
35 mählich Lust bekäme, mit dem warmen
Ofen jedwedes Mitgefühl mit seiner Mit-
kreatur, und sich selber dazu, kalt werden
zu lassen! […]
  Zweiundeinhalb Kilometer von Doktor

Lippoldes Behausung gelangten wir dann
40 nach der Welt Lauf und Entwicklung, wie zu
etwas ganz Selbstverständlichem, zu dem
Ursprung des Verderbens von Pfisters Mühle,
zu der Quelle von Vater Pfisters Leiden, und
Doktor Adam Asche sprach zum ersten Male
45 an jenem Morgen freundlich ein Wort. Auf
die Mündung eines winzigen Nebenbaches
und über eine von einer entsetzlichen,
widerwärtig gefärbten, klebrig stagnierenden
Flüssigkeit überschwemmte Wiesenfläche
50 mit der Hand deutend, sagte er mit unbe-
schreiblichem, gewissermaßen herzlichem
Genügen:
  Ici!
  Jenseits der Wiese erhob sich hoch aufge-
55 türmt, zinnengekrönt, gigantisch beschorn-
steint – Krickerode! Da erhob sie sich, Krickerode, die große industrielle Errungenschaft
der Neuzeit, im wehenden Nebel, grau in
grau, schwarze Rauchwolken, weiße Dämpfe
60 auskeuchend, in voller „Kampagne" auch
an einem zweiten Weihnachtstage, Krickerode! […]
  Freund Asche war so gut als sein Wort, das
65 heißt, er sendete richtig sein gelehrtes Gutachten von Berlin aus ein an meinen Vater,
und als es nachher in einer Berufszeitung
gedruckt erschien, fand es sich, dass es eine
Arbeit von höchstem wissenschaftlichem
70 Werte war. […] Aber wenig Anerkennung
und gar keinen Dank fand er bei den Leuten
von Krickerode und ähnlichen Werkanstal-
ten, die das edelste der Elemente als nur für
ihren Zweck, Nutzen und Gebrauch vorhan-
75 den glaubten. Diese stellten sich selbstverständlich auf einen andern Standpunkt dem
unberufenen, überstudierten Querulanten
gegenüber und ließen es vor allen Dingen
erst einmal ruhig auf einen Prozess ankom-
80 men.
  Und das war denn der erste und der letzte
Prozess, den mein armer Vater zu führen hatte, trotzdem dass er schon eine so erkleckli-
che Zahl von Jahren in dieser bissigen, feind-
85 seligen Welt gelebt hatte. Er war immer gut,
friedlich und vergnügt mit ebendieser Welt
ausgekommen, sowohl als Müller wie als
Schenkwirt, und hatte jetzt also sein ganzes
freundliches, braves Wesen umzuwenden,
90 ehe er seinerseits in den großen Kampf eintrat und im Wirbel des Überganges der deut-

155

schen Nation aus einem Bauernvolk in einen Industriestaat seine Mülleraxt mit bitterm Grimm von der Wand herunterlangte. […]

95 Seinen besten, weichsten Sessel schob Rechtsanwalt Doktor Riechei seinem neuesten Klienten zu, nahm ihm zärtlich Hut und Stock ab und sagte gedehnt – nicht ohne wirklich freundschaftliche Teilnahme:

100 Jawohl! ja so! ei freilich! hm hm – nicht die größte, aber eine von den größern Fragen der Zeit. Deutschlands Ströme und Forellenbäche gegen Deutschlands Fäkal- und andre Stoffe. Germanias grüner Rhein, blaue

105 Donau, blaugrüner Neckar, gelbe Weser gegen Germanias sonstige Ergießungen. Pfisters Mühle gegen Krickerode!

Wilhelm Raabe, Pfisters Mühle. Ein Sommerferienheft, Leipzig 1884, S. 76 ff., 149, 174 f.

8 Untersuchen Sie, welche Probleme und Konflikte sich aus der industriellen Wasserverschmutzung ergeben (M4).
9 Erörtern Sie ausgehend von der Karikatur M5 das Spannungsverhältnis von Fortschritt und Ökologie und nehmen Sie dazu auch in Bezug auf M4 kritisch Stellung.

M 6 Der Historiker Franz-Josef Brüggemeier über Trinkwasser und Abwasser im 19. Jahrhundert, 1998

Die Flussverschmutzung war vor allem eine Folge des Städtewachstums. […] Es schien nur einen Ausweg zu geben – die aus England bekannte Schwemmkanalisation. Bei

5 diesem System wurden Regenwasser, Abwässer und Fäkalien nicht länger getrennt behandelt, sondern vermischt und gemeinsam in angrenzende Flüsse fortgeleitet. Den Städten war damit geholfen, doch die Flüsse

10 wurden verschmutzt, und es war zu klären, wie diese Abwässer gereinigt werden sollten. Dazu gab es mehrere Möglichkeiten.

Das einfachste und billigste Verfahren bestand darin, die Abwässer durch so ge-

15 nannte Durchlaufbecken zu leiten und/oder sie mechanisch zu reinigen. Die Durchlaufbecken verringerten die Fließgeschwindigkeit, sodass schwere Stoffe sich absetzen konnten. Hinzu kamen Rechen oder andere

20 Verfahren, um größere Gegenstände zurück-

zuhalten. Aufwändiger waren Rieselfelder, auf die Abwässer geleitet wurden, um dort zu versickern. Dafür waren bei größeren Städten wie Berlin oder Frankfurt riesige Flächen erforderlich, die allerdings zur Landwirt- 25 schaft genutzt werden konnten, da die in den Abwässern enthaltenen Fäkalien ein guter Dünger waren. […] Das Hauptproblem bei sämtlichen Verfahren war die Finanzierung, denn bis 1918 mussten die Kosten von 30 den jeweiligen Kommunen beziehungsweise deren Einwohnern getragen werden, während es heute dafür größere Zuschüsse durch Land oder Bund gibt. […] Für sie war es einfacher und billiger, die Abwässer ungeklärt 35 in einen Fluss zu leiten, denn dessen Verschmutzung betraf nicht sie selbst, sondern die flussabwärts gelegenen Orte.

Für dieses Vorgehen gab es wissenschaftliche Begründungen, die so genannte Boden- 40 theorie und die Theorie von der Selbstreinigungskraft der Flüsse, die vor allem der berühmte Professor für Hygiene Max Pettenkofer und seine Schüler vertraten. Seit Jahrhunderten, so die Vertreter der Bodentheo- 45 rie, sei der Grund in den Städten durch „die Exkremente von Menschen und Tieren sowie durch Abfälle von Haushaltungen und Schlachthäusern durchseucht", das Wasser aus den Brunnen werde immer gefährlicher. 50 Hier liege die Ursache zahlreicher Krankheiten, insbesondere der gefürchteten Cholera. Unbedingt erforderlich seien deshalb eine zentrale Wasserversorgung sowie der Bau von Kanalisationen, um die Abwässer fort- 55 zuschaffen und in den Städten die Verhältnisse zu bessern. Eine Klärung hingegen sei nicht erforderlich, da die Abwässer in den Flüssen verdünnt und zusätzlich durch deren Selbstreinigungskraft unschädlich 60 gemacht würden.

Angesichts derartiger Argumente blieb die Reinigung der Abwässer unbefriedigend und entsprechend groß war die Verschmutzung der Flüsse. […] Dabei hatten die Warner vor 65 einer Verschmutzung des Flusswassers zusätzliche Unterstützung durch Robert Koch erfahren. Koch hatte 1882 den Erreger der Tuberkulose und 1884 den Cholerabazillus entdeckt und damit zum ersten Mal 70 nachgewiesen, dass Krankheiten durch Bakterien verursacht werden konnten. Jetzt

FUN.—August 18, 1866.

DEATH'S DISPENSARY.
OPEN TO THE POOR, GRATIS, BY PERMISSION OF THE PARISH.

M 7 Wasserverseuchung als Ursache der Cholera, englischer Holzstich 1866

schien es endlich möglich zu sein, die gefürchteten Infektionskrankheiten zu ver-
75 meiden. Es sprach vieles dafür, dass verunreinigtes Trinkwasser Bakterien übertragen konnte, doch diese Erkenntnisse wurden nicht sofort allgemein akzeptiert, zumal im Falle der Cholera die Beweisführung noch
80 nicht schlüssig war. Vor allem Pettenkofer blieb skeptisch und führte 1892 seinen berühmten Selbstversuch durch. Er trank eine Lösung mit den Erregern, die Koch für die Cholera verantwortlich machte, doch
85 nichts passierte, Pettenkofer blieb gesund. Die Anhänger von Robert Koch gaben an, Pettenkofer absichtlich eine verdünnte Kultur geschickt zu haben, denn sie hätten seine Absicht geahnt. Möglicherweise hat
90 ihn aber auch die erhebliche Menge Bier gerettet, die er anschließend trank. Denn sie hat die Lösung verdünnt und den Magen übersäuert, wodurch die Bakterien eventuell abstarben.
95 Koch schien widerlegt, wurde jedoch kurz darauf auf fast makabre Weise bestätigt, denn in Hamburg brach eine Choleraepidemie aus, bei der es in nur zwei Monaten 18 000 Kranke und 7600 Tote gab. Die Han-

sestadt verfügte seit langem über eine gut 100
ausgebaute Kanalisation und hatte somit die zentrale Forderung Pettenkofers erfüllt, besaß allerdings weder Kläranlagen noch ein Wasserwerk. Das Trinkwasser wurde aus der Elbe entnommen und die Abwässer in diesen 105
Fluss geleitet. Sicherheitshalber erfolgte die Einleitung weit unterhalb der Entnahmestelle, doch in Hamburg griff diese Maßnahme nicht. Denn die Elbe wurde bei Flut zurückgestaut, sodass verseuchtes Abwasser zurück- 110
floss und ins Trinkwasser gelangte. Auffallend war nun, dass die Bewohner Altonas und die Insassen des Zentralgefängnisses kaum von der Cholera betroffen waren, und bald wurde die Ursache dafür erkannt: Sie 115
waren nicht an die Hamburger Trinkwasserleitung angebunden, sondern verfügten über eine eigene Versorgung. Das Gefängnis besaß einen eigenen Brunnen und Altona ein Wasserwerk, das zwar ebenfalls aus der Elbe 120
gespeist wurde, dieses Wasser aber durch Sandfilter reinigte.

Franz-Josef Brüggemeier, Tschernobyl, 26. April 1986.
Die ökologische Herausforderung, München (dtv)
1998, S. 74–79.

10 Skizzieren Sie anhand von M6 die Ursachen und Hintergründe, die zur Cholerakatastrophe 1892 in Hamburg führten.
11 Beschreiben Sie, wie der Holzstich von 1866 (M7) das Thema Wasserverschmutzung behandelt.
12 Diskutieren Sie unter Einbeziehung aktueller Beispiele: Sind Fortschritte im Umweltschutz nur durch Katastrophen möglich?

M 8 Die Kritik des Philosophen Klaus Michael Meyer-Abich am anthropozentrischen Weltbild, 1986

Einer der profiliertesten Kritiker dieser Weltsicht ist der Essener Naturphilosoph Klaus Michael Meyer-Abich. In seinen „Dreißig Thesen zur praktischen Naturphilosophie" versucht er dem Anthropozentrismus eine „holistische" (ganzheitliche) oder physiozentrische Weltsicht entgegenzustellen:
(1) Unsere Umwelt ist der menschliche Lebensraum im Kosmos. Die Industriegesellschaft hat dies so missverstanden, als sei der

ganze Kosmos nur der menschliche Lebens-
5 raum. Denn wir verhalten uns in der Natur
so, als sei der Rest der Welt nichts als für uns
da. Im anthropozentrischen Weltbild ist die
ganze Welt nur noch Umwelt des Menschen
und sonst nichts. [...]
10 (3) Das anthropozentrische Welt- und
Menschenbild ist falsch. Denn wir Menschen sind nicht das Maß aller Dinge. Die
Menschheit ist mit den Tieren und Pflanzen,
mit Erde, Wasser, Luft und Feuer aus der Na-
15 turgeschichte hervorgegangen als eine unter
Millionen Gattungen am Baum des Lebens
insgesamt. Sie alle sind nicht nur um uns,
sondern mit uns, nicht nur unsere Umwelt,
sondern unsere Mitwelt. Wir sind mit unse-
20 rer natürlichen Mitwelt, mit den Tieren,
Pflanzen und Elementen, sogar naturgeschichtlich verwandt. Im Ganzen der Natur
sind sie unseresgleichen und wir sind ihres-
gleichen. Im Frieden mit der Natur haben
25 wir die natürliche Mitwelt deshalb nicht nur
um unsretwillen, sondern auch um ihrer

M 9 **Lebensstandard, Karikatur von Gerd
Mester, 1993**

selbst willen zu respektieren. Die natürliche
Mitwelt ist keine Ressource. [...]
(11) Der Frieden mit der Natur ist ein poli-
tisch-naturphilosophisches Konzept, um die 30
politische und wirtschaftliche Organisation
der Industriegesellschaft in Einklang mit der
Ordnung der Natur zu bringen. Ist der Frieden generell diejenige politische Ordnung,
in der die – jederzeit bestehenden – Konflikte 35
möglichst nicht gewaltsam ausgetragen werden, so ist auch die Grundbedingung des
Friedens mit der Natur, dass Interessen der
Menschheit gegenüber denen der Mitwelt
möglichst nicht gewaltsam geltend gemacht 40
werden. Der Friede mit der Natur ist jedoch
zunächst ein Friede des Teils (der Menschheit) mit dem Ganzen, zu dem auch die
natürliche Mitwelt gehört, und erst von
daher ein Friede mit dieser. In der Bemächti- 45
gung über die natürliche Mitwelt den Frieden zu suchen ist die politische Voraussetzung dafür, dass den technischen und
administrativen Möglichkeiten des Umweltschutzes überhaupt Raum gegeben wird. [...] 50
(13) Die längerfristigen Bedingungen des
Friedens mit der Natur in Recht und Wirtschaft sind:
1. Die menschlichen Interessen sind
gegen die der natürlichen Mitwelt abzuwä- 55
gen. Dabei darf nicht einer der beiden Seiten
grundsätzlich der Vorzug vor der anderen
gegeben werden.
2. Obwohl das Abwägungsgebot in der
Regel zu keinen eindeutigen Entscheidun- 60
gen führen wird, ändert sich die politische
Situation doch bereits durch die damit verbundene Rechtfertigungspflicht.
3. Frieden mit der Natur bedeutet darüber
hinaus, dass das Verhalten der Menschheit 65
gegenüber der natürlichen Mitwelt in einer
über die Menschheit hinausgehenden natürlichen Rechtsgemeinschaft verfassungs-
mäßig geregelt wird. Es genügt nicht, dass
unser Staat ein Sozialstaat ist. [...] 70
Die Natur wird in der Menschheit politisch. Der Frieden mit der Natur wäre die
Lebensform einer naturgeschichtlich
erwachsen gewordenen Menschheit. [...]
(15) Die Grundlage der natürlichen 75
Rechtsgemeinschaft soll das Gleichheitsprin-
zip sein, dass zweierlei gemäß seiner Gleichheit gleich und gemäß seiner Verschieden-

heit verschieden behandelt werden soll. Die
80 dabei zwischen der Menschheit und der
natürlichen Mitwelt zu berücksichtigenden
Gleichheiten beruhen auf der jeweils natur-
geschichtlichen Verwandtschaft. Rechtliche
Konsequenzen ergeben sich insbesondere
85 aus Gleichheiten von Interessen und aus
Gleichheiten in der Leidensfähigkeit. Zum
Beispiel sollte dem Interesse von Hühnern,
dass ihr artgemäßes Bewegungsbedürfnis
erfüllt wird, der Vorzug vor dem Interesse
90 von Menschen gegeben werden, pro Ei fünf
Pfennige zu sparen (was durch Batteriehal-
tung von Hühnern möglich ist). Unter dem
Gesichtspunkt der Leidensfähigkeit wiederum dürften Tieren (z. B. in Tierversuchen)
95 keine Leiden zugemutet werden, die für
Menschen unerträglich wären.
   (16) Den Pflanzen gerecht zu werden ist
politisch und philosophisch noch schwieriger als den Tieren. […] [Es] sind jedoch auch
100 den Pflanzen Rechte zuzuerkennen.

Klaus Michael Meyer-Abich, Dreißig Thesen zur prak-
tischen Naturphilosophie, in: Hermann Lübbe/ Elisa-
beth Ströker (Hg.), Ökologische Probleme im kulturel-
len Wandel, Paderborn (Wilhelm Fink/ Ferdinand
Schöningh) 1986, S. 100–105.

13 Stellen Sie Meyer-Abichs Menschenbild der
Sichtweise des Anthropozentrismus gegenüber
(M8).
14 Erläutern Sie im Einzelnen die in These 11
formulierten Bedingungen des Friedens mit der
Natur (M8). Diskutieren Sie die möglichen
Konsequenzen und Folgen für die heutige
Gesellschaft.
15 Rechte für Tiere und Pflanzen – diskutieren
Sie das Für und Wider dieser Forderung!

M 10 Die Kritik des Philosophen Odo Marquard an Meyer-Abichs Thesen, 1986

Marquard bezeichnet Meyer-Abichs Gedanken
polemisch als „liebe Lebensphilosophie":
Damit meine ich, dass sie – bei dem, was sie
bejaht – stets nur mit „netter" Lebendigkeit,
mit „netter" Natur rechnet, zu der die Menschen lieb sein können. Die Menschen aber
5 scheinen die Natur nicht nur als „nett"
erfahren zu haben, sondern auch – und zwar
lange vor allem neuzeitlich unterwerfenden
Naturverhältnis – als grausam, nicht nur als

Garten, sondern als Wildnis, nicht nur als
Paradies, sondern auch als feindliches Über- 10
raschungsfeld möglicher Bedrohungen: zu
ihr gehört nicht nur die Pastorale, sondern
auch die Katastrophe. So pendelt die
menschliche Naturerfahrung vielmehr zwischen zwei Polen: dass die Natur – als hilfrei- 15
che Macht – die liebenswürdige Mitwelt ist,
die man friedlich und freundlich achten und
hegen darf und kann; und dass die Natur –
als vernichtende Gewalt – der Feind ist,
gegen den man sich wehren und vor dem 20
man sich schützen muß. Dass bei dieser
Doppelgesichtigkeit der Natur gegenüber
der schrecklichen die liebe Seite der Natur
favorisiert wird, […] ist, scheint mir, eine
spezifisch neuzeitliche und moderne Ent- 25
wicklung, die nicht nur „gegen" die Unter-
werfungskraft der technologischen Modernisierungen „nötig", sondern vor allem auch
„durch" die zähmende Kraft der technologischen Modernisierungen „möglich" wurde: 30
von der spezifisch modernen Entdeckung
der „Landschaft" bis hin zum Naturschutz;
auch und gerade die „liebe" Lebensphilosophie – die die „Tagesansicht" der Natur favorisiert – lebt von dem, was sie angreift. Die 35
Frage, die sich mir – angesichts dieser immer
ausschließlicheren Betonung der lieben und
friedlichen Seite der Natur – aufdrängt, ist
diese: ob sich diese Natursicht durchhalten
lässt. Es könnte sein, dass die – mir durchaus 40
sympathische – philosophische Friedens-
politik der Entspannung des Verhältnisses
zwischen Mensch und Natur dann auf
Schwierigkeiten stößt, wenn die Natur –
etwa die Vulkane und Hurrikane – an diese 45
Linie der Entspannung und Friedlichkeit
sich ihrerseits nicht hält.

Odo Marquard, Eine liebe Lebensphilosophie, in:
Hermann Lübbe/Elisabeth Ströker (Hg.), Ökologische
Probleme im kulturellen Wandel, Paderborn (Wilhelm
Fink/Ferdinand Schöningh)1986, S. 110.

16 Erläutern Sie, warum Marquard die Position Meyer-Abichs als „lieb" bezeichnet.
17 Marquard argumentiert historisch (M10).
Zeichnen Sie seine Argumentation nach und
erörtern Sie das Problem am Beispiel der
Industrialisierung.
18 Beurteilen Sie abschließend die Standpunk-
te (M8, 10).

159

Themen und Methoden

Fotografie und Umweltgeschichte

In unserem von Bildern dominierten Alltag ist es für uns eine Selbstverständlichkeit, Fotos mit einem Blick zu erfassen. Wir neigen dazu, das Abgebildete unhinterfragt als „Realität" zu begreifen. Der Historiker muss jedoch die Fotografie, wie jede andere Quelle auch, kritisch interpretieren und u. a. folgende Fragen an sie stellen:
1. Wann ist sie entstanden?
2. Was stellt sie dar?
3. Wer hat in wessen Auftrag und für welchen Adressaten fotografiert?
4. Welches Motiv, welcher Bildausschnitt und welcher Blickwinkel wurde gewählt?

M 11 Kruppsches Betriebsgelände, Fotografie, 1867

M 12 Alfred Krupp über die Gestaltung der Fotografie, 1867

Für die Pariser Ausstellung und für einzelne Geschenke an hoch stehende Persönlichkeiten müssen wir neue Fotografien im Mai, wenn alles grünt und der Wind stille ist, aus-
5 führen. Ich denke nämlich, dass die kleinen Fotografien vollkommen im Allgemeinen ausreichen, daneben wünsche ich aber in größtem Maßstabe eine oder besser zwei Ansichten mit Staffage und Leben auf den
10 Plätzen, Höfen und Eisenbahnen. Ich würde vorschlagen, dass man dazu Sonntage nehme, weil die Werktage zu viel Rauch, Dampf und Unruhe mit sich führen, auch der Verlust zu groß wäre. Ob 500 oder 1000 Mann
15 dazu nötig sind, stelle ich anheim. Es ist nachteilig, wenn zu viel Dampf die Umge-

bung unklar macht, es wird aber sehr hübsch sein, wenn an möglichst vielen Stellen etwas weniger Dampf ausströmt. Die Lokomotiven und Züge sind auch sehr imponierend so wie 20 die großen Transportwagen für Güsse.

Historisches Archiv Krupp, Alfred Krupps Briefe und Niederschriften, Bd. 9, 1866–1870, Bl. 108 f., zitiert nach: Franz-Josef Brüggemeier/Michael Toyka-Seid (Hg.), Industrie–Natur. Lesebuch der Umwelt im 19. Jahrhundert, Frankfurt/M. (Campus) 1995, S. 70 f.

19 Beschreiben Sie das Bild M11 anhand der obigen Fragen 1–4.
20 Lesen sie den Brief Alfred Krupps (M12) und bewerten Sie seinen Inhalt: Welche Vorstellungen verbergen sich hinter den Anweisungen Krupps, welche Absichten verfolgt er?
21 Beurteilen Sie auf dem Hintergrund des Briefes nun noch einmal das Foto M11.

Weiterführende Arbeitsanregungen zum Thema Umwelt und Industrialisierung

1. Gruppenreferat „Energieverbrauch und Nachhaltigkeit"

Verfassen Sie ein Gruppenreferat zum Thema „Energieverbrauch und Nachhaltigkeit". Diskutieren Sie in diesem Zusammenhang mit den Kursteilnehmern, welche Bedürfnisse und Interessen einem umweltbewussten Verhalten entgegenstehen.

2. Projekt „Nachhaltige Schule"

An vielen Schulen gibt es inzwischen Projekte und Aktionen zum Thema „Umweltschutz". Entwickeln Sie im Rahmen von Projekttagen/einer Projektwoche in Zusammenarbeit mit örtlichen Organisationen und Fachleuten ein Konzept für eine „nachhaltige Schule". Folgende Schritte können Ihnen dabei helfen:

Schule Ressourcen schonend nutzen:
- Heizenergie sparen durch verbesserte Steuerung der Heizungsanlage (witterungsgeführt, Nachtabsenkung, gebäudeteilbezogen,Thermostatventile); Raumwärme regeln (stoßlüften, Zeitregelung mit Absenkung, DIN-Normen für Schulräume und Flure)
- Strom sparen (Lichtverbrauch regeln, Geräte effizient nutzen, Energiesparlampen, bessere Neonleuchten); Wasser sparen (WC)

Schule ökologisch verträglich versorgen:
- Müllfreie Schule; Arbeits- und Verbrauchsmaterialien (Papier, Tinte, Filzstifte); Putz- und Reinigungsmittel
- Gesunde Pausennahrung, Getränke; Schulkiosk, Cafeteria, Mensa
  Verkehr zur Schule (Individualverkehr oder ÖPNV); Fahrrad (Wege und Abstellplätze)

Schule zukunftsfähig entwickeln:
- Bauplanung; Außenplanung (Schulgelände)
- Neue Arbeits- und Lernmöglichkeiten (außerschulische Lernorte, innovative Unterrichtsmethoden, selbstständiges Lernen usw.)
- Neue Inhalte (Globalisierung, Gerechtigkeit, Stadtplanung usw.)

Literaturhinweise

Bundesminister für Umwelt, Naturschutz und Reaktorsicherheit: Konferenz der Vereinten Nationen für Umwelt und Entwicklung im Juni 1992, Bonn 1992.

BUND/Misereor (Hg.), Zukunftsfähiges Deutschland. Ein Beitrag zu einer global nachhaltigen Entwicklung, Basel 1996.

Der Bürger im Staat 2/1998, Nachhaltige Entwicklung.

Anja Knaus/Ortwin Renn, Den Gipfel vor Augen. Unterwegs in eine nachhaltige Zukunft, Marburg (Metropolis) 1998.

Landeszentrale für politische Bildung Baden-Württemberg, Agenda 21. Aspekte einer nachhaltigen Entwicklung, Politik und Unterricht 4/99

Hermann Schaufler, (Hg.), Umwelt und Verkehr. Beiträge für eine nachhaltige Politik, München/Landsberg (Aktuell) 1997.

Ernst-Ulrich v. Weizsäcker/A. E. Lovins/L. H. Lovins, Faktor vier: Doppelter Wohlstand – halbierter Naturverbrauch. Der neue Bericht an den Club of Rome, München (Droemer Knaur) 1995.

Intelligenz immer wichtiger. Das aber stärke die Demokratie und verhelfe den Werten, die den Menschen besonders wichtig seien, zum Durchbruch: **Freiheit und Gleichheit**. So wachse die Freiheit der Auswahl bei Fernsehkanälen, billigen Einkaufsmöglichkeiten oder Gesprächen im Internet explosionsartig. Da eine Wirtschaftsweise, die auf Wissen beruhe, dem Einzelnen „Macht" verleihe, indem sie ihm freien Zugang zu Informationen garantiere, verlören Hierarchien in Politik und Unternehmen an Bedeutung. Im Zeitalter des Internets könnten Regierungen nicht mehr das Wissen ihrer eigenen Staatsbürger kontrollieren und reglementieren. Und gerade solche Unternehmen, die ihren Mitarbeitern größere Mitsprachemöglichkeiten böten und flachere Hierarchien einführten, erwiesen sich im Vergleich zu traditionellen Betrieben als flexibler und damit konkurrenzfähiger.

Die Pessimisten warnen dagegen vor wachsender Arbeitslosigkeit und Ungleichheit sowie vor sozialer Zersplitterung. Die verschärfte Konkurrenz um die billigsten Produktionsbedingungen und die stetige Rationalisierung der Unternehmen vermehre die Arbeitslosigkeit sowohl in den hoch entwickelten Gesellschaften als auch in den Entwicklungsländern. Dadurch wachse die **Ungleichheit zwischen Arm und Reich** auf nationaler wie internationaler Ebene. Zunehmende Kriminalität und soziale Auflösungserscheinungen traditioneller Institutionen wie der Familie seien die Folge. Auch die zwischenmenschlichen Beziehungen litten unter der neuen Wirtschaftsweise: Anonymität und soziale Bedrohungsgefühle kennzeichneten das Verhalten in der modernen Welt, die Kontakte gestalteten sich weniger dauerhaft und weniger tiefgehend. Hinzu komme, dass das Tempo der Globalisierung die Menschen überfordere; verunsicherte Bürger versuchten dem kalten Wettbewerb zu entfliehen, indem sie sich unter die Obhut radikaler Verführer mit einfachen, aber für die Demokratie gefährlichen Heilslehren begäben. Außerdem nähme das Vertrauen in die Regierungen und die politischen Einrichtungen der Demokratie immer mehr ab. Auf internationaler Ebene bestehe die Gefahr neuer „**Kulturkonflikte**", weil die zwischenstaatlichen Spannungen nach dem Ende des Kalten Krieges immer stärker als Auseinandersetzungen zwischen unterschiedlichen und oft auch verschieden bewerteten Kulturen aufgefasst würden.

Wer sich mit der Geschichte der modernen Industriegesellschaft auseinander gesetzt hat, weiß, dass solche kontroversen Debatten die Geschichte der Industrialisierung von Anfang an prägten. Hoffnung und Zukunftsangst lagen oft eng beieinander. Das gilt besonders für solche Epochen, in denen mit großer Beschleunigung etwas Neues entsteht. Chancen und Risiken der globalisierten Welt lassen sich heute noch nicht genau abschätzen; vielleicht wird man erst in fünfzig oder hundert Jahren genau wissen, in welche Richtung sich die Welt im ausgehenden 20. und beginnenden 21. Jahrhundert entwickelt hat. Dennoch zeigen derartige Diskussionen, wie vielgestaltig und widersprüchlich die Moderne war und ist.

Hinweise zur Arbeit mit den Materialien

Der Materialteil beginnt mit einer Darstellung des Historikers Volker R. Berghahn, der anhand von Zeitungskommentaren die Erwartungen der Menschen Silvester 1900 beschreibt (M1). Die Frage, ob und inwieweit diese erfüllt wurden, lässt sich mit Hilfe von M2 untersuchen, die sich mit der Kriegführung im Ersten Weltkrieg und den Auswirkungen des Krieges auf das Bewusstsein der Zeitgenossen beschäftigt. M4 bietet darüber hinaus die Chance, die Auswirkungen des Weltkrieges mit Hilfe einer Bildquelle (M4a) und der Interpretation des Schriftstellers Walter Benjamin (M4b) zu erörtern.

Die Materialien zur Globalisierung können nur einige wenige Aspekte der Globalisierung dokumentieren, die bereits heute das Bewusstsein breiterer Bevölkerungsschichten bestimmen. Überdies sollen unterschiedliche Meinungen über den Begriff und die Auswirkungen der Globalisierung vorgestellt werden, die die gegenwärtige Debatte formen. Auf diese Weise soll eine intensivere Diskussion angeregt werden. M6a, b verdeutlichen mit Hilfe von Schaubildern sowohl die wachsenden Verflechtungen im Welthandel (M6a) als auch den Durchbruch der modernen Informationsgesellschaft (M6b). Dass die Globalisierung keineswegs nur Fürsprecher besitzt (M7), sondern auch Protest (M6c, d) und Kritik (M8) hervorruft, wird anhand von Bilddokumenten und Textquellen aufgezeigt. Am Beginn der Auseinandersetzung mit der Thematik sollte jedoch eine genauere Begriffsbestimmung des Wortes „Globalisierung" stehen, die durch M5 ermöglicht wird.

M1 Der Historiker Volker R. Berghahn über die Hoffnungen und Sehnsüchte Silvester 1900, 1997

Auch in Deutschland wurde der Neujahrsabend festlich begangen. Um Mitternacht läuteten die Glocken der überfüllten Kirchen und in Berlin übertönten lediglich die Salut-
5 schüsse der Kanonen vor dem Schloss das Knallen der Feuerwerkskörper.

In der Presse erschienen Rückblicke auf das verflossene Jahrhundert, in dem Deutschland aus der Erniedrigung durch
10 Napoleon zu einer im Reich vereinigten Großmacht aufgestiegen sei. Zugleich feierte man den Siegeszug von Wissenschaft und Technik. So schrieb ein Kommentator der liberalen „Frankfurter Zeitung" am 30. De-
15 zember: „Es ist keine verhimmelnde Festphrase dieser Wendestunde, sondern es scheint mir unerschütterlichste Wahrheit, dass man in der Geschichte der menschlichen Technik nur zwei Perioden als gleich-
20 wertig einander gegenüberstellen kann. Die eine umfasst das neunzehnte Jahrhundert und die andere umfasst alles, was vorausging." Nicht „Schlachtdonner" oder „Feldgeschrei" seien die Geräusche des vergangenen
25 Jahrhunderts, sondern „das Donnern des Eisenbahnzuges, der das Granitmassiv eines

Schneegebirges im Tunnel durchquert, das Pfeifen von Dampfmaschinen, das Singen des Windes in den Telegrafendrähten und
30 der sonderbare Laut, mit dem der elektrische Straßenbahnwagen, an seiner Leitung hängend, daherkommt." Hinter Europa, so fügte „Die Gegenwart" in ihrer ersten Nummer des neuen Jahres hinzu, liege eine Epoche
35 der Entdeckungen und Erfindungen und eine „Hochflut technischer und industrieller Umwälzungen", die „zu überbieten nicht leicht sein" werde. […]

In diesen Chor stimmte am 31. Dezember
40 die „Frankfurter Zeitung" mit einem fast ganzseitigen Leitartikel ein, der neben den Erfindungen auch die politischen Leistungen des 19. Jahrhunderts hervorhob. Voran stand „die Gründung eines gewaltigen Deut-
45 schen Reiches im Herzen von Europa". Dies habe sich „als eine nachhaltige Förderung des Weltfriedens erwiesen, der seit nahezu einem Vierteljahrhundert von Deutschland im Bunde mit Österreich-Ungarn und Italien
50 wirksam behütet" werde. So habe „trotz der häufigen Kriege der letzten Jahre … die Friedensidee große Fortschritte gemacht". Denn Kriege seien heute „Spezialfälle" und „ein Krieg zwischen den Großstaaten selbst
55 gilt als fast undenkbar, weil die Einsätze zu groß sind gegenüber dem etwa zu erwarten-

165

den Gewinn". Unter diesen Umständen
wünschte und hoffte das Blatt, dass Deutschland – durch Rechtseinheit und wirtschaftli-
60 chen Aufschwung gestärkt – zu den Weltrei-
chen der Zukunft gehören werde. Deutschland solle „seine wachsende Macht stets nur
im Geiste der Gerechtigkeit zum Segen der
ganzen Menschheit gebrauche[n], damit so
65 das Wort des mittelalterlichen Dichters sich
erfülle: Am deutschen Wesen werde einmal
noch die Welt genesen!"

Abschließend kam der Leitartikler auf das
vergangene Säkulum als das „sozialpoliti-
70 sche" zu sprechen. Sei im 18. Jahrhundert
der dritte Stand an die Macht gelangt, so sei
im 19. „der vierte Stand aufgetaucht" und
habe „eine Reihe seiner Forderungen durchgesetzt", während sich jetzt „der fünfte
75 Stand, der Stand der Arbeitslosen", erhebe
und „die Erfüllung seiner Wünsche" ver-
lange.

*Volker R. Berghahn, Sarajewo, 28. Juni 1914. Der
Untergang des alten Europa, München (dtv) 1997,
S. 18 f.*

1 Beschreiben Sie anhand von M1 die Hoffnungen und Sehnsüchte, die die Menschen zu
Beginn des 20. Jahrhunderts bewegten.

M2 Der Historiker Hagen Schulze über die „Industrialisierung" der Kriegführung, 1998

„Der große Krieg, durch den wir hindurch-
gegangen sind, unterschied sich von allen
früheren Kriegen durch die ungeheure
Kampfkraft der Gegner und durch ihre
5 fürchterlichen Zerstörungsmittel und von
allen anderen modernen Kriegen durch die
äußerste Rücksichtslosigkeit, mit der er
geführt wurde", meinte Winston Churchill,
als Erster Lord der britischen Admiralität
10 gewiss alles andere als ein Pazifist. „Die
Schrecken aller Zeitalter trafen zusammen
und nicht nur Heere, sondern ganze Bevöl-
kerungen wurden hineingeworfen. [...]
Weder Waffenstillstand noch Verhand-
15 lungen milderten das Ringen der Armeen.
Die Verwundeten krepierten zwischen den
feindlichen Linien, die Toten düngten die
Äcker. [...] Als alles vorbei war, waren Folte-

rung und Menschenfresserei die einzigen
Mittel, deren Gebrauch die zivilisierten, 20
wissenschaftlich gebildeten christlichen
Staaten sich untersagt hatten, und auch das
nur, weil sie von zweifelhaftem Nutzen
gewesen wären."

Die Industrialisierung Europas hatte den 25
Krieg eingeholt: Das war das eigentlich
Neue. Die Fabrikwelt hatte auf die Schlacht-
felder übergegriffen. Während der Vor-
marsch österreichischer und deutscher
Truppen an der Ostfront noch in weitgehend 30
herkömmlicher Weise geschehen war – be-
rittene Einheiten bewährten sich nach wie
vor –, herrschte auf den Schlachtfeldern in
Flandern, in Frankreich und am Isonzo der
industrialisierte Massentod. Dort hatten sich 35
die Angriffe festgelaufen und sollten unter
ungeheuren materiellen und personellen
Opfern erneut vorangetrieben werden –
nicht umsonst war von „Materialschlach-
ten" die Rede. Die Artillerie erneuerte in den 40
Stellungskämpfen ihre alte Rolle, die in den
Bewegungskriegen des 19. Jahrhunderts
zurückgetreten war; sie sollte jetzt den Feind
niederhalten und dezimieren, bevor die eige-

**M3 Christopher R. W. Nevison, Das
Maschinengewehr, Öl auf Leinwand,
1915**

ne Infanterie aus den Schützengräben zum
Sturm ansetzte. Ungeheure Geschützmassie-
rungen wurden aufgefahren – auf die Breite
eines Frontkilometers kamen etwa 160 Kanonen. Die französische Offensive bei Ypern
im Juli 1917 begann mit einem zehntägigen
ununterbrochenen Trommelfeuer, bei dem
mehr als anderthalb Millionen Granaten
verschossen wurden – das dumpfe Grollen
der Front war in Paris, an manchen Tagen
sogar in London zu hören.

Um den maschinellen Massentod effektiver zu machen, wurde Giftgas eingesetzt –
die unmittelbaren Opfer waren relativ gering, aber diese Waffe hatte etwas Unheim-
liches wie auch der Flammenwerfer, der wie
die Handgranate zum „Säubern" und „Auf-
rollen" feindlicher Schützengräben diente.
Dass trotz der überwältigenden Zerstörungs-
kraft solcher Angriffsmittel die Massen-
attacken gegen die feindlichen Linien selten
zu wirklichen Durchbrüchen führten, lag in
einer Waffe, deren ominöser Name so recht
zum Symbol des Stellungskrieges wurde:
dem Maschinengewehr. Mit dessen Hilfe
waren kleine Trupps im Stande, ihr Vorfeld
völlig zu beherrschen. Massierte Angriffe,
wie sie zu Kriegsbeginn noch die Regel
waren, brachen im Feuer weniger Maschi-
nengewehre unter ungeheuren Verlusten
zusammen. Das Beispiel der jungen, schlecht
ausgebildeten deutschen Kriegsfreiwilligen
der 6. Reservedivision, die bei Langemarck
am 10. November 1914 einen klassischen
Infanterieangriff gegen britische Stellungen
unternahmen und dabei Mann für Mann im
Maschinengewehrfeuer fielen, war symbolk-
räftig aus einem ganz anderen Grund, als die
auf Heroismus erpichte Propaganda behaup-
tete: Langemarck signalisierte das Ende des
individuellen Kämpfers, der, mit soldati-
schem Ethos wie mit kriegsrechtlichem
Schutz ausgestattet, dem Feind als Person
entgegentritt, indem er neben seinem Leben
seine Ehre in die Waagschale warf. Der Erste
Weltkrieg war die Schlachtfabrik, in der die
Werte des alten Europas hingemordet wurden, in dem den Hekatomben von Toten das
Menschliche abhanden gekommen zu sein
schien.

*Hagen Schulze, Phoenix Europa, Berlin (Siedler) 1998,
S. 325 f.*

2 Erläutern Sie anhand von M2 den Begriff
des „industrialisierten" Krieges. Untersuchen
Sie dabei auch die Ursachen und Folgen der
„industrialisierten" Kriegführung.

M 4 **„Der Engel der Geschichte" – ein Bild
und eine Interpretation**

4 a) Paul Klee, Angelus Novus[1], 1920

1   Angelus Novus: „neuer" oder „junger Engel"

*4 b) Der Schriftsteller Walter Benjamin über
Klees Bild „Angelus Novus", 1921*
*Im September 1940 beging der Philosoph Walter
Benjamin auf der Flucht vor den nationalsozia-
listen Selbstmord.*
*Er war, nachdem er 1933 den Nationalsozia-
listen durch das Exil Paris entgehen konnte,
wiederum auf der Flucht vor der in Frankreich
einrückenden Wehrmacht und musste be-
fürchten, dass ihn das faschistische Franco-
Spanien, das er auf der Suche nach einem siche-
ren Hafen durchquerte, an die Gestapo aus-
liefern würde.*
*Er hatte sich wie nur wenige Philosophen der
Zwanziger- und Dreißigerjahre damit befasst,
das qualitativ Neue zu analysieren, das die*

Erfahrung der Moderne mit sich brachte. Sein bekanntestes Buch beschäftigte sich mit dem „Kunstwerk im Zeitalter seiner technischen Reproduzierbarkeit".

Im Nachlass Benjamins befand sich auch ein kleines, bis dahin unveröffentlichtes Manuskript mit „Geschichtsphilosophischen Thesen". In einer dieser Thesen beschäftigt er sich u. a. mit einem Bild des Malers Paul Klee. Er hatte es 1921 erworben und betrachtete es als besonders kostbaren Besitz. Dieses Kunstwerk nimmt er zum Anlass, über Geschichte nachzudenken, über die Last der Tradition und die existenzielle Herausforderung der Moderne:

Es gibt ein Bild von Klee, das Angelus Novus heißt. Ein Engel ist darauf dargestellt, der aussieht, als wäre er im Begriff, sich von etwas zu entfernen, worauf er starrt. Seine
5 Augen sind aufgerissen, sein Mund steht offen und seine Flügel sind ausgespannt. Der Engel der Geschichte muss so aussehen. Er hat das Antlitz der Vergangenheit zugewendet. Wo eine Kette von Begebenheiten
10 vor uns erscheint, da sieht er eine einzige Katastrophe, die unablässig Trümmer auf Trümmer häuft und sie ihm vor die Füße schleudert. Er möchte wohl verweilen, die Toten wecken und das Zerschlagene zusam-
15 menfügen. Aber ein Sturm weht vom Paradiese her, der sich in seinen Flügeln verfangen hat und so stark ist, dass der Engel sie nicht mehr schließen kann. Dieser Sturm treibt ihn unaufhaltsam in die Zukunft, der
20 er den Rücken kehrt, während der Trümmerhaufen vor ihm zum Himmel wächst. Das, was wir den Fortschritt nennen, ist dieser Sturm.

Walter Benjamin, Über den Begriff der Geschichte, in: Gesammelte Schriften, Bd. I/2, Frankfurt/M. (Suhrkamp) 1974, S. 697 f.

3 Lassen Sie die Zeichnung auf sich wirken und beschreiben Sie Ihre Eindrücke. Lesen Sie den Text Benjamins und vollziehen Sie dessen Bildbeschreibung nach (M4a, b).
4 Geben Sie Benjamins Interpretation vom „Engel der Geschichte" in eigenen Worten wieder und interpretieren Sie seine einzelnen Elemente (M4b). Welche Vorstellung des Fortschritts wird hier entworfen?

M 5 Der Soziologe Ulrich Beck über Begriff und Bedeutung der „Globalisierung", 1997

Mit **Globalismus** bezeichne ich die Auffassung, dass der Weltmarkt politisches Handeln verdrängt oder ersetzt, d. h. die Ideologie der Weltmarktherrschaft, die Ideologie des Neoliberalismus. Sie verfährt monokau- 5
sal, ökonomistisch, verkürzt die Vieldimensionalität der Globalisierung auf eine, die wirtschaftliche Dimension, die auch noch linear gedacht wird, und bringt alle anderen Dimensionen – ökologische, kulturelle, poli- 10
tische, zivilgesellschaftliche Globalisierung, wenn überhaupt, nur in der unterstellten Dominanz des Weltmarktsystems zur Sprache. Selbstverständlich soll damit nicht die zentrale Bedeutung wirtschaftlicher Glo- 15
balisierung, auch als Option und Wahrnehmung betrieblicher Akteure geleugnet oder geschmälert werden. [...] Die zentrale Aufgabe der Politik, die rechtlichen, sozialen und ökologischen Rahmenbedingungen 20
abzustecken, unter denen wirtschaftliches Handeln überhaupt erst gesellschaftlich möglich und legitim wird, gerät aus dem Blick oder wird unterschlagen. Der Globalismus unterstellt, dass ein so komplexes Ge- 25
bäude wie Deutschland – also der Staat, die Gesellschaft, die Kultur, die Außenpolitik – wie ein Unternehmen zu führen sei.

Globalität meint: Wir leben längst in einer Weltgesellschaft, und zwar in dem Sin- 30
ne, dass die Vorstellung geschlossener Räume fiktiv wird. Kein Land, keine Gruppe kann sich gegeneinander abschließen. Damit prallen die verschiedenen ökonomischen, kulturellen, politischen Formen auf- 35
einander, und die Selbstverständlichkeiten, auch des westlichen Modells, müssen sich neu rechtfertigen. Wobei „Weltgesellschaft" die Gesamtheit sozialer Beziehungen meint, die nicht in nationalstaatliche Politik integ- 40
riert oder durch sie bestimmt (bestimmbar) sind. [...]

„Welt" in der Wortkombination „Weltgesellschaft" meint demnach Differenz, Vielheit, und „Gesellschaft" meint Nicht- 45
Integriertheit, so dass man ... Weltgesellschaft als Vielheit ohne Einheit begreifen kann. Dies setzt ... sehr Unterschiedliches

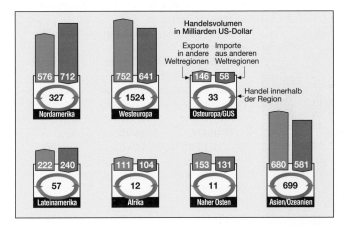

*6 a) Verflechtung des Welt-
handels*

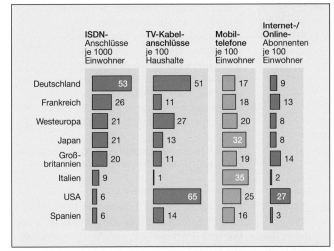

*6 b) Die Informationsgesell-
schaft*

*6 c) Menschenrechtsdemonst-
ration in Hamburg 1998, Foto*

6 d) Aufstand gegen Big-Mac – *französische Bauern protestieren gegen „US-Ernährungs-imperialismus", Foto ca. 2000*

voraus: transnationale Produktionsformen
50 und Arbeitsmarktkonkurrenz, globale
Berichterstattung in den Medien, transnationale Käuferboykotts, transnationale Lebensformen, als „global" wahrgenommene
Krisen und Kriege, militärische und friedli-
55 che Nutzung von Atomkraft, Naturzerstö-
rung usw.

Globalisierung meint demgegenüber die
Prozesse, in deren Folge die Nationalstaaten
und ihre Souveränität durch transnationale
60 Akteure, ihre Machtchancen, Orientierun-
gen, Identitäten und Netzwerke unterlaufen
und querverbunden werden.

Ein wesentliches Unterscheidungsmerk-
mal zwischen erster und zweiter Moderne ist
65 die Unrevidierbarkeit entstandener Globalität. [...] Was aber macht Globalität unrevi-
dierbar? Acht Gründe – mit Stichwörtern
vornweg benannt:

1. geografische Ausdehnung und zuneh-
70 mende Interaktionsdichte des internationalen Handels, die globale Vernetzung der
Finanzmärkte und der Machtzuwachs trans-
nationaler Konzerne,

2. die informations- und kommunika-
75 tionstechnologische Dauerrevolution,

3. die universal durchgesetzten Ansprüche auf Menschenrechte – also das (Lippen-)
Demokratieprinzip,

4. die Bilderströme der globalen Kultur-
80 industrien,

5. die postinternationale, polyzentrische
Weltpolitik – neben den Regierungen gibt es
an Macht und Zahl zunehmende transnatio-
85 nale Akteure (Konzerne, Nicht-Regierungs-
organisationen, Vereinte Nationen),

6. die Fragen der globalen Armut,

7. der globalen Umweltzerstörungen und

8. transkultureller Konflikte am Ort.

Ulrich Beck, Was ist Globalisierung? Frankfurt/M. (Suhrkamp)1997, S. 26–30.

5 Erläutern Sie die in M 6a–d dargestellten unterschiedlichen Aspekte der Globalisierung und ergänzen Sie sie eventuell durch weitere Gesichtspunkte und Informationen.

6 Erläutern Sie die Zusammenhänge, die zwischen den einzelnen Aspekten bestehen (M6a–d). Entwerfen Sie eine Übersicht, in der die Bezüge durch Pfeile gekennzeichnet sind. Unterscheiden Sie dabei zwischen (politischen, ökonomischen und technischen) Ursachen und Folgen.

7 Suchen Sie nach Beispielen, wo sich die Globalisierung in unserem Alltag bemerkbar macht.

8 Der Soziologe Ulrich Beck unterscheidet zwischen Globalismus, Globalität und Globalisierung (M5). Geben Sie jeweils eine kurze Definition und überlegen Sie, welchen Sinn eine solche Abgrenzung macht.

9 Diskutieren Sie: Welche Anforderungen stellt die Globalisierung an den Einzelnen? Wie müsste eine Schule aussehen, die auf diese Anforderungen vorbereitet?

M 7 **Der amerikanische Politikberater und Wissenschaftler Francis Fukuyama über die Auswirkungen der Globalisierung, 1999**

Der Sozialwissenschaftler Francis Fukuyama arbeitete früher beim State Department, jetzt ist er Berater einer der größten unabhängigen Forschungsgesellschaften der USA.
Welche Zukunft hat die liberale Demokratie? Wir wüssten gerne, ob sie stabil bleibt, ob sie

in der Lage ist, sich auch auf die zur Zeit autoritären Staaten auszudehnen. Oder ob
5 die Demokratie, wie in den Dreißigerjahren, vielleicht wieder in Bedrängnis und ins Stocken gerät.

Die Antwort hängt ab vom Zeithorizont, den man wählt. Auf kürzere Sicht sind die
10 Aussichten nicht gut. Auf längere Sicht hingegen besteht kein Anlass zum Zweifel an Alexis de Tocquevilles Versicherung, wonach die Demokratisierung schon in den 800 Jahren vor seiner Zeit begonnen hatte, auch
15 nicht an seiner Vorhersage, dass die Demokratie sich weiter verbreiten werde. [...]

Inzwischen ist die neoliberale Wirtschaftspolitik, die nicht nur in der ehemals kommunistischen Welt eingeführt wurde,
20 sondern auch in ganz Lateinamerika sowie in anderen Teilen der Welt, intellektuell in Ungnade gefallen. Die Währungskrisen und Rezessionen, die Länder wie Mexiko, Thailand, Südkorea und Brasilien heimgesucht
25 haben, riefen eine wachsende Zahl gut organisierter Gegenbewegungen hervor, die ein Ziel gemeinsam haben: die Liberalisierung zu stoppen und rückgängig zu machen. [...]

Und doch spricht auf längere Sicht eine
30 starke Logik dafür, dass sich die liberale Demokratie auf der ganzen Welt ausbreiten wird. Letztlich hängt die Entwicklung der Menschheitsgeschichte ... von den modernen Naturwissenschaften ab, die den techni-
35 schen Fortschritt fördern. Dieser Fortschritt eröffnet eine Vielfalt von Produktionsmöglichkeiten und führt zu dynamischen ökonomischen Modernisierungsprozessen. In einem Konkurrenzsystem von Nationalstaa-
40 ten ist es überaus schwierig, sich aus diesem Wettlauf herauszuhalten. [...]

Diese Angleichung ökonomischer Einrichtungen vor einem sich stetig weitenden technologischen Horizont nennen wir Glo-
45 balisierung. Und das Wesen der Globalisierung hat sich zwischen dem Anfang und dem Ende des 20. Jahrhunderts entscheidend verändert. Während die Ökonomen gern darauf verweisen, dass internationaler
50 Handel und internationale Investitionen als Teil der gesamten Weltleistung heute kaum höher als vor einem Jahrhundert sind, hat die moderne Kommunikationstechnologie die Welt in einer Weise zusammengeführt,

55 wie es damals kaum vorstellbar war. [...] Noch im abgeschiedensten Dorf in Mittelamerika oder im Nahen Osten werden Baywatch oder Seinfeld empfangen. Informationen erreichen heute den letzten Winkel der
60 Erde. Deshalb ist die Möglichkeit, aus dem technologischen Fahrstuhl einfach auszusteigen, begrenzter als je. [...] Das hat eine enorm demokratisierende Wirkung, denn die Technologie eröffnet zahllose Möglich-
65 keiten, die nationalen Türhüter von Wissen und Information zu umgehen.

Die Globalisierung fördert die liberale Demokratie auf vielfältige Weise. Die globale Wirtschaft verlangt die Schaffung von Ein-
70 richtungen, die zunächst einmal das Funktionieren der Märkte gewährleisten. Doch dies greift über auf das Terrain der politischen Werte; ausländische Investoren verlangen eine transparente Rechtsstaatlichkeit
75 und ein System stabiler Eigentums- und Persönlichkeitsrechte. [...]

Wohlstand als solcher erzeugt tendenziell eine stabile Demokratie: Es gibt kein historisches Beispiel für ein demokratisches Land
80 mit einem jährlichen Pro-Kopf-Einkommen von über 6000 Dollar, das in ein autoritäres Regime zurückgefallen ist. Fortschreitende Globalisierung und wachsender Wohlstand dürften daher immer mehr Gesellschaften
85 den Anreiz bieten, sich der Demokratie zuzuwenden und all dem, was zu ihrer Erhaltung notwendig ist. [...]

Liberale Gesellschaften müssen kulturelle Vielfalt tolerieren und daraus Nutzen ziehen.
90 Keine Gesellschaft aber kann ohne gemeinsame Normen und Werte bestehen. Eine gemeinsame Kultur innerhalb einer de facto multikulturellen Gesellschaft stützt sich daher weit mehr auf Bürgersinn und politi-
95 sche Werte als auf Rasse, Ethnizität oder Religion. In dieser Hinsicht wird Europa, wo die Identität viel stärker mit Volkszugehörigkeit verknüpft ist, im kommenden Jahrhundert mehr Probleme bekommen als die meisten
100 Länder der westlichen Hemisphäre.

Letztlich lässt sich unmöglich vorhersagen, ob es den liberalen Demokratien der Zukunft gelingen wird, eine adäquate moralische Basis für das Zusammenleben und die
105 Zusammenarbeit ihrer Völker zu schaffen. Immerhin können wir uns damit trösten,

171

dass auch in der Vergangenheit viele Gesellschaften technologischen Veränderungen unterworfen waren, in denen bestehende
110 moralische Arrangements aufbrachen. Dennoch gelang ihnen mit der Zeit die Wiederherstellung einer moralischen Ordnung und einer intakten Gemeinschaft. So erlebte der Westen in der ersten Hälfte des 19. Jahrhun-
115 derts im Zuge seiner Umwandlung von einer Agrar- zu einer Industriegesellschaft eine gewaltige Erschütterung seiner Werte. Und doch hatte er zu Beginn des 20. neue Normen und Einrichtungen zu schaffen ver-
120 mocht, die den veränderten Bedingungen entsprachen. Wir wissen nicht, ob dies auch künftig so sein wird.

Was wir aber wissen, ist dies: Die Menschen verfügen über sehr starke innere
125 Fähigkeiten, sich eine Ordnung und Spielregeln zu geben. Viel wird davon abhängen, wie sich die Weltwirtschaft in den kommenden Jahren entwickelt. So unausweichlich die Globalisierung auch sein mag, ob sie als
130 Kraft zum Guten oder Bösen gelten wird, hängt weitgehend davon ab, ob sie ihr Versprechen eines schnellen Wirtschaftswachstums einzulösen vermag. Trotz aller Rückschläge und ökonomischer Instabilität bleibt
135 doch die Tatsache, dass es keine Alternative zur Globalisierung als Weg zur wirtschaftlichen Entwicklung gibt.
DIE ZEIT Nr. 46, 11.11.1999

M8 Der Kommunikationswissenschaftler Ignacio Ramonet über die Folgen der Globalisierung, 2000

Ignacio Ramonet ist Herausgeber der renommierten französischen Monatsschrift „Le Monde diplomatique". Er lehrt audiovisuelle Kommunikation an der Pariser Universität.
An der Schwelle zum Jahr 2000 – jenem mythischen Datum, das so lange für unsere Zukunft stand und heute unsere Gegenwart ist – scheint es an der Zeit, den aktuellen
5 Zustand der Welt zu überprüfen.

Ein zentrales Phänomen springt ins Auge: Der Dynamik der Globalisierung kann sich kein Staat dieser Erde entziehen. Wir haben es mit einer zweiten kapitalistischen Revolu-
10 tion zu tun. Die Globalisierung entfaltet ihre

Wirkungen noch im entferntesten Winkel des Planeten, sie setzt sich über die Unabhängigkeit der Völker ebenso hinweg wie über die Unterschiede der politischen Systeme. 15

Die Erde erlebt eine neue Ära der Eroberungen, die an die Zeit der großen Entdeckungen und des Kolonialismus erinnert. Damals ging die Expansionsbewegung von souveränen Staaten aus, heute sind es 20 Großunternehmen und Konzerne, Industrie- und Finanzgruppen, die sich daranmachen, die Welt zu beherrschen. Nie zuvor waren die Herren der Welt ein so enger Zirkel und nie zuvor hatten sie so viel Macht. Geogra- 25 fisch sind diese Herren im strategischen Dreieck USA-Europa-Japan zu Hause, zur Hälfte allerdings in den Vereinigten Staaten. Im Grunde stehen wir also vor einem amerikanischen Phänomen. 30

Die informationstechnologische Revolution der letzten zwanzig Jahre hat den Trend zu einer immer stärkeren Konzentration von Macht und Kapital gewaltig beschleunigt. Die Gentechnologie und die 35 Manipulation lebender Organismen werden zu Beginn des nächsten Jahrtausends einen weiteren Entwicklungssprung bringen. Durch die Privatisierung der Genome und die generelle Patentierfähigkeit von Leben 40 stehen der Marktwirtschaft neue, ungeahnte Expansionsfelder offen. Was auf uns zukommt, ist eine umfassende Privatisierung des Lebens, ja der gesamten Natur. Dieser Prozess begünstigt die Herausbildung einer 45 Macht, die wahrscheinlich absoluter herrschen wird als alle Mächte unserer bisherigen Geschichte.

Im Zuge der Globalisierung werden nicht Länder erobert, sondern Märkte. Diese Art 50 der Eroberung ist von erschreckenden Zerstörungsprozessen begleitet. Ganze Industriezweige fallen ihr zum Opfer, und das nicht nur in begrenzten Regionen. Massenarbeitslosigkeit, Unterbeschäftigung, unsichere 55 Arbeitsverhältnisse, soziale Ausgrenzung sind die Folge. Allein in Europa haben 50 Millionen Menschen keine Arbeit; weltweit ist eine Milliarde Menschen arbeitslos oder unterbeschäftigt. Männer, Frauen und 60 Kinder sind der Ausbeutung ausgeliefert, wobei es ein besonderer Skandal ist, dass

172

weltweit etwa 300 Millionen Kinder unter
brutalen Bedingungen arbeiten müssen.
65 Globalisierung heißt auch Ausplünde-
rung des Planeten. Großkonzerne schlagen
Profit aus dem Reichtum der Menschheit,
aus den Naturschätzen, die doch allen gehören. Die Großunternehmen und Groß-
70 banken haben auf ihrem Beutezug einen
ständigen Begleiter: die Finanzkriminalität.
Dabei werden Jahr für Jahr über eine Billion
Dollar „recycled", das ist mehr als das kumulierte Bruttosozialprodukt von einem Drittel
75 der Weltbevölkerung.
Die allgemeine Kommerzialisierung aller
Worte und Dinge, von Körper und Geist,
Natur und Kultur verschärft die herrschende
soziale Ungleichheit. Obwohl die weltweite
80 Produktion von Grundnahrungsmitteln den
Bedarf um zehn Prozent übersteigt, verhun-
gern jedes Jahr 30 Millionen Menschen und
800 Millionen leiden an Unterernährung.
1960 verfügten die reichsten 20 Prozent der
85 Weltbevölkerung über das dreißigfache Einkommen der ärmsten 20 Prozent; heute ist
die Quote auf das Zweiundachtzigfache
gestiegen. Von den 6 Milliarden Menschen,
die zur Zeit auf unserer Erde leben, kann
90 man nicht einmal 500 Millionen als wohlha-
bend bezeichnen; die übrigen 5,5 Milliarden
sind nach wie vor Not leidend. Das Vermögen der 358 reichsten Personen übertrifft
wertmäßig das kumulierte Jahreseinkom-
95 men von 2,6 Milliarden Menschen (45 Prozent der Weltbevölkerung).
Die Globalisierung zermalmt die staatlichen Strukturen auf so verheerende Weise
wie die traditionellen Gesellschaftsstruk-
100 turen. In der Dritten Welt bricht fast überall
der Staat zusammen. Das Ergebnis sind
rechtsfreie Räume, unregierbare Chaoszo-
nen, die sich jeder rechtlichen Regulierung
entziehen, wo die Bevölkerung der Barbarei
105 ausgeliefert ist, wo Horden von Plünderern
ihre Gesetze diktieren und die Menschen
auspressen. Diese Entwicklung produziert
ganz neuartige Gefahren: das organisierte
Verbrechen, mafiöse Netze, Finanzspekulati-
110 on, Korruption großen Stils, neue Pandemi-
en (wie Aids oder das Creutzfeldt-Jakob-Syn-
drom), Umweltbelastungen von ungeahnten
Dimensionen (wie der Treibhauseffekt und
die fortschreitende Wüstenbildung), fanati-

sche religiöse und nationalistische Bewegun- 115
gen oder neue Atommächte.
Während es den Anschein hat, als breite-
ten sich Demokratie und Freiheit über einen
Planeten aus, auf dem die autoritären Regime aussterben, nehmen Zensur und Mani- 120
pulation in einer paradoxen Gegenbewegung in anderen und vielfältigeren Formen
wieder zu. Ganz neuartige Varianten von
„Opium fürs Volk" versprechen uns die
„beste aller möglichen Welten", indem sie 125
die Bürger (im Wortsinne) „zerstreuen" und
sie von notwendigen Initiativen, von notwendigen Protesten und Forderungen ablen-
ken. Im Zeitalter der neuen Entfremdung, in
der Ära der „globalen Kultur" und der plane- 130
taren Botschaften, sind die Kommunikati-
onstechnologien mehr denn je dazu da,
unabhängige Gedanken zu knebeln.
All diese Veränderungen, die ungeheuer
schnell und brutal über uns kommen, über- 135
fordern die politischen Entscheidungsträger.
Die meisten Regierenden fühlen sich
schlicht überrollt von einer Globalisierung,
die nachhaltig in die Spielregeln eingreift
und sie zu ohnmächtigen Zuschauern 140
macht. Denn die wahren Herren der Welt
sind nicht diejenigen, die als politische
Machthaber posieren. Aus diesem Grunde
werden immer mehr Bürger aktiv und engagieren sich gegen die neuen Mächte dieser 145
Welt, wie es beim WTO-Treffen von Seattle
so eindrucksvoll geschehen ist. Sie sind überzeugt, dass die Globalisierung zu Beginn des
neuen Jahrtausends auf die Zerstörung aller
kollektiven Werte und Strukturen zielt, auf 150
die private Aneignung der Öffentlichkeit
und des sozialen Raums durch den Markt.
Und sie sind entschlossen, solchen Entwicklungen ihren Widerstand entgegenzusetzen.

*Le Monde diplomatique (dt. Ausgabe), 17.12.1999,
S. 1*

10 Stellen Sie dar, wie die beiden Wissenschaftler die Zukunft im Zeichen der Globalisierung sehen (M 7 und 8). Kennzeichnen Sie die
jeweiligen Hauptgedanken.
11 Entwickeln Sie Ihre eigene Position und
diskutieren Sie das Thema in Ihrem Kurs/in
Ihrer Klasse.

Weiterführende Arbeitsanregungen zum Projekt einer Podiumsdiskussion – Thema: „Globalisierung"

1 Bestimmung der Themenschwerpunkte, die in der Podiumsdiskussion gesetzt werden sollen (z.B. Zukunft der Arbeit, des Sozialstaates, der Politik, des Umweltschutzes im Zeitalter der Globalisierung). Zu jedem Themenschwerpunkt sollten ein paar einleitende Sätze vorbereitet und in der Diskussion vorgetragen werden.
2 Bestimmung der Diskussionsteilnehmer (Wissenschaftler verschiedener Fachrichtungen, Verbände, Parteien, Initiativen, Kirchen etc.). Die jeweiligen Vertreter sollten über den Verlauf der Diskussion und die anderen Podiumsteilnehmer informiert werden.
3 Formale Vorbereitung der Diskussion (Raum, Zeit, Diskussionsleitung, Ablauf, Teilnehmerkreis, Einladung der Presse).
4 Nachbereitung und Auswertung (Tonband- oder Videoaufzeichnung, Verfassen eines Presseartikels bzw. Dokumentation des Presseechos).

M 9 **Französische Bauern protestieren mit LKW-Plünderungen gegen billige Lebensmittelimporte, Fotografie 1996**

Zur Wiederholung und Abiturvorbereitung

1 Bestimmen Sie am Beispiel Englands und Deutschlands die Rolle des Staates im Industrialisierungsprozess.

2 Charakterisieren Sie den deutschen Weg zur Industrialisierung.

3 Rekapitulieren Sie das Problem der „sozialen Frage" im 19. Jahrhundert und erörtern Sie, inwieweit sie heute gelöst ist oder weiterbesteht.

4 „Viele Generationen und Epochen haben davon geträumt, endlich das Joch der Arbeit abzustreifen oder zu lockern, indem immer mehr Reichtum mit immer weniger menschlicher Arbeitskraft erzeugt wird. Nun sind wir so weit, aber niemand weiß mit der Lage umzugehen." (Ulrich Beck: Was ist Globalisierung?, Frankfurt 1997, S. 207) – Zeigen Sie, wie sich im Verlauf der Industrialisierung der Charakter der Arbeit und die Einstellung der Menschen zur Arbeit geändert haben. Welche Perspektiven sind für die Zukunft zu erwarten?

5 Beschreiben Sie, wie der Industrialisierungsprozess die Lebensbedingungen, Familienverhältnisse und Geschlechterbeziehungen der Menschen verändert hat. Welche Veränderungen zeichnen sich *heute* ab?

6 Rekapitulieren Sie die Ängste und Hoffnungen der verschiedenen gesellschaftlichen Gruppen (alte Eliten, Unternehmer, Arbeiter) in der zweiten Hälfte des 19. Jahrhunderts. Was haben Sie in den darauf folgenden Jahrzehnten jeweils gewonnen oder verloren?

7 Beschreiben Sie die Auswirkungen der Industrialisierung auf Staat und Politik.

8 Von Anfang an erfuhr die Industrialisierung eine zwiespältige Beurteilung (vgl. das Urteil Alexis de Tocquevilles von 1835, M2 S. 7). Ziehen Sie auf der Grundlage Ihrer Arbeitsergebnisse eine eigene Bilanz!

9 Diskutieren Sie ausgehend von M1, welchen Weg die Industriestaaten im 21. Jahrhundert in ihrer Entwicklung einschlagen werden und ob die Prognose der Grafik wahrscheinlich ist.

M 1 **Von „Kohle und Stahl" zur New Economy.** *Titelbild der „Wirtschaftswoche" 18. 08. 1989*

Facharbeiten: Methodische Tipps und Beispiele für Gegenstandsbereiche

Facharbeiten haben das Ziel, in wissenschaftliche Arbeitsweisen einzuführen. Ihr Umfang sollte in der Regel 8 bis 12 maschinenschriftliche Seiten nicht überschreiten. Der Gegenstand einer Facharbeit ist immer auf eine Fragestellung bezogen und besitzt eine in sich geschlossene Argumentation. Von den allgemeinen Arbeitsschritten sollten die Schritte 1 bis 3 von dem Betreuer/der Betreuerin begleitet werden, die Schritte 4 bis 7 sind selbstständig zu erarbeiten:

1 Thema formulieren (als Problemstellung) und Ziele der Arbeit bestimmen
2 Materialien sichten
3 Quellenbelegstellen und Literaturhinweise zitieren
4 Materialien gliedern
5 Materialien unter Beachtung der fachspezifischen Methoden auswerten
6 Die Argumentation aufbauen und entwickeln: Fragestellung(en), Methode(n) der Bearbeitung, Untersuchung (ggf. mit ungelösten Problemen und offenen Fragen), Ergebnis(se)
7 Die Arbeit gliedern und formal gestalten (z.B. textillustrierende oder -stützende Materialien einbauen).

Die Gliederung sollte in jedem Fall folgende Elemente enthalten:
a) Deckblatt mit Thema, b) Inhaltsverzeichnis, c) Einleitung, d) Hauptteil, e) Ergebnisse, f) Verzeichnis der benutzen Quellen und Literatur

Hilfreiche Literatur

I. Hackenbroch-Krafft, Alles klar! Oberstufe: Texte schreiben, Berlin (Cornelsen) 1999 (darin Hilfen für analysierende und argumentierende Schreibformen).
Volker Bauer u. a., Methodenarbeit im Geschichtsunterricht, Berlin (Cornelsen) 1998 (Techniken zur fachmethodischen Auswertung der verschiedenen Quellengattungen).
Otto Kruse u.a., Schlüsselkompetenz Schreiben, Neuwied (Luchterhand) 1999 (für Studienanfänger).

Vorschläge für Gegenstandsbereiche

Im Rahmen des Themas „Der Prozess der Industrialisierung und die Herausforderung der Moderne" könnten folgende Themen bearbeitet werden:
1 Unternehmertum und Risikobereitschaft – Die Finanzierung der Industrialisierung
2 Wissenschaft und Forschung im Dienst der wirtschaftlich-technischen Innovation
3 Das Ruhrgebiet als Zentrum der Industrialisierung
4 Leben in der Großstadt
5 Für jedes Land „ein Platz an der Sonne"? Europa teilt die Welt neu auf
6 Arbeitskampf und Solidarität: Die Bedeutung der Arbeiterbewegung
7 Die Rolle der Kirchen bei der Lösung der sozialen Frage
8 Die Veränderung der Geschlechterrollen: Männerbilder – Frauenbilder in der Industrialisierung
9 Die Juden im Deutschen Kaiserreich – Zwischen bürgerlichem Aufstieg und Ausgrenzung
10 Klassengesellschaft und Obrigkeitsstaat: Umbruch des Denkens und der Lebensweise
11 Kunst im Dienst nationaler Identitätsfindung (Musik, Malerei, Architektur im Kaiserreich)
12 Die Naturschutzbewegung
13 Die Weltausstellungen als Ort nationaler Leistungsschau
14 Die industrialisierte Materialschlacht: Der Erste Weltkrieg
15 Umweltzerstörung und Industrialisierung
16 Die Herausforderungen der Globalisierung
17 Soziale Sicherungssysteme und ihre Zukunft im 21. Jahrhundert

Zeittafel

Um 1700   Bei der Verarbeitung von Eisenerz geht man in England von Holzkohle zu Koks über.

Um 1760   Die Agrarrevolution in England schafft wichtige Voraussetzungen für die Industrialisierung.

1763–84   Die Dampfmaschinentechnik wird entscheidend verbessert.

1767   Die erste industrielle Spinnmaschine („Spinning Jenny") wird erfunden.

Um 1770   In England beginnt die Industrielle Revolution.

1776   Das Buch von Adam Smith über „The Wealth of Nations" („Der Wohlstand der Nationen") erscheint.

1785   Der mechanische Webstuhl wird erfunden.

1789   Die Französische Revolution beschleunigt den Übergang von der adeligen Privilegien- zur bürgerlichen Klassengesellschaft, von einer agrarisch-frühkapitalistischen zur kapitalistisch-industriellen Wirtschaft.

Seit 1806   Die preußisch-rheinbündischen Reformen leiten in Deutschland einen tief greifenden Wandel ein, der zur Verbürgerlichung wie zur Entfesselung der modernen Wirtschaftsgesellschaft führt (Code Napoleon in den Rheinbundstaaten; Reformgesetze in Preußen, z. B. Rechtsgleichheit, Bauernbefreiung, Gewerbefreiheit).

1808   Anfänge der Gasbeleuchtung in England.

1820   In Berlin wird das Gewerbeinstitut als technische Schule durch Peter Christian Wilhelm Beuth gegründet.

1826   Gasbeleuchtung in Berlin.

1834   Der Deutsche Zollverein schafft die Voraussetzungen für die Entstehung eines Binnenmarktes in Deutschland.

1835   Die erste deutsche Eisenbahn von Nürnberg nach Fürth wird eröffnet.

1837   In England konstituiert sich die Chartistenbewegung. Sie war die erste politische Arbeiterbewegung.

Um 1840   In Deutschland beginnt die Industrielle Revolution.

1844   Aufstand schlesischer Weber gegen ihre Arbeitgeber.

1848   Das „Kommunistische Manifest" von Karl Marx und Friedrich Engels erscheint.

1848   Märzrevolution und Zusammentritt des ersten gesamtdeutschen Parlaments in der Frankfurter Paulskirche.

1851   In London wird die erste Weltausstellung eröffnet.

1855/56   Der Engländer Henry Bessemer entwickelt ein Verfahren zur Massenerzeugung von Stahl („Bessemer-Verfahren").

1862   Otto von Bismarck wird preußischer Ministerpräsident.

1863   Die erste deutsche Arbeiterpartei „Allgemeiner Deutscher Arbeiterverein" wird durch Ferdinand Lasalle gegründet.

1869   Die „Sozialdemokratische Arbeiterpartei" wird von August Bebel und Wilhelm Liebknecht in Deutschland gegründet.

1869/70   In Deutschland entsteht der erste gewerkschaftliche Zentralverband.

Um 1870   Die Nutzung des Erdöls als Energieträger beginnt.

1870   Gründung der Deutschen Bank.

1871   Das Deutsche Reich wird gegründet, Bismarck wird Reichskanzler.

1873–95   Die „Große Depression" markiert die erste moderne weltwirtschaftliche Krise, Höhepunkt der Massenauswanderung nach Amerika.

1875   Die deutschen Arbeiterparteien vereinigen sich zur „Sozialistischen Arbeiterpartei" (ab 1891: SPD).

1876   Erfindung des Telefons durch Alexander Graham Bell.

1877	Erfindung des Verbrennungsmotors durch Nikolaus August Otto.
1878	Gründung des ersten deutschen Fußballvereins in Hannover.
1878–90	In Deutschland werden die Sozialdemokraten auf der Grundlage des Sozialistengesetzes unterdrückt und verfolgt.
1878	Die Schutzzollpolitik soll die deutsche Industrie vor ausländischer Konkurrenz schützen.
1879	August Bebel veröffentlicht „Die Frau und der Sozialismus", Erfindung der Glühlampe (Thomas Alva Edison), des Zweitakters (Karl Benz) und der Elektrolok (Werner von Siemens).
1882	Streik der Crimmitschauer Weber und Weberinnen für die Einführung des Elfstundentages.
1883	Bismarck leitet die Sozialgesetzgebung ein.
1884	Der englische Historiker Toynbee prägt den Begriff „Industrielle Revolution".
1884/85	Deutsche Kolonien in Südwest- und Ostafrika.
1888	Wilhelm II. wird deutscher Kaiser.
1889	Clara Zetkin veröffentlicht „Die Arbeiterinnen und die Frauenfrage der Gegenwart", Gründung der „2. Internationalen".
1890	Aufhebung des Sozialistengesetzes, erster Wolkenkratzer in Chicago.
Um 1890	Mit dem Durchbruch der industriellen Nutzung der Elektrizität als Energiequelle beginnt die „zweite" Industrielle Revolution.
1893	Rudolf Diesel erfindet den Dieselmotor.
1900	Das Bürgerliche Gesetzbuch (BGB) tritt in Kraft.
1903	Das Flugzeug wird von den Gebrüdern Wright erfunden.
1903	In der sächsischen Stadt Crimmitschau streiken rund 8000 Textilarbeiter, davon die Hälfte Frauen, für Arbeitszeitverkürzung und Lohnerhöhungen.
1912	Bei den Reichstagswahlen wird die SPD stärkste Fraktion.
1913	Henry Ford führt in den USA das Fließband zur Massenproduktion von Autos ein.
1914–18	Mit dem Ersten Weltkrieg geht das „lange" 19. Jahrhundert zu Ende. Die europäischen Staaten verlieren an Macht zu Gunsten der USA und der Sowjetunion. Das kommunistische Machtsystem entsteht, faschistische Bewegungen werden gegründet.
1917	Mit der Oktoberrevolution in Russland beginnt der Versuch einer planwirtschaftlichen Industrialisierung.
1929–33	Mit der Weltwirtschaftskrise geht die Zeit der Wirtschaftskonjunktur und des europäischen Freihandels zu Ende.

Begriffslexikon

Arbeiter: In der kapitalistischen Industrieproduktion führt der Arbeiter persönlich frei und ohne Besitz von Produktionsmitteln in einem Vertragsverhältnis mit einem Unternehmer gegen Lohn fremdbestimmte Arbeit aus. Viele Arbeiter entwickelten das Bewusstsein, als Klasse zusammenzugehören. Sie verstanden sich als Proletariat, dessen Situation durch Reformen oder Revolution zu verbessern sei.

Arbeiterbewegung: Gewerkschaftlicher, genossenschaftlicher und politischer (Parteien-) Zusammenschluss von Arbeitern seit dem zweiten Drittel des 19. Jh. Die Arbeiterbewegung, d. h. die Institutionen, die für die Verbesserung der politischen und sozialen Lage der Arbeiter kämpften, ist begrifflich von der Arbeiterschaft als sozialer Schicht zu unterscheiden.

Aufklärung: Eine viele Lebensbereiche umfassende Reformbewegung des 17./18. Jh. in Europa, die das „Licht der Vernunft" gegen klerikale, feudale und absolutistische Traditionen verbreiten wollte. Zentrale Forderungen der Aufklärer waren unbeschränkte Öffentlichkeit, freie Meinungsäußerung und Toleranz gegenüber anderen Meinungen. Mittel zur Durchsetzung der Aufklärung waren vor allem Wissenschaft und Erziehung.

Bevölkerungswachstum: Im Zusammenhang mit der Industrialisierung geht das Bevölkerungswachstum dieser voraus und begleitet sie anfangs verstärkend. Gespeist wird es aus der sinkenden Sterblichkeitsrate (= Todesfälle pro 1000 Einwohner), einer zeitweise hohen Geburtenziffer (= Lebendgeburten pro 1000 Einwohner) und vor allem durch eine hohe Fruchtbarkeitsziffer bzw. Fertilität (= Lebendgeborene auf 1000 Frauen im Alter von 15 bis unter 45 Jahren). Im weiteren Verlauf der Industrialisierung nähern sich Sterberaten und Geburtenraten immer stärker an.

Bürger, Bürgertum: Im Mittelalter und in der frühen Neuzeit v. a. die freien und voll berechtigten Stadtbewohner, im Wesentlichen die städtischen Kaufleute und Handwerker; im 19. und 20., in einigen Ländern (z. B. England) auch schon im 18. Jh. die Angehörigen einer durch Besitz, Bildung und spezifische Einstellungen gekennzeichneten Bevölkerungsschicht, die sich von Adel und Klerus, Bauern und Unterschichten (einschließlich der Arbeiter) unterscheidet. Zu ihr gehören Besitz- oder Wirtschaftsbürger (= Bourgeoisie, also größere Kaufleute, Unternehmer, Bankiers, Manager), Bildungsbürger (Angehörige freier Berufe, höhere Beamte und Angestellte zumeist mit akademischer Bildung), am Rande auch die Kleinbürger (kleinere Handwerker, Krämer, Wirte). Staatsbürger meint dagegen alle Einwohner eines Staates ungeachtet ihrer sozialen Stellung, soweit sie gleiche „bürgerliche" Rechte und Pflichten haben (vor Gericht, in Wahlen, in der öffentlichen Meinung). Staatsbürger im vollen Sinne waren lange Zeit nur Männer und nur die Angehörigen der besitzenden und gebildeten Schichten, im 19. Jh. allmähliche Ausweitung auf nichtbesitzende männliche Schichten, im 20. Jh. auf Frauen.

Bürgerliche Gesellschaft: Die Gesellschaft, in der das Bürgertum, insbesondere die Bourgeoisie (also das Wirtschaftsbürgertum), zur führenden Schicht oder Klasse wird. Sie löste im 18. und 19. Jh. die alte Feudalgesellschaft ab, in der Adel und Klerus die bestimmenden Stände waren. Mit der Industriellen Revolution und dem nach und nach durchgesetzten Verfassungsstaat gewann das Bürgertum immer mehr Einfluss und Macht.

Calvinismus: Bezeichnung für die aus der Lehre und dem Wirken des Genfer Reformators Johannes Calvin im 16. Jh. hervorgegangene christliche Konfession, die besonders in Westeuropa und Nordamerika bedeutsam wurde. Stärker als das Luthertum gewann der Calvinismus mit seiner strengen Lehre zur Verwirklichung des Reiches Gottes auf Erden auch politischen Einfluss auf die Gestaltung des wirtschaftlichen und gesellschaftlichen

Lebens. So vertrat Calvin, anders als Luther, das Recht zum Widerstand gegen ungerechtfertigte weltliche Macht. Außerdem betonte er stärker den Gedanken der Prädestination, nach dem das Schicksal des Menschen vorherbestimmt ist. Da die Erwählung durch Gott am Erfolg im irdischen Leben gemessen wurde, hat der Calvinismus zur Ausbildung kapitalistischer Wirtschaftsformen beigetragen.

Einhegungen: Unter Einhegungen (enclosures) verstand man die Umgestaltung von Gemeindeland oder offener Feldmark in abgeschlossene Einheiten privaten Landbesitzes oder die Aufteilung von ehemals der Gemeinde gehörendem, aber nicht bebautem Land und seine Überführung in Privatbesitz. Dabei wurden große Flächen durch Hecken, Bäume und Wege in kleinere aufgeteilt. Vor allem reiche Landlords schafften sich so große zusammenhängende Flächen, die rationell bearbeitet und genutzt werden konnten.

Familie: In der vorindustriellen Zeit Haus-, Schutz- und Herrschaftsverband, der neben den Blutsverwandten auch alle übrigen Arbeitenden des Hauses und der dazugehörigen Wirtschaft umfasste (Ganzes Haus). Dieser Familienverband wandelte sich zuerst bei Beamten und Gebildeten im 18. Jh., dann beschleunigt in fast allen Gruppen der Gesellschaft unter dem Einfluss der Industrialisierung. Das Ergebnis dieses Prozesses war die Familie als Verwandtschaftsfamilie und heute überwiegend die Kern- oder Kleinfamilie.

Freihandelspolitik: Prinzip der Außenhandelspolitik eines Staates, die auf einen von Zöllen oder anderen Beschränkungen ungestörten internationalen Handel dringt. Entstand als Forderung des Wirtschaftsliberalismus in England und richtete sich zunächst gegen den Merkantilismus, seit den 1870er-Jahren gegen die Schutzzollpolitik europäischer Staaten und der USA.

Freizeit: Phänomen der arbeitsteiligen Industriegesellschaften, zu deren charakteristischen Merkmalen die Scheidung von „Arbeitszeit" und „arbeitsfreier Zeit" gehört. Dabei lässt sich „freie Zeit" relativ leicht objektiv messen, sofern die Arbeit an einem vom Haushalt getrennten Ort durchgeführt wird. „Freie Zeit" entstand durch die Verkürzung gewerblicher Arbeitszeit und die Erleichterung der Hausarbeit vor allem seit Ende des 19. Jh. Freizeit als sozialwissenschaftlicher Begriff hingegen ist anders zu fassen als der Begriff der „freien Zeit", da nicht alles als Freizeit empfunden wird, was als freie Zeit definiert werden kann. Reisen z. B. kann für den Arbeiter eine Freizeitbeschäftigung sein, für den Reiseschriftsteller aber Arbeit.

Ganzes Haus: Bezeichnung für die typische Wohn- und Lebensweise in den vorindustriellen Zeiten. Der Familienverband umfasste neben der Kernfamilie (Vater, Mutter, Kinder) die im Hause wohnenden Blutsverwandten (z. B. Großeltern, Tanten, Neffen) und die im Haus Arbeitenden (z. B. Mägde, Knechte, Kutscher, Hauspersonal, Gesellen, Gehilfen). Das alle Verbindende war die Arbeit im Haus, sei sie landwirtschaftlich, handwerklich oder kaufmännisch. Da Arbeits- und Wohnstätte räumlich noch nicht getrennt waren, war die geschlechtliche Arbeitsteilung im Vergleich zum 19./20. Jh. weniger stark ausgeprägt und trotz der dominierenden rechtlichen Stellung des Pater familias weniger hierarchisiert.

Goldwährung, -standard: Feste Wertbeziehung von Währungen zum Gold; bei reiner Geldumlaufwährung wird von der Zentralbank eines Staates garantiert, dass die von ihr als Papiergeld ausgegebenen gesetzlichen Zahlungsmittel auf Verlangen jederzeit in Gold umgetauscht werden. Heute halten die Zentralbanken den Gegenwert des Geldumlaufs in der Regel durch eine Mischung von Gold- und Devisenreserven vor.

Gründerzeit: Kulturgeschichtlicher Epochenbegriff für die Jahrzehnte zwischen Reichsgründung und Jahrhundertwende. Der Begriff hat seinen Ursprung in der kurzen Phase der Gründerjahre 1871–1873, in denen im Deutschen Reich, anknüpfend an den Optimismus der Reichsgründung, zahlreiche Unternehmen entstanden und die Produktion stark anstieg. Im Zuge der 1874 einsetzenden „Großen Depression" gab es zwar Einbrüche und nur geringe Wachstumsraten. Aber Mitte der 1890er-Jahre begann erneut eine lang anhaltende Hochkonjunkturphase, von der auch Arbeiter profitierten (kürzere Arbeitszeiten, wachsende Reallöhne).

Handelskapitalismus: Erwerb von Kapital durch Gewinne auf Grund von Handelsgeschäften durch Kaufleute, zeitlich bezogen etwa vom Spätmittelalter bis zur Industrialisierung. Da die Möglichkeit zu Investitionen in produktive Anlagen, z. B. Fabriken, noch fehlte, wurde der Gewinn wieder in den Handel investiert, als Kredit gegen Zinszahlungen verliehen oder zum Landkauf verwendet, sofern das rechtlich möglich war wie in England, den Niederlanden und zum Teil in Frankreich.

Imperialismus: Im neuzeitlichen Verständnis bedeutet Imperialismus zunächst die Ausdehnung der Herrschaft eines Staates über andere Länder durch Eroberung, Annexion und Durchdringung; eine seiner Formen ist der Kolonialismus. Mit Bezug auf die Zeit seit der Hochindustrialisierung bedeutet Imperialismus ein ausgeprägtes, in verschiedenen Formen auftretendes, zugleich wirtschaftliches und politisches Ausnutzungs- und Abhängigkeitsverhältnis zwischen industriell weit fortgeschrittenen und wirtschaftlich wenig entwickelten Staaten und Regionen (besonders in Afrika und Asien). Vor allem die Zeit zwischen 1880 und 1918 gilt als Epoche des Imperialismus.

Industrielle Revolution: Durch den englischen Sozialreformer Arnold Toynbee (1852–1883) verbreiteter Begriff. Bezeichnet die erste Phase der Industrialisierung, die in England um 1770 einsetzte (in Deutschland von ca. 1840 bis 1870). Sie stellt die Anschubphase eines tief greifenden wirtschaftlichen und gesellschaftlichen Wandlungsprozesses dar, der bis heute nicht abgeschlossen ist (Industrialisierung). Im Mittelpunkt stehen die Einführung und Fortentwicklung der industriellen Produktionsweise (neue Energiequellen, Maschinen, Fabriken, Arbeitsteilung auf zunehmend wissenschaftlicher Grundlage, Wachstum des Sozialprodukts) und die Umverteilung der Erwerbstätigen von der Landwirtschaft in das Gewerbe und den Dienstleistungsbereich. Bestimmten mechanische Webstühle, Dampfschiffe, Kohle- und Eisentechnologie im Wesentlichen die „erste" Industrielle Revolution, werden die Einführung der Chemie- und Elektroindustrie sowie die Erfindung des Verbrennungsmotors auch als „zweite" Industrielle Revolution, die Einführung der Raumfahrt und Computertechnologie auch als „dritte" Industrielle Revolution bezeichnet.

Interventionsstaat: Staat, der durch gezieltes Eingreifen seiner Organe in die kapitalistische Wirtschaft unerwünschte Folgen der „freien Marktwirtschaft" zu korrigieren versucht. Ein wesentlicher Bereich des Interventionsstaates ist die Sozialpolitik, die das materielle Wohl und die soziale Sicherheit der Bürgerinnen und Bürger zum Gegenstand hat. Daher wird häufig vom Interventions- und Sozialstaat im Zusammenhang gesprochen. Historisch hat sich der Interventions- und Sozialstaat mit der „Großen Depression", der Weltwirtschaftskrise 1873 bis 1895, herausgebildet. In Deutschland erhielt er vor allem durch die Sozialgesetzgebung der 1880er-Jahre seine ersten, auch für andere Staaten vorbildhaften Formen.

Kapitalismus: Wirtschaftsordnung, in der sich das Produktivkapital in den Händen von Privatpersonen bzw. -personengruppen befindet, der Kapitalisten und Unternehmer. Diesen stehen die Lohnarbeiter gegenüber. Der erwirtschaftete Gewinn geht wieder an den Unternehmer und führt zur Vermehrung des Produktivkapitals. Die wichtigsten wirtschaftlichen Entscheidungen werden in den Unternehmen im Hinblick auf den Markt und die zu erwirtschaftenden Gewinne getroffen, nicht aber vom Staat.

Klasse(n): Bezeichnung für gesellschaftliche Großgruppen etwa seit Ende des 18. Jh., deren Angehörige durch Besitz bzw. Nichtbesitz von Produktionsmitteln und den sich daraus ergebenden gemeinsamen bzw. entgegengesetzten Interessen gekennzeichnet sind. Während des 19. Jh. lief in den Industriestaaten ein Prozess der Klassenbildung zwischen Unternehmern (Bourgeoisie) und Arbeitern (Proletariat) ab. Wenn sich diese Klassenunterscheidung und Klassenspannungen in einer Gesellschaft deutlich ausprägen, spricht man von einer Klassengesellschaft.

Kommunismus: Seit dem 19. Jh. Bezeichnung für eine politische Ideologie und Bewegung, die durch eine Revolution die bürgerliche Gesellschaft beseitigen und durch eine klassenlose Gesellschaft ohne Privatbesitz an Produktionsmitteln ersetzen will. Die Lehre des Kommunismus wurde vor allem von Karl Marx und Friedrich Engels begründet.

Konjunktur: Periodisch wiederkehrende Schwankungen einer Volkswirtschaft oder der Weltwirtschaft. Ein Konjunkturzyklus besteht in der Regel aus vier Phasen: 1. Aufschwung (Gewinne, Investitionen und Beschäftigung steigen); 2. Hochkonjunktur (hohe Gewinne und Vollbeschäftigung); 3. Abschwung (sinkende Gewinne und Investitionen, mehr Arbeitslose); 4. Konjunkturkrise oder Depression (wenig Investitionen, hohe Arbeitslosigkeit).

Liberalismus: Politische Bewegung seit dem 18. Jahrhundert; betont die Freiheit des Individuums gegenüber kollektiven Ansprüchen von Staat und Kirche. Merkmale: Glaubens- und Meinungsfreiheit, Sicherung von Grundrechten des Bürgers gegen staatliche Eingriffe, Unabhängigkeit der Rechtsprechung (Gewaltenteilung), Teilnahme an politischen Entscheidungen; der wirtschaftliche Liberalismus fordert die uneingeschränkte Freiheit aller wirtschaftlichen Betätigungen.

Markt: Der Ort, wo sich zu bestimmten Zeiten Verkäufer (Anbieter) und Käufer (Nachfrager) zusammenfinden. Das Verhältnis von Angebot und Nachfrage bestimmt den Preis, wenn es keine Eingriffe in die Konkurrenz gibt (etwa durch behördliche Preisfestsetzungen). In der industrialisierten Welt werden die wichtigen Geschäfte nicht mehr wie im Mittelalter oder in der Antike auf Marktplätzen abgewickelt. Trotzdem bezeichnet man das gesamte Zusammenspiel von Angebot und Nachfrage abstrakt noch als Markt.

Massengesellschaft: Begriff zur Kennzeichnung von Gesellschaften hochindustrialisierter Länder seit den 1880er-Jahren. Die Massengesellschaft ist geprägt durch Einbeziehung der breiten, unteren Volksschichten in die politische Willensbildung, durch Alphabetisierung und die sich daraus ergebende Möglichkeit zur erweiterten kulturellen Teilhabe und zur eigenen ökonomischen und sozialen Interessenvertretung. Organisierung bedeutet aber auch Disziplinierung. Damit ist potenziell auf die Gefahr verwiesen, dass sich Massen charismatischen Führerfiguren unterwerfen und so freie, selbst bestimmte Entscheidungen aufgeben können.

Massenkommunikation/-medien: Entscheidendes Element und Bindemittel der Massengesellschaft. Massenkommunikation basiert im Gegensatz zur persönlichen (direkten) auf der „indirekten Kommunikation" durch technische bzw. elektronische Medien (Presse, Radio, Film, Fernsehen). Der entscheidende Durchbruch zur Massenkommunikation gelang um 1900. Die Fähigkeit, immer mehr Menschen in immer weiter entlegenen Regionen zu erreichen und damit beeinflussen zu können, hat die Massenkommunikation auch zu einem der wichtigsten Instrumente moderner Politik gemacht. Der Einsatz der Massenmedien hat auch eine antimoderne Kulturkritik hervorgebracht, die vor allem den Vorwurf der nivellierenden, d. h. gleich machenden „Vermassung" erhob; übergangen und übersehen hat sie die Chancen, über Massenkommunikationsmittel die Mehrheit der Bevölkerung an Bildung und Kultur teilhaben zu lassen und damit die Gesellschaft zu demokratisieren.

Massenkultur: siehe Massengesellschaft

Merkantilismus: (lat. mercator = Kaufmann): Begriff für die Politik eines Staates im Zeitalter des Absolutismus, die die Staatsfinanzen und den Handel als entscheidend für die Stärkung der staatlichen Macht betrachtet. Mittel dazu waren: Stärkung der Ausfuhr und Beschränkung der Einfuhr von Gütern, Errichtung von staatlichen Wirtschaftsbetrieben (Manufakturen), Bau von Straßen und Kanälen u. a.

Mobilität: Ausdruck der Bevölkerungsstatistik für Bevölkerungsbewegungen. Horizontale Mobilität meint die Wanderung aus einem Gebiet in ein anderes, wobei zwei Formen zu unterscheiden sind: Binnenwanderung innerhalb eines Landes und Auswanderung von einem Land in ein anderes Land. Voraussetzung für horizontale Mobilität ist in der Regel ein ausgebautes Verkehrssystem. Soziale Mobilität meint den Auf- oder Abstieg von einer sozialen Schicht in eine andere. Dabei sind die intergenerationelle Mobilität (die Kinder erreichen eine höhere soziale Schicht als die Eltern bzw. steigen ab) und die intragenerationelle Mobilität (Auf- oder Abstieg innerhalb eines Lebensschicksals) zu unterscheiden.

Moderne: Epochenbegriff der Weltgeschichte, der seinen Ursprung in der Aufklärung hat. Er bezeichnet die Zeit seit den bürgerlichen Revolutionen (USA 1776/Frankreich 1789) und der von England ausgehenden Industrialisierung (um 1770) bis heute. Er setzt in diesem Sinne die moderne Zeit, deren Industriegesellschaften sich ständig und beschleunigt wandeln, von den traditionalen, eher statischen Agrargesellschaften ab. Der politische, wirtschaftliche und soziale Wandel in der Moderne wird als Modernisierung bezeichnet. Die Moderne erhält ihre Schwungkraft durch die Ideen des Fortschritts und der Freiheit und Gleichheit der Individuen; sie wird damit zu einem positiv in die Zukunft gerichteten Prozess. Kritiker der Moderne heben ihre negativen Folgen, Zerstörung überlieferter Lebenswelten und Zunahme der Disziplinierung und Organisierung von Politik, Ökonomie und Gesellschaft, hervor. Die „Moderne" hat also ein Doppelgesicht, das teilweise als Grundwider-

spruch des Prozesses interpretiert wird, zum Teil aber auch als eine ständig auszubalancierende Wechselbeziehung von selbst bestimmter Individualität und gesellschaftlicher Organisation.

Modernisierung: Prozess der beschleunigten Veränderungen einer Gesellschaft in Richtung auf einen entwickelten Status (Moderne). Zunächst bezogen auf den Übergang von der Agrar- zur Industriegesellschaft an der Wende vom 18. zum 19. Jh., dann aber auch für die weiteren Schübe der Industrialisierung im Zusammenhang mit tief greifenden Krisen und grundlegenden technischen Neuerungen, wie z. B. im letzten Viertel des 19. und Anfang des 20. Jh. Kennzeichen der Modernisierung sind: Säkularisierung, Verwissenschaftlichung, Bildungsverbreiterung, Technisierung, Ausbau und Verbesserung der technischen Infrastrukturen (Verkehr, Telefonnetz, Massenmedien), Bürokratisierung und Rationalisierung in Politik und Wirtschaft, soziale Sicherung (Sozialstaat), zunehmende räumliche und soziale Mobilität, Parlamentarisierung und Demokratisierung, Verbreiterung der kulturellen Teilhabe (Massenkultur), Urbanisierung. Wegen seiner meist engen Verbindungen mit der Fortschrittsidee ist der Begriff politisch und wissenschaftlich umstritten, weil als Maßstab der Modernisierung der jeweilige Entwicklungsstand der „westlichen Zivilisation" gilt und weil die „Kosten", vor allem ökologische Probleme, bisher in den Modernisierungstheorien wenig berücksichtigt sind.

Neolithische Revolution: Bezeichnet die wirtschaftliche und soziale Umstellung der Menschen vom Nomadentum der Jäger und Sammler zur Sesshaftwerdung, Ackerbau, Viehzucht und Vorratshaltung.

Pauperismus (lat. pauper = arm): Bezeichnung für Massenarmut, besonders in der ersten Hälfte des 19. Jh. Der Pauperismus wurde hervorgerufen durch das schnelle Bevölkerungswachstum, dem eine nur langsam steigende Nahrungsmittelproduktion und ein Mangel an Arbeitsplätzen bzw. Verdienstmöglichkeiten gegenüberstanden. Er endete mit der Industriellen Revolution.

Proletarier: siehe Arbeiter

Protektionismus: Bezeichnung für wirtschaftspolitische Maßnahmen eines Staates zur Abwehr ausländischer Konkurrenz; steht im Gegensatz zur liberalen Freihandelspolitik. Neben der Setzung von technischen Normen, die Importgüter erfüllen müssen, sind Zölle das wirksamste Instrument, um die heimische Wirtschaft und ihren Absatz zu schützen. Schutzzölle können zum Ziel haben:
1. als vorübergehende Maßnahme den Aufbau eigener Wirtschaftszweige vor zu früher Konkurrenz abzuschirmen und
2. ausländische Konkurrenz eigener, bereits entwickelter Wirtschaftszweige zu bekämpfen.
In der Zwischenkriegszeit des 20. Jh. führte die protektionistische Politik fast aller Industriestaaten zu einem Zusammenbruch des Welthandels.

Protoindustrialisierung: „Industrialisierung" vor der Industrialisierung. Gemeint ist die ausschließlich für den Markt, d. h. nicht für den Eigenverbrauch, und nach kommerziellen Gesichtspunkten, aber noch nicht mit Maschinen organisierte dezentrale Produktion von Gütern, vor allem von Leinenstoffen, insbesondere in solchen Familien, die vom Ertrag ihrer „ersten" Arbeit nicht existieren konnten, z. B. Heuerlinge, Dorfhandwerker, -krämer oder -schankwirte. Der im 18. Jh. relativ gute Verdienst in Regionen mit ausgedehntem ländlichem Heimgewerbe führte zu einer tief greifenden Umgestaltung der dörflichen Lebenswelt. Das Heiratsalter sank, die Familiengrößen nahmen rasch zu, die Bedeutung der Landwirtschaft verringerte sich. Das Ende der Protoindustrialisierung kam mit der industriellen, d. h. mit Maschinen betriebenen Produktion von billigeren Baumwollstoffen. Die eigentliche Industrialisierung vollzog sich aber in der Regel an anderen Standorten. Ein literarisches Beispiel für den Niedergang des ländlichen Heimgewerbes sind „Die Weber" von Gerhart Hauptmann.

Rationalisierung: Prozess der Durchsetzung von Verfahrensweisen und Handlungsmustern bzw. -strukturen, die nach dem Soziologen Max Weber in der europäischen Moderne vor allem in ihrer nachvollziehbaren „Berechenbarkeit" bestehen. Ihre Wurzeln haben sie in den mathematischen und experimentell vorgehenden und rational begründeten Naturwissenschaften. Berechnung bzw. Kalkulation nach diesen rationalwissenschaftlichen Methoden werden zur Grundlage des kapitalistischen Wirtschaftsprozesses und damit prägend für das Verhalten des europäischen Bürgertums. Rationalisierung in diesem Sinn schließt auch die technische Neuerung im Produktionsablauf und in der Arbeitsorganisation mit ein. Rationalisierung wird im Verlauf der Modernisierung auch zu einem wesentlichen Merkmal von politischem, rechtlichem und gesellschaftlichem Handeln (Bürokratisierung).

Revisionismus: Lehre um die Jahrhundertwende innerhalb der sozialdemokratischen Partei, die für eine Anpassung des Marxismus an die veränderten gesellschaftlichen Gegebenheiten eintrat. Der Sozialismus sollte darin nicht auf dem Wege der Revolution, sondern ausschließlich durch Reformpolitik erreicht werden.

Soziale Frage: Bezeichnet die Notlage und die ungelösten Probleme vor allem der Industriearbeiter speziell in den frühen Phasen der Industrialisierung. Dazu gehörten: unsichere Arbeitsplätze, häufige Arbeitslosigkeit, niedrige Löhne bei langen Arbeitszeiten, Wohnungselend, fehlende Versorgung bei Krankheit, Invalidität und Tod; verstärkt wurden die Probleme durch die Trennung von der alten Lebenswelt beim Zug in die Städte und die ungewohnte Fabrikarbeit. Lösungsversuche kamen von einzelnen Reformern und den Kirchen, besonders aber vom Staat (Sozialgesetzgebung) und von den Arbeitern selbst (Organisation und Selbsthilfe).

Sozialgesetzgebung: Maßnahmen moderner Industriestaaten, um unerwünschte Folgen der „freien Marktwirtschaft" zu korrigieren und die Bürger gegen Krankheit, Unfall, Alter, Invalidität abzusichern; hat sich in den 1880er-Jahren zuerst in Deutschland als staatliche Antwort auf den erstarkenden Sozialismus herausgebildet und erhielt hier seine auch für andere vorbildhaften Formen.

Sozialismus: Im liberal-kapitalistischen Gesellschaftssystem der Industrialisierung entstand der Sozialismus als Antwort auf die soziale Frage. Den verschiedenen Richtungen des Sozialismus geht es um Steuerung des Marktes, um den Abbau bzw. die Beseitigung einer sozial ungleichen, als ungerecht empfundenen Verteilung von Besitz (häufig um die Beseitigung des Privatbesitzes an Produktionsmitteln), um eine am Wohl des Ganzen orientierte Gesellschaftsordnung und um die demokratische Gleichberechtigung der Unterprivilegierten. Die Frage nach Reform oder Revolution der bestehenden Ordnung bestimmte von Anfang an die Überlegungen, Vorschläge und Forderungen der Sozialisten.

Sozialprodukt: Summe aller Güter (Sachgüter für Konsum und Investition sowie Dienstleistungen), die in einer Volkswirtschaft, d. h. von den Menschen eines Staates, innerhalb eines Jahres erstellt werden. Das Bruttosozialprodukt zählt die gesamten Investitionen mit, das Nettosozialprodukt nur die Investitionen abzüglich der Abschreibungen. Das Sozialprodukt wird in Geldwerten ausgedrückt.

Sozialstaat: siehe Interventionsstaat, Sozialgesetzgebung.

Takeoff: Begriff des amerikanischen Wirtschaftshistorikers Walt W. Rostow zur Charakterisierung der Industriellen Revolution; wie beim Start eines Flugzeugs haben danach gewaltige Antriebskräfte die wirtschaftliche Entwicklung derart vorangetrieben, dass wie bei der Phase des Abhebens eines Flugzeugs der Aufstieg von der weitgehend stagnierenden Agrarwirtschaft zur wachstumsorientierten Industriewirtschaft möglich geworden ist. Das anschließende Wirtschaftswachstum wird mehr oder weniger automatisch aufrechterhalten.

Urbanisierung: Als umfassender Begriff meint Urbanisierung die Verbreitung städtischer Kultur und Lebensweise über ganze Regionen auch unter Einbeziehung des Landes. Sie ist ein typisches Phänomen der Moderne. Ihre zentralen Merkmale spiegeln sich in der Großstadt: z. B. Massenangebot und Massenkonsum, Geschwindigkeit, Mobilität und Anonymität. Im engeren Sinne meint Urbanisierung auch Verstädterung, bewirkt durch schnelleres Wachstum der Stadtbevölkerung gegenüber langsamerem Wachstum oder gar Stillstand/Rückgang der Landbevölkerung. Die Zusammenballung großer Menschenmassen auf relativ engem Raum förderte verstärkt gegen Ende des 19. Jh. die Entwicklung einer spezifischen städtischen Kultur und Lebensweise.

Verlagssystem: s. S. 32.

Zivilisation: Ursprünglich die verfeinerte Lebensweise in den Städten gegenüber dem einfachen bäuerlichen Leben. Zivilisation bezieht sich auf den Entwicklungsstand und die Ausprägung von Wirtschaft (Landwirtschaft, Gewerbe, Verkehr, Arbeitsteilung usw.), Technik und Politik (Machtverteilung, soziale Organisation usw.), von Kunst, Philosophie, Religion und Wissenschaft, umfasst aber auch weiterhin Elemente der ursprünglichen Bedeutung, z. B. Umgangsformen; im deutschen Sprachgebrauch oft abwertend auf den ersten Bereich eingeengt, der zweite mit dem Kulturbegriff positiv davon abgesetzt.

Personenlexikon

Arkwright, Richard (1732–1792), englischer Ingenieur

Baader, Ottilie (1847–1925), führende Position in der sozialistischen Frauenbewegung

Bäumer, Gertrud (1873–1954), Frauenrechtlerin, Schriftstellerin, Weggefährtin Helene Langes

Baxter, Richard (1615–1691), engl. puritanischer Theologe, beeinflusste den deutschen Pietismus

Bebel, August (1840–1913), dt. Sozialist, Vorstand des Verbandes dt. Arbeitervereine (1867), maßgebliche Beteiligung an der Gründung der SPD, trat in seinem viel gelesenen Buch „Die Frau und der Sozialismus" (1883) für das Frauenwahlrecht ein

Benjamin, Walter (1892–1940), Marxist, Schriftsteller, Literaturkritiker, emigrierte 1933, Selbstmord auf der Flucht vor der Gestapo 1940

Bernstein, Eduard (1850–1932), Mitglied der SPD, theoretischer Begründer des sog. „Revisionismus" und Leiter des Parteiorgans „Sozialdemokrat", Nachlassverwalter Friedrich Engels'

Bismarck, Otto (1815–1898), Gründer des Deutschen Reiches, 1871–1890 dt. Reichskanzler, konfliktreiches Verhältnis zu Parlament und Parteien, v. a. zu SPD und katholischer Kirche, 1890 von Wilhelm II. zum Rücktritt gezwungen

Born, Stephan (1824–1898), rief am 23. August 1848 einen „Allgemeinen deutschen Arbeiterkongress" ein, auf dem die erste politische Arbeiterorganisation, die „Arbeiterverbrüderung", gegründet wurde

Churchill, Winston (1874–1965), 1940 bis 1945, 1951–1955 brit. Premier und Verteidigungsminister

Engels, Friedrich (1820–1895), engster Weggefährte Karl Marx' und theoretischer Mitbegründer des Marxismus, Organisator der internationalen Arbeiterbewegung

Friedrich Wilhelm III. (1770–1840), König von Preußen (ab 1797)

Guizot, François (1787–1874), französischer Politiker und Historiker

Hargreaves, James (1720–1778), Erfinder der Spinning Jenny

Hauptmann, Gerhart (1862–1946), dt. Schriftsteller, Nobelpreis für Literatur (1912)

Heine, Heinrich (1797–1856), dt. Dichter und Publizist

Heinrich der Seefahrer (1394–1460), Prinz von Portugal, gilt als Pionier der Seefahrt, suchte einen Seeweg nach Indien, um die arabisch kontrollierten Handelswege zu umgehen

Kautsky, Karl (1854–1938), sozialist. Theoretiker und Publizist, 1882–1917 Herausgeber der Zeitschrift „Die Neue Zeit", Kontrahent Bernsteins im Revisionismusstreit

Ketteler, Bischof Wilhelm Emmanuel Freiherr von (1811–1877), ab 1850 Bischof von Mainz, Mitglied des Frankfurter Parlaments, Verfechter der rechtlichen Autonomie und des sozialen Engagements der Kirche

Kipling, Rudyard (1865–1936), engl. Schriftsteller, Nobelpreis für Literatur (1907), Vertreter des Imperialismus, u. a. Autor des „Dschungelbuches"

Klee, Paul (1879–1940), Maler und Grafiker, beeinflusste maßgeblich die Kunst des 20. Jahrhunderts.

Kolping, Adolph (1813–1865), Priester, Begründer der katholischen Gesellenvereine (Kolpingwerk)

Krupp, Alfred (1812–1887), Industrieller, engagierte sich in der sog. patriarchalen Betriebspolitik (Krankenkassen, Werkswohnungen)

Lange, Helene (1848–1930), Vorkämpferin der dt. Frauenbewegung, Gründerin des dt. Lehrerinnenvereins

Lasalle, Ferdinand (1825–1864), Gründer der sozialdemokratischen Bewegung in Deutschland, gründete den „Allgemeinen deutschen Arbeiterverein" (1863)

Lasker, Eduard (1829–1884), Gründer und Führer der Nationalliberalen Partei, maßgeblich beteiligt an der liberalen Wirtschafts- und Justizgesetzgebung 1872 bis 1876

Legien, Carl (1861–1920), Gewerkschaftsführer, Mitbegründer der Generalkommission der Gewerkschaften Deutschlands

Leo XIII. (1810–1903), ab 1878 Papst, erreichte die Beendigung des Kulturkampfes in Deutschland, verfasste die erste päpstliche Sozialenzyklika (Rerum Novarum, 1891)

Liebig, Justus (1803–1873), dt. Chemiker

Liebknecht, Wilhelm (1826–1900), mit Marx befreundet, Verbindung zu Lasalle, neben Bebel der erste Abgeordnete der SPD im Reichstag, Chefredakteur der Parteizeitung „Vorwärts"

List, Friedrich (1789–1846), Volkswirtschaftler, 1819 Mitbegründer des „Deutschen Handels- und Gewerbevereins" zur Förderung der Zollvereinigung

Luxemburg, Rosa (1871–1919), sozialistische Politikerin, führende Vertreterin des linken Flügels der SPD, insbesondere gegen die „Burgfriedenspolitik" der SPD, die Tolerierung des Ersten Weltkrieges; im Januar 1919 nahm sie am Spartakusaufstand teil, sie wurde von rechtsradikalen Freikorps am 15. Januar 1919 ermordet

Malthus, Thomas Robert (1766–1834), Pfarrer, Professor der Geschichte und Ökonomie

Marx, Karl (1818–1883), dt. Philosoph und Volkswirtschaftler, begründete mit Engels den wissenschaftlichen Sozialismus. Nach dem Verbot der „Rheinischen Zeitung" deren Chefredakteur er war, emigrierte er 1843 nach Paris, 1845 aus Paris ausgewiesen, Übersiedlung nach Brüssel, 1848 Rückkehr nach Deutschland, nach gescheiterter Revolution lebte er bis zu seinem Tod in London. Unter seiner Mitwirkung Gründung der Ersten Internationale 1864 in London

Menzel, Adolf (1815–1905), dt. Maler und Grafiker, zu seinen Motiven zählte u. a. die Industrialisierung und die Arbeitswelt

Metternich, Fürst von (1773–1859), österreichischer Staatsmann und Diplomat, Gegner Napoleons, dominierte den Wiener Kongress, auf dem er eine Wiederherstellung des vorrevolutionären Europas anstrebte, unterdrückte liberale, nationale und revolutionäre Tendenzen im Deutschen Bund

Montesquieu, Charles de Secondat (1689 bis 1755), frz. Staatstheoretiker und Philosoph, Gegner des Absolutismus, Vertreter der konstitutionellen Monarchie, entwickelte die Lehre von der Gewaltenteilung

Nerlinger, Oskar (1893–1969), dt. Maler, malte in reduzierter Formensprache u.a Industrielandschaften

Raabe, Wilhelm (1831–1910), pseud. Jakob Corvinus, dt. Schriftsteller, Vertreter des dt. Realismus, Vorläufer der Moderne

Schiller, Friedrich (1759–1805), dt. Dichter, neben Goethe zentraler Dichter der deutschen Literatur, entwickelte das deutschsprachige Drama weiter

Schmoller, Gustav (1838–1917), Volkswirtschaftler

Schulze-Delitzsch, Hermann (1808–1883), dt. Sozialpolitiker, Wegbereiter der Genossenschaftsbewegung

Smith, Adam (1723–1790), Philosoph und Volkswirtschaftler, begründete die klassische Nationalökonomie (Volkswirtschaft), er sieht die Quelle des Reichtums einer Nation in seiner Arbeitskraft

Süßmilch, Johann Peter (1707–1767), dt. Statistiker und Volkswirtschaftler

Thaer, Albrecht Daniel (1752–1828), gründete die erste dt. landwirtschaftliche Akademie, Begründer einer systematischen Landwirtschaftswissenschaft

Tocqueville, Alexis de (1805–1859), frz. Staatsmann und Schriftsteller

Toynbee, Arnold (1852–1883), brit. Sozialreformer

Watt, James (1736–1819), Erfinder und Maschinenbauer, revolutionierte die Dampfmaschine, ihm zu Ehren erhielt die elektrische Leistung die Bezeichnung Watt

Weber, Max (1864–1920), dt. Volkswirtschaftler und Wirtschaftshistoriker, begründete die dt. Soziologie. In Opposition zur marxistische Theorie bezog Weber in seine wirtschaftswissenschaftlichen Untersuchungen die gesellschaftliche und religiöse Entwicklung mit ein

Wichern, Johann Hinrich (1808–1881), evangel. Theologe, gründete den „Centralausschuss für die Innere Mission der dt. evangelischen Kirche"

Wilhelm I., der Eroberer (von England) (um 1027 bis 1087), erster normannischer König von England (1066–1087), landete 1066 in England und besiegte in der Schlacht von Hastings die englischen Truppen

Fachliteratur, Internethinweise und Hilfsmittel für Referate und Projekte

Hilfen für historische Projektarbeit
Geschichte – Erziehung – Politik, Heft 4, 1998:
„Historische Projektarbeit: Beispiele, Hinweise,
Ratschläge".

Fachmethodisches Arbeiten
Volker Bauer u. a. (Hg.), Methodenarbeit im
Geschichtsunterricht, Berlin (Cornelsen)
1998.
Geschichte – Erziehung – Politik, Heft 4, 1998: Historische Projektarbeit: Beispiele, Hinweise, Ratschläge.
Bernd Kolossa, Methodentrainer. Arbeitsbuch für
die Sekundarstufe II. Gesellschaftswissenschaf-
ten, Berlin (Cornelsen) 2000.

Nachschlagewerke, Handbücher, Chronologien
Der große Ploetz, 32. Aufl., Freiburg u. a. 1998.
dtv-Atlas zur Weltgeschichte, BD. 2: Von der Französischen Revolution bis zur Gegenwart, 31. Aufl.
München (dtv) 1997.
Gerd Hohorts u. a, Sozialgeschichtliches Arbeitsbuch, Bd. 2, 2. Aufl., München 1978 (Stati-
stiksammlung).

Biografische Reihen
dtv-Portrait, München (dtv) .
Rowohlts Bildmonografien, Reinbek (rororo) .

Gesamtdarstellungen
Hermann Aubin u. Wolfgang Zorn (Hg.), Handbuch
der deutschen Wirtschafts- und Sozialgeschich-
te, Bd. 2: Das 19. und 20. Jahrhundert, Stuttgart
(Klett-Cotta) 1976.
Christopf Buchheim, Industrielle Revolution, Mün-
chen 1993.
Hans-Werner Hahn, Die industrielle Revolution in
Deutschland, München (Oldenbourg) 1998.
Friedrich-Wilhelm Henning, Die Industrialisierung
in Deutschland, Paderborn (UTB) 1984.
Eric J. Hobsbawm, Industrie und Empire. Britische
Wirtschaftsgeschichte seit 1750, 2 Bde., Frank-
furt/M. (Suhrkamp) 1980.
Eric J. Hobsbawm, Das imperiale Zeitalter
1875–1914, Frankfurt/M. u. a. (Campus)
1989.
Hubert Kiesewetter, Industrielle Revolution in
Deutschland 1815–1914, Frankfurt/M. (Suhr-
kamp) 1989.

Hubert Kiesewetter, Das einzigartige Europa. Zufällige und notwendige Faktoren der Industrialisie-
rung, Göttingen (Vandenhoeck & Ruprecht)
1996.
David S. Landes, Der entfesselte Prometheus. Tech-
nologischer Wandel und industrielle Entwick-
lung in Westeuropa von 1750 bis zur Gegen-
wart, München (dtv) 1983.
Toni Pierenkemper, Umstrittene Revolutionen. Die
Industrialisierung im 19. Jahrhundert, Frank-
furt/M. (Fischer) 1996.
Joachim Radkau, Technik in Deutschland. Vom 18.
Jahrhundert bis zur Gegenwart, Frankfurt/M.
(Suhrkamp) 1989.
Wolfgang Ruppert, Die Fabrik. Geschichte von
Arbeit und Industrialisierung in Deutschland,
München (C. H. Beck) 1983.
Richard H. Tilly, Vom Zollverein zum Indust-
riestaat. Die wirtschaftlich-soziale Entwicklung
Deutschlands 1834 bis 1914, München (dtv)
1990.
Hans-Ulrich Wehler, Deutsche Gesellschaftsge-
schichte, 3 Bde., München (C. H. Beck)
1987–1995.

Arbeitswelt
Ulrich Beck (Hg.), Die Zukunft von Arbeit und
Demokratie, Frankfurt/M. (Suhrkamp) 2000.
Orio Giarini, Patrick M. Liedtke, Wie wir arbeiten
werden. Der neue Bericht an den Club of Rome,
München (Heyne) 1997.
Jürgen Kocka u. Claus Offe (Hg.), Geschichte und
Zukunft der Arbeit, Frankfurt/M. (Campus)
2000.

Soziale Frage, Sozialpolitik, Parteien, Verbände
Gerhard A. Ritter, Soziale Frage und Sozialpolitik in
Deutschland seit Beginn des 19. Jahrhunderts,
Opladen (Leske und Budrich) 1998.
Gerhard A. Ritter, Die deutschen Parteien 1830 bis
1914. Parteien und Gesellschaft im konstitu-
tionellen Regierungssystem, Göttingen (Van-
denhoeck & Ruprecht) 1985.
Gerhard A. Ritter, Klaus Tenfelde, Arbeiter im Deut-
schen Kaiserreich 1871 bis 1914, Bonn (Dietz)
1992.
Hans-Peter Ullmann, Interessenverbände in
Deutschland, Frankfurt/M. (Suhrkamp)
1988.

Mentalitäten, Lebenswelt, Frauen

Gisela Bock, Frauen in der europäischen Geschichte. Vom Mittelalter bis zur Gegenwart, München (C. H. Beck) 2000.

Ute Frevert, Frauen-Geschichte. Zwischen bürgerlicher Verfassung und neuer Weiblichkeit, Frankfurt/M. (Suhrkamp) 1986.

Wolfgang Kaschuba, Lebenswelt und Kultur der unterbürgerlichen Schichten im 19. und 20. Jahrhundert, München (Oldenbourg) 1990.

Kaspar Maase, Grenzenloses Vergnügen. Der Aufstieg der Massenkultur 1850–1970, Frankfurt/M. (Fischer) 1997.

Ursula A. J. Becher, Geschichte des modernen Lebensstils. Essen – Wohnen – Freizeit – Reisen, München (C. H. Beck) 1990.

Peter Gendolla, Zeit. Zur Geschichte der Zeiterfahrung. Vom Mythos zur „Punktzeit", Köln (DuMont) 1992.

Wolfgang Schivelbusch, Geschichte der Eisenbahnreise. Zur Industrialisierung von Raum und Zeit, Frankfurt/M. (Fischer) 2000.

Urbanisierung, Migration

Kaspar Maase, Grenzenloses Vergnügen. Der Aufstieg der Massenkultur 1850–1970, Frankfurt/M. (Fischer) 1998.

Jürgen Reulecke, Geschichte der Urbanisierung in Deutschland, Frankfurt/M. (Suhrkamp) 1985.

Saskia Sassen, Migranten, Siedler, Flüchtlinge. Von der Massenauswanderung zur Festung Europa, Frankfurt/M. (Fischer) 1996.

Clemens Zimmermann, Die Zeit der Metropolen. Urbanisierung und Großstadtentwicklung, Frankfurt/M. (Fischer) 1996.

Umweltgeschichte

Franz-Josef Brüggemeier u. Thomas Rommelspacher, Besiegte Natur. Geschichte der Umwelt im 19. und 20. Jahrhundert, München (C. H. Beck) 1987.

Franz-Josef Brüggemeier u. Michael Toyka-Seid (Hg.), Industrie – Natur. Lesebuch zur Geschichte der Umwelt im 19. Jahrhundert, Frankfurt/M. (Campus) 1995.

Joachim Radkau, Natur und Macht. Eine Weltgeschichte der Umwelt, München (C. H. Beck) 2000.

Globalisierung

David S. Landes, Wohlstand und Armut der Nationen. Warum die einen reich und die anderen arm sind, Berlin (Siedler) 1999.

Ulrich Beck, Was ist Globalisierung? Irrtümer des Globalismus – Antworten auf Glo-balisierung, Frankfurt/M. (Suhrkamp) 1998.

Gerald Boxberger u. Harald Klimenta, Die 10 Globalisierungslügen. Alternativen zur Allmacht des Marktes, 3. Aufl., München (dtv) 1998.

Thomas L. Friedman, Globalisierung verstehen. Zwischen Marktplatz und Weltmarkt, Berlin (Ullstein) 1999.

Eduard Luttwak, Turbo-Kapitalismus. Gewinner und Verlierer der Globalisierung, Hamburg (Europa) 1999.

Jahrhundertwende, Moderne

Christian Graf von Krockow, Der deutsche Niedergang. Ein Ausblick ins 21. Jahrhundert, Stuttgart (DVA) 1998.

Dan Diner, Das Jahrhundert verstehen. Eine universalgeschichtliche Deutung, München (Luchterhand) 1999.

Wolfgang Michalka (Hg.), Der Erste Weltkrieg. Wirkung, Wahrnehmung, Analyse, München (Piper) 1994.

Mythos Jahrhundertwende. Mensch, Natur, Maschine in Zukunftsbildern 1800 – 1900 – 2000, hg. v. Landesmuseum für Technik und Arbeit in Mannheim, Baden-Baden (Nomos) 2000.

August Nitschke, Gerhard A. Ritter, Detlev J. K. Peukert, Rüdiger vom Bruch (Hg.), Jahrhundertwende. Der Aufbruch in die Moderne 1880–1930, 2 Bde., Reinbek (Rowohlt) 1990.

Internetadressen für den Geschichtsunterricht

http://www.zum.de
19 Seiten Links zum Fach Geschichte der Zentrale für Unterrichtsmedien im Internet e.V.

http://www.geschichte.2me.net/
2000 Jahre Geschichte, nach Jahresereignissen, Ländern, Orten, Regenten, historischen Karten geordnet; Linklisten

http://www.cornelsen.de
Materialien, Links und TV-Hinweise zu Geschichtsthemen unter „Teachweb", Sekundarstufe II

http://www.members.aol.com/wuenschm/bol01.htm
Linksammlung zur Geschichte der Technik

http://www.lbw.bwue.de/~schmidt/histlink.htm
Linksammlung zum Geschichtsunterricht

189

Sachregister

Bildquellen